金诚同达30周年——创始合伙人寄语

乘风奋楫，笃志超越！

——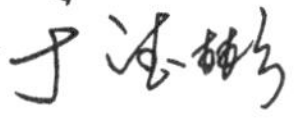

1992年邓小平南方谈话开启了“春天的故事”，那年我们创办律所。30年，须臾之间，我们也将成为律所发展史中的过客。然而，留下的“金诚同达”（JT&N）律所名称、制度、文化，将伴随律所“做久、做强、做大、做出品牌”，直到永远……

——

我一直坚信，人有双手，可取亦可予。从孤独前行到浩浩荡荡，从筚路蓝缕到广大海内，30载朝乾夕惕，半甲子参赞化育，成就了今天的金诚同达。我们在这里奋斗、奉献，也在这里收获、成长。愿以我们这30年的梯山航海，化作一代代金诚同达人英特迈往的灯火航标。最后我想对金诚同达说：浮世三千，吾爱有三，日月与卿，日为朝，月为暮，卿为朝朝暮暮……

——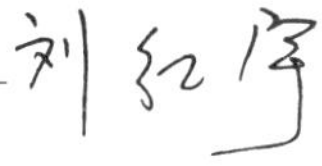

祝贺文集出版！感谢改革开放，给了法律人凭心做事、实现自我并且服务社会的机会。30年，很开心与各位金诚同达人相伴同行。祝福金诚同达！

——

祝贺金诚同达30年！百尺竿头更进一步！ ——

11位创始合伙人30年不离不弃的坚守，铸就了金诚同达今日的辉煌，也成就了律师业界一段传奇佳话。感恩30年风雨同舟的同仁，感恩改革开放的伟大时代，感恩30年一路同行、共同成长的“衣食父母”！祝愿金诚同达明天会更好！

——

30年前，11位创始合伙人中的大部分人是大学老师；在邓小平南方谈话精神的鼓舞下，大家认为法律的更大价值在于实施，中国未来不缺大学教授，缺的是优秀律师，从而投身于律师行业。30年来，身为法律人，我们一只手擎着客户的信任委托，为维护客户权益和增进客户利益殚精竭虑，另一只手托着宪法法律，为法治中国建设不遗余力。未来日子里，希望金诚同达人仍然保持谦逊谨慎、不骄不躁的优良传统，尊崇“进取、合作、诚信、包容、创新”的核心价值观，永远有担当，永远去争先，永远都靠谱！

——

30年前，我们顺应时代召唤，放弃“铁饭碗”投身律师行业，以钻木取火之心寻安身立命之处。30年弹指一挥间，得益于众同仁拾柴添薪，得益于志同道合，当年的星星之火已呈燎原之势。希冀30年后，金诚同达能成为更多法律人愿意“以身相许”，共同砥砺前行的一座永不熄灭的灯塔。

——

30年恍如瞬间，但它是我们最好的青春创业的30年。有赖于不离不弃的11位创始合伙人和诸位同仁戮力工作，金诚同达持续发展壮大；看到年轻同仁的专业著述、重大案例不断涌现，倍感欣慰。祝愿金诚同达行稳致远！

——

三十年过往，如歌，未忘……
卅年后启程，既往，奋扬！

——梁明

JT&N is not only 30 years old, we are also 30 years stronger, better!
We will be even better and stronger in the next 30 years!

——Lan Lan

JT&N 金诚同达

金诚同达30周年文集

涅槃重生

破产重整案件办理的道与术

高　峰◎编著

REJUVENATING ENTERPRISES IN DANGER:

ANALYSIS OF BANKRUPTCY REORGANIZATION CASES

法律出版社 LAW PRESS · CHINA ｜ 北京

图书在版编目(CIP)数据

涅槃重生:破产重整案件办理的道与术 / 高峰编著
. -- 北京:法律出版社,2022
ISBN 978 - 7 - 5197 - 6935 - 2

Ⅰ. ①涅…　Ⅱ. ①高…　Ⅲ. ①破产法 - 研究 - 中国
Ⅳ. ①D922. 291. 924

中国版本图书馆 CIP 数据核字(2022)第 132979 号

涅槃重生
——破产重整案件办理的道与术
NIEPAN CHONGSHENG
—POCHAN CHONGZHENG ANJIAN
BANLI DE DAOYUSHU

高　峰　编著

策划编辑 周　洁　林　蕊
责任编辑 周　洁　林　蕊
装帧设计 汪奇峰

出版发行 法律出版社
编辑统筹 司法实务出版分社
责任校对 晁明慧　王　皓
责任印制 胡晓雅
经　　销 新华书店

开本 710 毫米 × 1000 毫米　1/16
印张 17　**字数** 250 千
版本 2022 年 10 月第 1 版
印次 2022 年 10 月第 1 次印刷
印刷 固安华明印业有限公司

地址:北京市丰台区莲花池西里 7 号(100073)
网址:www. lawpress. com. cn
投稿邮箱:info@ lawpress. com. cn
举报盗版邮箱:jbwq@ lawpress. com. cn
销售电话:010 - 83938349
客服电话:010 - 83938350
咨询电话:010 - 63939796

书号:ISBN 978 - 7 - 5197 - 6935 - 2
定价:58. 00 元
凡购买本社图书,如有印装错误,我社负责退换。电话:010 - 83938349

作者简介

高峰，北京金诚同达律师事务所高级合伙人、第二届决策委委员、第三届监评委委员、破产业务组组长，金诚同达研究院研究员；合肥工业大学文法学院兼职教授、文法学院资产重组政策研究中心主任，安徽大学兼职教授、法学院房地产法律研究中心主任，中国科学技术大学公共事务学院法律硕士专业学位研究生实践导师，安徽省法学会民商法学研究会理事；曾主持过多起大型房地产、投资公司破产重整并获得成功的项目。

1992-2022
JT&N 30th ANNIVERSARY

制度为舟，文化扬帆

——30 周年文集代序

2022 年，金诚同达成立 30 周年！

金诚同达过往 30 年的发展可分三个阶段来概括：第一个 10 年谋生存，第二个 10 年求发展，第三个 10 年上台阶。这三个阶段也是中国社会经济发展脉络的真实写照。1992 年，邓小平南方谈话，迎着改革大潮，金诚同达正式创立。进入 21 世纪，中国加入世界贸易组织，成功举办奥运会，社会经济进入高速发展期，包括金诚同达在内的诸多中国律所也进入快速发展轨道，在和世界的接触与碰撞中，不断突破自我。进入第三个 10 年，我国继续强化国内法治与涉外法治建设，中国律师行业亦加速变革以适应社会变化带来的机遇和挑战。在这 10 年间，金诚同达脚步坚实，锐意进取，不仅迈入千人大所行列，也不断夯实律所制度与文化建设，取得越来越多的成绩。

在这 30 年里，未曾改变的是，金诚同达一直在坚持不懈地修炼内功，其中最关键的有两件事情——一是建设完善我们的制度，二是总结弘扬我们的文化。

金诚同达的制度体系有“四梁八柱”，涵盖了合伙人会议以及管理机构批准通过的 100 多项规章制度。我们在制度建设和完善的过程中，始终把制度执行放在一个非常重要的位置，也就是一切以制度为准绳，没有人和事可以超越制度。

制度是硬件，文化是软件，两者相辅相成，主要调整和丰富三方面的关系：一是合伙人之间的关系；二是合伙人和律师、职能人员的关系；三是律所和社会的关系。

金诚同达最值得骄傲的事情之一，就是建所30周年了，11名创始合伙人都还在所里，没有一人离开。据我了解，这在有30年历史的综合性中国律所中，可能是唯一的一例。“人和”是合伙文化的基础，深深根植在我们的基因里。“人和”的文化也是靠制度保障的，我们有一套合理的退休制度，其中3名创始合伙人已经在事务所正式退休了。

我们在2019年做管理体制改革时，制度上明确了合伙人参与事务所管理和决策的权力主要通过合伙人会议行使，在律所日常运营中，合伙人也是律所的全职员工，要服从律所的管理，所以合伙人个体与员工个体之间不是老板和雇员的关系，合伙人、律师和职能人员，都是律所的平等一员。基于这个理念，我们倡导并特别注重建设律所平等的工作氛围，并有计划地促进员工之间的互动交流。比如，我们打造一个品牌活动——“文化周”，新冠肺炎疫情爆发前已经举办了两届。在“文化周”期间，我们会密集组织全国同仁进行专业探讨，也会举办多场文体和公益活动，得到了很多员工以及家属的热烈欢迎。我们的培训活动也是全方位、多层次的，针对初、中、高不同年级的律师，有“金石计划”“金鹰计划”“金牌律师计划”，此外还有专门针对合伙人和职能部门的培训。金诚同达研究院在近5年时间里，举办了200多场培训，还有很多线上课程。更重要的是，我们的培训会从拓展活动开始，然后再进行专业领域的互动交流，大家都非常喜欢。

作为一家在社会颇有影响力的品牌律所，我们也很注重加强律所和社会的互动交流，这也是我们文化建设的重要组成部分。比如，我们和上海辅读学校进行结对共建后，律所宣传画用了很多辅读学校孩子们的画。我们还把他们的画在律所相关活动中进行义卖，使孩子们能够感受到自己作品的价值。今年我们还和中国非物质文化遗产保护协会、敦煌研究院签署了公益法律服务合作协议，作为我们30周年庆祝活动的重要组成部分，所以今年律所的宣传画、节日海报等均以非遗文化作品作为背景进行创作。金诚同达参与的其他公益活动还有许多，我们希望金诚同达发展到30周年之际，除了在律所内部继续完善制度、弘扬文化之外，还能够更多地与社会形成互动，更多地展现一家30年律师事务所的社会责任和担当。

物有甘苦，尝之者识；道有夷险，履之者知。当前全球化与逆全球化激烈交锋、国际局势变幻莫测，中国正面临百年未有之大变局。“坚持统筹推进国内法治和涉外法治”是习近平法治思想“十一个坚持”的重要组成部分。中国在向世界展示深化改革开放、积极参与全球多边经贸治理、构建更高水平的制度型开放体系的信心和决心，中国律师行业也正加速改革以适应变化带来的机遇和挑战，沿着专业化、品牌化、规模化、国际化的方向快速推进。

历史长河中，30年转瞬即逝，生命岁月的30年也是骐骥过隙，但对于一家全国领先的综合性律所而言，三十而立，风华正茂，在磨砺中闪耀，在奋斗中升华。

金诚同达将继续遵循“进取、合作、诚信、包容、创新”的核心价值观，加快业务布局、加大人才引进，为持续高质量发展积聚能量，力求“做久、做强、做大、做出品牌”。

金诚同达也将继续坚持“行稳致远”的发展理念，以制度为舟，文化扬帆，乘风奋楫，笃志超越！

金诚同达律师事务所主任 杨晨

二〇二二年八月十五日

金诚同达30周年文集序言

一元复始，万象更新，凡是过往，皆为序章。

守望三十载，诗文会今朝
玉筵鸿鹄至，仙音凤凰调
乘风蹈墨海，奋楫动文潮
长歌九万里，月引和青霄

2022年，金诚同达成立30周年。历史长河的30年转瞬即逝，生命岁月的30年也是骐骥过隙。金诚同达，三十而立，经历了中国合伙制律师事务所求生存、谋发展、上台阶的整个历程，从蹒跚学步到意气风发，凝聚着一代人的奋斗与担当。在过去的30年里，金诚同达铸就了自己的文化和底蕴；在未来，文化和底蕴将滋养和成就金诚同达。

金诚同达律师素来重视专业研究和业务探讨，不少律师出版过专著、案例集、文集。为了三十周年所庆，所内专门征集了一批近期完成的新作，统一出版，作为律所知识管理的重头戏——金诚同达30周年文集。

金诚同达在业内有一个故事：创所初期的11位创始合伙人，自1992年至今没有一位离开，其中除了3位已经从所内退休，其他8位还在业务一线。这样一代一代的言传身教，潜移默化地吸引、影响金诚同达人。“进取、合作、诚信、包容、创新”的核心价值观，在金诚同达的文化和制度的相互支持与促进中，得到坚守、传承。

“争做法律服务行业的领航者。”这是金诚同达人的使命。在“守信金诚，励志同达”理念的坚持下，金诚同达必定会在法律服务市场上不断突破创新、稳健向前。

30 周年，是金诚同达的全新开始。

金诚同达三十周年筹备委员会
2022 年 7 月 6 日

序　言

破产重整是三类破产程序中最为复杂的类型。重整案件本身既涉及诸多复杂的法律问题，又涉及大量法律之外的事务性问题。加之重整程序将债务清偿、企业挽救、债权人参与和营业维持等目标融合为一体，其对破产管理人和破产法官的专业水准、职业操守、经验智慧的要求整体上要超出普通的民商事案件。相应地，重整案件成功的关键，除了需遵从法治化准则之外，还需尊重市场化规则；除了对复杂的债权债务关系作出处置之外，还要始终突出“企业救助”的核心目标。这些都是重整案件本身的特殊属性所决定的。

破产管理人既是破产法的实施者、办理破产案件的“操盘手”，又是营商环境评价中“办理破产”质效的主要“受访者”、破产制度和规则优劣的最先感知者，还可能是未来立法的重要推动者和游说者①，当然也可能是诸多破产制度规则的初创者。他们在重整案件中肩负着重要的使命，也承担着较大的责任。不敢设想，我国现行《企业破产法》实施以来，如果没有破产法对涉及破产的债权人群体、投资者群体、员工群体，甚至房地产破产案件中购房户群体等在企业破产案件中的不同诉求进行总括的统一性处置，社会治理和社会维稳的压力会有多大。当前经济取得的成就，少不了破产管理人的辛苦和功劳。

我国破产重整案件的处理，尽管从2007年《企业破产法》生效实施算起至今已有十五年的历程，但实务中还是面临诸多存在重大分歧的法律问题

---

① 《美国破产法协会美国破产重整制度改革调研报告》一书指出，重整改革调研委员会的主要成员便是破产律师和相关从业者，包括中国破产法学界所熟悉但于2015年辞世的Harvey R. Miller律师。具体名单见《美国破产法协会美国破产重整制度改革调研报告》，何欢、韩长印译，中国政法大学出版社2016年版，附件一。

和实务操作问题。前者涉及对待利害关系人权利义务时的是非对错问题，后者涉及破产办理的成本高低、速度快慢等因素，这些最终都会不同程度地影响各利害关系人在重整程序中的“获得感”，当然也包括债权人的“回收率”和“回收成本”。

本书是一本重整案件的“写实”书。北京金诚同达律师事务所成立30周年之际，该所破产业务组负责人高峰律师集多年破产管理人和房地产律师的工作经验编写本书。本书由点及面，抽丝剥茧，在对实务中典型重整案例进行挑选的基础上，对案件的相关重点问题和操作亮点进行提炼，最后展示案件本身的“启示”以及本书编者的“建议”。体例上，每个专题均由内容提要、关键词、重整情况介绍、案例启示与律师建议组成。整体来讲，内容提要和关键词对问题点的把握和提炼较为到位，“重整情况介绍”对案件全貌和办案技能的展现点面结合，“案例启示与律师建议”对管理人同行尤其是年轻管理人和青年学子的观摩学习更具启发意义。

重整案件可能遇到的难题“五花八门”，各个案件的管理人在法官的统一程序安排下，对每一个案件的办案心得恐怕都有他人无法名状的“甘苦”，因而对他人所办理的案件以“旁观者”的身份进行评判时，一方面会欠缺“身在此山”的切身体验，另一方面也很容易吹毛求疵。好在对重整案件中管理人遇到的诸多疑难问题，似乎一直都可以见仁见智。

常言道：“实践出真知”；常言又道：“文以载道”。本书既有破产从业者用心办案的“道与术”的展示，又有本书编写者从同侪角度对这些“道与术”的解读（包括对编写者自身办理案件的事后评析）。术由道中生，大道之脉络即为术之范式。于个案中提炼重点和难点问题，管窥破产重整的整体脉络，从而发现和领悟重整之道，也许正是本书编写者的用心所在。

是为序。

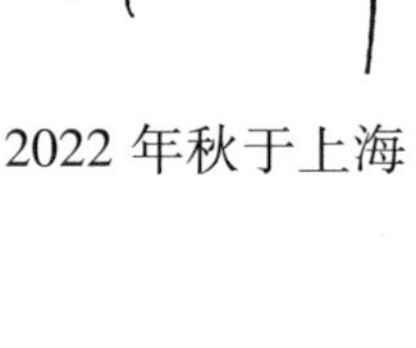

2022年秋于上海

目　录

1. 破产重整中重整计划如何变更

——安徽省宁国市永丽房地产开发有限公司破产重整案[①]

重整计划是破产重整的执行依据，在破产重整计划执行中因时制宜地调整重整计划可有效提高破产案件重整成功率。实务中，有关重整计划执行变更的条件、事由和程序性规则等诸多法律问题亟待厘清。本案例以小额债权清偿为例，对重整计划执行变更相关法律问题进行阐述。

关键词：重整计划　执行变更　小额债权

一、重整情况介绍[②]

（一）公司概况

安徽省宁国市永丽房地产开发有限公司（以下简称永丽公司）成立于2002年1月9日，是最早在宁国市从事房地产开发的企业之一。永丽公司在房地产开发领域拥有二级开发资质，是以房地产为主要经营业务的有限责任公司。

2014年7月24日，永丽公司取得“华贝城市广场”项目一期工程建设工程规划许可证后，开始建设“华贝城市广场”一期工程项目。此后永丽公司在2016年11月24日又取得了宁国市城乡规划局颁布的项目二期建设工程规划许可证。永丽公司开发建设的“华贝城市广场”项目共占用土地面积115.2亩，总建设面积35.72万平方米，其中，地下车库6.54万平方米，地

① 案例来源：全国企业破产重整案件信息网（https://pccz.court.gov.cn/pcajxxw/index/xxwsy）。

② 参见永丽公司重整计划草案，载全国企业破产重整案件信息网2020年6月19日，https://pccz.court.gov.cn/pcajxxw/pcgg/ggxq?id=5B71D742364EE13935CAEF8DDC44C616。

上面积为29.18万平方米，住宅建筑面积12.74万平方米，共计建设商品住房1146套，另含16.44万平方米商业办公用房。

安徽省价格房地产土地评估经纪有限公司对永丽公司资产债务情况进行评估，截至2017年4月12日，永丽公司现有资产总额评估作价为11.41亿元，其中，在建工程（土建部分）4.40亿元、土地使用权6.82亿元、其余部分资产1831.71万元和固定资产28.84万元。

“华贝城市广场”项目是永丽公司的最重要资产。在破产程序中，经管理人查明，永丽公司开发建设的“华贝城市广场”项目尚有未出售住宅约8.72万平方米、商业约8.08万平方米、写字楼约2.34万平方米、公寓约1.23万平方米、地下车位约1550个，宁国花园未售住宅约2572平方米，储藏室约3057平方米。

截至2017年12月31日，债权人申报债权352笔。审核后，认定以2017年4月12日为截止日期，永丽公司对外负债高达14.69亿元，包括购房优先债权额4.27亿元，建设工程款优先债权额2.82亿元，有财产担保债权额5.31亿元，职工债权额443.71万元，税款债权额2164.58万元，普通债权额5.88亿元。

（二）重整原因

永丽公司主要投资和收益均来自房地产建设开发项目，公司经营中对房地产建设项目形成过度依赖。永丽公司在经营中对“华贝城市广场”项目投入巨额资金，为了迅速开发建设该项目，公司前期不惜支付高额利息从多家投融资机构及个人处借款，以高负债经营的方式进行项目融资，导致债台高筑。“华贝城市广场”项目开始建设后，受建设项目进度和预售绩效影响，“华贝城市广场”项目无法迅速实现资产变现，导致公司前期投入的资金无法回流，随即爆发现金流危机。

永丽公司经营后期，公司因在建设项目上投入过多资金，未能预留资金预防债务危机。永丽公司经营后期，无力偿还债权人到期借款，各债权人纷纷进行诉讼追索。而公司借款时对包含建设项目在内的资产设定了担保物权，故在后续诉讼中法院相继对永丽公司项目土地使用权、抵押资产进行查封和轮候查封。受诉讼影响，"华贝城市广场"项目不仅在销售方面面临极大困难，而且前期销售资金同样被扣划，用于债务清偿，由此导致永丽公司陷入经营困境，被迫停止建设"华贝城市广场"项目。

（三）破产重整动因

永丽公司初始计划是对公司进行破产清算，通过处置"华贝城市广场"项目等固定资产来清偿债务。但是，采取上述方式面临极大风险和困难，不仅会导致永丽公司自己建设的"华贝城市广场"项目变成废弃资产，而且会危及众多已支付购房款的房屋买受人的利益。因此，若进行清算破产，不仅永丽公司债权人的利益无法保障，公司自身无法摆脱困境，而且极易增加不安定因素。出于上述考虑，永丽公司与其债权人、宁国市政府协商采取有利于维护多方利益的资产处置方式，以稳定宁国市房地产市场秩序与社会舆情。此外，永丽公司系在建项目建设引发的资产危机，尚未达到必须实施破产清算化解债务的程度，采取重整无须调整公司现有资产结构和经营业务，仅需恢复公司在建项目即可缓解公司债务危机。因此，在宁国市相关行政主管部门、宁国市人民法院推动下，永丽公司与债权人达成一致，决定对永丽公司采取经营性重整，由永丽公司继续开发建设未完成的项目工程，实现在建资产价值最大化，从而更有效地保护广大购房户、其他债权人的合法权益。重整中，宁国市相关行政主管部门、宁国市人民法院依法对永丽公司提供保障，永丽公司在重整工作推进中亦积极对购房户进行安抚、解释和引导，并按计划招募重整投资人，在各方积极努力下，永丽公司实现复产经营。

（四）重整过程介绍

永丽公司在"华贝城市广场"项目中不仅投入企业自有资金，还以高利借款的方式注入巨额资金，如果盲目在"华贝城市广场"项目已经停工的状态下进行拍卖处置，势必造成在建项目"烂尾"，危及购房债权人利益。因此，本案中确立了以复工续建"华贝城市广场"项目为核心的重整方案。

2017 年 3 月 28 日，永丽公司以有效资产被抵押、查封冻结、资产无法出售导致无法支付工程款为由，向宁国市人民法院申请破产重整。宁国市人民法院经审查后，于 2017 年 4 月 12 日作出（2017）皖 1881 破申 4 号民事裁定书，[①] 受理了永丽公司提出的破产重整申请并在同日指定安徽今昔律师事务所、安徽宁芯破产清算事务所有限公司共同担任永丽公司破产重整一案的管理人。

鉴于“华贝城市广场”项目复工续建不仅直接关涉广大购房户及债权人的切身利益，同时影响安徽省宁国市城市建设的顺利推进，不宜对公司资本结构和经营范围进行调整，在综合研判房地产开发市场发展趋势的基础上，永丽公司“华贝城市广场”项目复工续建的经济价值要大于破产清算价值。因此，本案中以盘活现有资产、引进现金流、简化债权负担、续建停工项目的方式配置重整方案。

首先，多种渠道公开招募重整投资人，通过新注资金恢复永丽公司“华贝城市广场”项目建设。经过多轮磋商，最终在宁国市市委、市政府、人民法院和市建委等多部门的配合努力下，永丽公司与浙江省浙商资产管理有限公司（以下简称浙商公司）达成协议，由浙商公司设立 SPV 形式向永丽公司提供 4 亿元重整资金。双方在《借款协议》中明确，该笔借款必须首先用于永丽公司“华贝城市广场”项目的后续开发建设，同时确定该笔借款享有优先于购房款优先债权、建设工程款债权、有财产担保债权等所有债权随时清偿的权利。

其次，永丽公司建设的“华贝城市广场”项目属于商品房开发项目，后续销售绩效同样从实质上关涉永丽公司资产变现和债务清偿。因此，永丽公司与杭州典思建设管理有限公司（以下简称典思公司）就“华贝城市广场”项目房屋销售问题达成《合作协议》，授权典思公司就永丽公司续建的“华贝城市广场”项目房屋进行销售服务，并在《合作协议》中约定，典思公司在具体管理服务活动中所应当享有的服务费在永丽公司破产重整案中享有优先受偿权。

最后，为了提升永丽公司经营管理能力，在公司经营管理方案选择上，永丽公司与浙商资产、典思公司签署《合作协议》，由永丽公司委托典思公司对公司各类经营事宜进行管理，同时明确典思公司负责行使永丽公司的所

① 参见安徽省宁国市人民法院民事裁定书，（2017）皖 1881 破申 4 号。

有经营管理职权，包括华贝城市广场项目复建后的设计、管理、建设、销售等一系列工作。

2018 年 2 月 8 日，永丽公司召开第二次债权人会议，表决通过了以续建“华贝城市广场”项目为核心的重整计划草案，2018 年 3 月 21 日，安徽省宁国市人民法院作出（2017）皖 1881 民破 4－18 号民事裁定书，① 裁定批准该重整计划，永丽公司进入重整计划执行期间，执行期限至 2019 年 12 月 31 日。

永丽公司建设的“华贝城市广场”项目自 2016 年 11 月停工后，于 2017 年 10 月 18 日全面启动工程复工续建工作。

2019 年 12 月 25 日，安徽省宁国市人民法院裁定批准将永丽公司重整计划执行期限延长至 2020 年 8 月 31 日。② 2020 年 8 月 14 日，因新冠肺炎疫情暴发，永丽公司向破产法院申请，称永丽公司续建的“华贝城市广场”项目受到新冠肺炎疫情影响，重整计划中约定的各项工作按照重整计划将无法正常完成，申请延长重整计划执行期限至 2020 年 11 月 30 日，法院审查后同意将本案重整计划执行期限延长至 2020 年 11 月 30 日。③

二、案例启示与律师建议

（一）房地产行业破产重整中如何变更重整计划

1. 本案中重整计划变更启示

2018 年 3 月 21 日，宁国市人民法院作出（2017）皖 1881 民破4－18 号民事裁定书，裁定批准《宁国市永丽房地产开发有限公司重整计划》（以下简称《重整计划》）。④

但是，永丽公司在执行《重整计划》时因出现新情况，不得不对《重整计划》进行变更调整。具体而言，按照《重整计划》初始计划，重整仅需按照既定方案招募重整投资人，将投资款注入“华贝城市广场”项目，实现复

① 安徽省宁国市人民法院民事裁定书，（2017）皖 1881 民破 4－18 号。
② 安徽省宁国市人民法院民事裁定书，（2017）皖 1881 破 4－32 号。
③ 安徽省宁国市人民法院民事裁定书，（2017）皖 1881 民破 4－34 号。
④ 安徽省宁国市人民法院民事裁定书，（2017）皖 1881 民破 4－18 号。

工续建。但是，重整执行中，永丽公司的股东和部分债权人提议应对“华贝城市广场”项目进行商业招商。鉴于初次制订的《重整计划》并没有对有关永丽公司商业招商的事项进行约定，且考虑到如果实施商业招商可能会对债权人产生商业房无法变现等风险，在权衡商业招商对债权人债权清偿、资产分配产生的影响后，永丽公司制订了《宁国市永丽房地产开发有限公司重整计划变更方案（草案）》（以下简称《重整计划变更方案（草案）》），提交债权人会议就商业招商事宜进行表决。

2019年6月17日，永丽公司召开第三次债权人会议并对《重整计划变更方案（草案）》进行如下变更：“一、在《重整计划变更方案（草案）》‘经营管理方案’之（二）‘管理范围’中增加‘商业招商：按照债权人会议选定的招商公司及其招商方案对“华贝城市广场”项目进行商业招商，并执行债权人会议授权债权人委员会做出的与商业招商有关重大事项的决议’”。《重整计划变更方案（草案）》表决通过后，由与永丽公司达成协议的招商公司按照确定的招商方案开展招商工作，完成招商方案确定的招商目标。

2. 重整计划执行过程中，如何进行重整计划变更

破产重整中，重整计划受社会经济变动等不可控因素的影响较大，管理人在执行重整计划中不可避免地会根据债务人重整进度、社会发展情势变更等情况对重整计划进行适时变更，如清偿方式变更、重整方案执行期与监督期变更延长。此外，允许重整企业根据客观情势变化就重整计划进行变更调整，也有利于管理人监督重整计划的执行，增加债务人重整计划执行灵活度，避免债务人在重整中陷入失控的局面。所以，重整计划变更已逐渐成为提升破产重整成功率的有效策略工具。

重整计划执行变更虽然在实践中应用频繁，但并未形成客观统一的程序规程。为顺利推进重整工作，管理人或债务人在进行重整计划变更时，需结合《企业破产法》相关规定，重点遵循下列操作规则：

（1）关于重整计划执行变更的条件或事由。

关于重整计划变更的条件主要规定在最高人民法院《全国法院破产审判工作会议纪要》第19条，重整执行中如出现国家政策调整、法律修改变化等

特殊情况则允许就重整计划进行变更。但是，基于市场经济的复杂性，显然这里规定的“特殊情况”无法覆盖现实重整中可能出现的如市场环境变化、重大灾害或其他社会事件等复杂因素。在实践中亦出现了如新冠肺炎疫情而导致破产清算或重整中的企业需要对重整计划进行调整的情况。各地法院多出台文件对重整执行中解封、强制、恢复生产、调整重整投资人招募、计划草案制订期限等进行变更。[①] 2020 年 5 月，最高人民法院出台的《关于印发〈关于依法妥善审理涉新冠肺炎疫情民事案件若干问题的指导意见（二）〉的通知》（法发〔2020〕17 号）第 20 条也规定，允许因疫情防控受影响的企业在重整计划执行中以当事人自愿协商的方式对重整计划进行变更。

因此，关于重整计划变更条件的问题，有学者认为应当对最高人民法院《全国法院破产审判工作会议纪要》第 19 条中规定的“特殊情况”做扩大解释，以“促进重整”为导向，从尊重当事人意愿的角度出发确定重整计划变更的条件。[②]

（2）关于重整计划执行变更的程序性规则。

最高人民法院《全国法院破产审判工作会议纪要》第 19 条规定，重整计划变更申请主体应当是破产重整中的债务人或管理人，管理人或债务人拟变更的重整计划还应当经由债权人会议表决通过。一般认为，重整计划变更方案的表决程序应遵循《企业破产法》关于重整计划表决的规定。重整计划变更方案表决通过后，管理人或债务人还应当在决议通过后 10 日内向法院申请批准重整计划变更。法院同意变更的，管理人或债务人应当在 6 个月内提交重整计划变更方案。应当注意的是，如果重整计划变更会对债权人组或出资人组造成不利影响，重整计划变更方案还应当由受重整计划变更不利影响的债权人组或出资人组进行表决。

《企业破产法》规定，执行期限属于重整计划的重要内容，关于重整计划执行变更时是否就执行期限一并变更，法律尚无明确规定。就重整计划执行期限的变更问题，有学者认为，重整计划执行期限的调整属于重整计划变

---

① 张世君：《我国破产重整立法的理念调适与核心制度改进》，载《法学杂志》2020 年第 7 期。

② 参见王欣新：《破产法》，中国人民大学出版社 2019 年版，第 333 页。

更的一种，应遵循重整计划变更的相关规则。[①] 但理论界也有相反意见。有学者提出，执行期限变更应与重整计划内容变更区别对待，执行期限变更的次数应当不受《全国法院破产审判工作会议纪要》关于重整计划变更次数的限制，执行期限变更应当按照有利于重整计划目标的实现，由法院参考债权人会议意见并结合实际情况综合判定。[②]

（3）重整计划变更的终止程序。

重整计划变更的终止程序适用《企业破产法》中关于重整计划终止程序的一般规定，重整计划未能得到债务人有效执行时，管理人或者利害关系人享有请求法院终止重整计划执行的权利，法院一般以裁定方式终止重整计划执行，宣告企业破产。最高人民法院《全国法院破产审判工作会议纪要》第19条亦规定，如果重整计划变更申请自始就未能获得债权人会议同意或法院批准，那么经管理人或者利害关系人请求，法院应裁定确认终结重整程序，宣告债务人破产。

此外，重整计划变更申请后，管理人或债务人可申请撤回重整计划变更申请。例如，重庆伟塑包装有限公司、重庆华美塑业有限公司申请撤回重整计划一案中，重庆市涪陵区人民法院认为，重整计划变更程序应视为原重整程序的组成部分，申请人可根据《全国法院民商事审判工作会议纪要》的相关规定，在重整期间或者重整计划执行期间，以书面方式向法院申请撤回变更重整计划申请，遂作出裁定书，批准撤回重整计划变更申请[③]。

综上，管理人或债务人在重整计划执行中应当严格履行重整计划，如遇重整计划执行不能时，可根据情况及时进行重整计划调整，通过变更重整计划的方式灵活应对重整计划执行中的风险。

（二）重整计划执行过程中有关“小额债权”实现的法律风险

1. 永丽公司“小额债权”清偿经验

永丽公司破产重整中，因受新冠肺炎疫情的影响，永丽公司“华贝城市

---

① 参见许德风：《破产法论：解释与功能比较的视角》，北京大学出版社2015年版，第502页。

② 钱宁：《重整计划执行期间的独立性及规则完善》，载《华侨大学学报（哲学社会科学版）》2021年第1期。

③ 重庆市涪陵区人民法院民事裁定书，（2020）渝0102破申2号。

广场”项目资产售卖较重整计划执行目标仍有差距，“华贝城市广场”项目续建工程进度亦受到影响，预估在短期内无法实现项目竣工、售卖和资金回流，在一定程度上对债权人债务清偿造成影响。破产重整中，永丽公司发现众多小额债权人表示有意愿购买永丽公司续建的“华贝城市广场”项目中的车位，以抵偿对永丽公司享有的债权。结合债权人实际需求，出于债务人与小额债权人双向利益考虑，永丽公司决定用“以物（含车位）抵债”的方式实现小额债权人债务清偿。

2019 年 6 月 17 日，永丽公司召开第三次债权人会议，对重整方案进行如下变更：在“债权受偿方案”的“清偿方式及资金来源”中变更内容为“管理人按照债权清偿顺序优先以房屋销售所得货币进行清偿，货币不足以清偿同一顺序所有债权人的债权的，按照比例进行清偿；房屋销售不畅，或降价销售将损害债权人利益的，则以实物（房屋及车位）或有租赁权负担的实物（房屋及车位）进行清偿，实物不足以清偿同一顺序所有债权人的按照比例清偿”。

2020 年 10 月 16 日，宁国市人民法院复函认为，北京华瑞行评估公司出具的《房地产评估报告》经宁国市房地产开发有限公司审查后，可以作为永丽公司清偿债权的价值依据，永丽公司遂以此作为实施“用车位抵付债权”方案的价值判断依据。

2020 年 6 月 19 日，永丽公司管理人发布《关于“用车位抵付债权”方案的通知》称，较多小额债权人有车位购买需求，经共益债权投资人同意，永丽公司债权人委员会决议通过了“用车位抵付债权”的方案。具体为，凡是在永丽公司享有债权的债权人均可以购买车位，以债权抵付车位款，若拥有购房优先债权、建设工程优先债权、有财产担保债权、职工债权、税款债权、普通债权中两类以上的，可用各类债权数额分别抵付车位款。

2. “小额债权人”债权如何清偿

房地产行业破产重整中，“小额债权人”债权清偿一直是备受关注的问题。我国《企业破产法》第 82 条将重整计划草案表决分为担保权债权组、职工债权组、税款债权组、普通债权组，而如何协调人数相对众多的小额债权人与上述法定分组债权人之间的利益诉求，既关乎小额债权人利益，又涉及重整计划草案及时表决通过等问题，为了促使破产案件债权人在平等受偿原则下实现利益最大化，管理人应当认真面对小额债权人清偿问题。

永丽公司破产重整案中清偿小额债权人债权的经验表现为：第一，“以车位抵债”的清偿方式遵循了“债权人利益最大化”原则。永丽公司采取“以车位抵债”清偿小额债权时，公司现金资金有限，尚有车位、储藏室、房屋变现销售困难，采取上述方式既满足了“小额债权人”车位需求，又获得了债权人会议表决通过和共益债权人同意，最大限度地满足了各方利益诉求，实现了价值均衡化。第二，永丽公司从程序上保障债权清偿方案的公平性。实施“以车位清偿小额债权”的过程中，管理人及时组织召开了债权人会议，对重整计划进行变更，之后及时向小额债权人发布关于“以车位抵债”注意事项相关公告，明确方案实施的受众群体（小额债权金额5万元以下的债权人）、资产处置标准、清偿期限、清偿流程、携带材料等内容，在债权人与债务人自愿协议基础上，对有需求的小额债权人进行“以车位抵债”清偿，从程序上保障了分配方案的公平性。

那么，破产实务中如何就小额债权清偿进行选择呢？从理论上和实务操作来看，破产实务中常采取的破产债权清偿方式有现金清偿、实物清偿、债转股、延迟清偿等。而关于小额债权清偿，常见的清偿模式有：小额债权与其他普通债权在同一表决组内同比例受偿；小额债权作为独立一组，获得高于其他普通债权受偿比例乃至100%清偿；小额债权不单独分组，纳入普通债权组采取分段按比例递减的方式清偿。① 从实务操作经验上看，在上述小额债权清偿机制选择中，逐渐偏向于以普通债权分段递减清偿的方式为主要选择，原因在于，依据《企业破产法》第82条设立小额债权组进行单独清偿仅能反映快速通过重整计划表决的目的，无法反映对小额债权人进行利益优先保护的目的，因无法实现债权公平分配而缺乏正当性。相比较而言，普通债权分段递减清偿机制，通过将小额债权人纳入普通债权组中，按照自然人债权金额大小采用“分档累进递减”的方法进行债权分配能更好地实现重

① 韩长印：《从分组到分段：重整程序中的小额债权清偿机制研究》，载《法学》2019年第12期。

整方案表决通过机制与债权人公平分配之间的平衡，因此这种方式在破产实务中日益受到管理人的青睐。

法条索引

《企业破产法》

第八十二条 下列各类债权的债权人参加讨论重整计划草案的债权人会议，依照下列债权分类，分组对重整计划草案进行表决：

（一）对债务人的特定财产享有担保权的债权；

（二）债务人所欠职工的工资和医疗、伤残补助、抚恤费用，所欠的应当划入职工个人账户的基本养老保险、基本医疗保险费用，以及法律、行政法规规定应当支付给职工的补偿金；

（三）债务人所欠税款；

（四）普通债权。

人民法院在必要时可以决定在普通债权组中设小额债权组对重整计划草案进行表决。

第九十三条 债务人不能执行或者不执行重整计划的，人民法院经管理人或者利害关系人请求，应当裁定终止重整计划的执行，并宣告债务人破产。

人民法院裁定终止重整计划执行的，债权人在重整计划中作出的债权调整的承诺失去效力。债权人因执行重整计划所受的清偿仍然有效，债权未受清偿的部分作为破产债权。

前款规定的债权人，只有在其他同顺位债权人同自己所受的清偿达到同一比例时，才能继续接受分配。

有本条第一款规定情形的，为重整计划的执行提供的担保继续有效。

《全国法院破产审判工作会议纪要》

19. 重整计划执行中的变更条件和程序。债务人应严格执行重整计划，但因出现国家政策调整、法律修改变化等特殊情况，导致原重整计划无法执行的，债务人或管理人可以申请变更重整计划一次。债权人会议决议同意变更重整计划的，应自决议通过之日起十日内提请人民法院批准。债权人会议决议不同意或者人民法院不批准变更申请的，人民法院经管理人或者利害关系人请求，应当裁定终止重整计划的执行，并宣告债务人破产。

20. 重整计划变更后的重新表决与裁定批准。人民法院裁定同意变更重整计划的，债务人或者管理人应当在六个月内提出新的重整计划。变更后的重整计划应提交给因重整计划变更而遭受不利影响的债权人组和出资人组进行表决。表决、申请人民法院批准以及人民法院裁定是否批准的程序与原重整计划的相同。

最高人民法院《关于依法妥善审理涉新冠肺炎疫情民事案件若干问题的指导意见（二）》

20. 在破产重整程序中，对于因疫情或者疫情防控措施影响而无法招募投资人、开展尽职调查以及协商谈判等原因不能按期提出重整计划草案的，人民法院可以依债务人或者管理人的申请，根据疫情或者疫情防控措施对重整工作的实际影响程度，合理确定不应当计入企业破产法第七十九条规定期限的期间，但一般不得超过六个月。

对于重整计划或者和解协议已经进入执行阶段，但债务人因疫情或者疫情防控措施影响而难以执行的，人民法院要积极引导当事人充分协商予以变更。协商变更重整计划或者和解协议的，按照《全国法院破产审判工作会议纪要》第 19 条、第 20 条的规定进行表决并提交法院批准。但是，仅涉及执行期限变更的，人民法院可以依债务人或债权人的申请直接作出裁定，延长的期限一般不得超过六个月。

2. 破产重整中出资人权益如何调整

——江西青岚生态农业发展有限公司破产重整案①

出资人权益调整是促使破产企业有效重整的重要措施，破产重整中逐渐发展出多类型出资人权益调整方式。本案例以重整中常见的“债转股”方式为例，对破产重整中出资人调整的方式、规则予以分析，并在此基础上分析了“债转股”的适用基础、范围规则和普遍面临的法律问题。

关键词：出资人权益　“债转股”

一、重整情况介绍②

（一）公司概况

2008年8月22日，江西青岚生态农业发展有限公司（以下简称青岚公司）在江西省进贤县市场和质量监督管理局登记成立，公司登记类型为有限责任公司，以水果、花卉、苗木种植、销售等为主要经营业务。

青岚公司成立时注册资本为人民币1000万元，分别由法定代表人朱某余和股东徐某毅持有90%、10%公司股权。公司在后续发展中进行了三次股权调整，截至破产重整时，经调整后的公司重组及股权结构如下：朱某余以4380万元认缴出资额占股73%，柳某华以900万元认缴出资额占股15%，王某韩以720万元认缴出资额占股12%。因青岚公司资产负债结构过于冗杂，

---

① 案例来源：全国企业破产重整案件信息网（https：//pccz. court. gov. cn/pcajxxw/index/xxwsy）。

② 参见青岚公司重整计划草案，载全国企业破产重整案件信息网2020年10月15日，https：//pccz. court. gov. cn/pcajxxw/pcgg/ggxq? id＝5C7FB052EEF32B1FD8E6308B442E50F。

青岚公司以现有资产不能清偿到期债务且明显缺乏清偿能力为由向进贤县人民法院申请破产重整。

2019 年 11 月 14 日，江西省进贤县人民法院裁定受理青岚公司破产重整的申请并指定青岚公司清算组担任青岚公司管理人。重整中，江西永健联合会计师事务所（以下简称永健所）对青岚公司资产进行审计，根据永健所出具的《江西青岚生态农业发展有限公司破产重整专项审计报告》，截至破产重整时青岚公司部分股东仍未向公司履行全部出资义务，股东朱某余仅实缴出资 1000 万元，股东王某韩未缴纳出资。

青岚公司破产重整时其货币资金、应收账款、生产线、固定资产及无形资产等全部资产评估价为 8530.65 万元。后经清算模拟评估，以 2019 年 11 月 15 日为评估基准日，青岚公司列入评估范围内的资产总计清算价值仅为 6576.25 万元。

经对青岚公司破产债权审核认定，截至 2020 年 9 月 30 日，青岚公司对外负债规模高达 1.05 亿元。除担保债权和普通债权外，青岚公司还负有涉诉债权，其中，万某站拥有 206.58 万元，舒某星拥有 435.56 万元（管理人已确认 70 万元）。截至 2020 年 9 月 30 日，青岚公司破产重整费用及共益债务分别暂估为 1300 万元、20 万元。

2020 年 12 月 25 日，进贤县人民法院裁定批准青岚公司重整计划。

（二）重整原因

青岚公司陷入困境的主要原因是现有资产无法清偿对外负债，截至 2020 年9 月 30 日，青岚公司对外所负债权不包括涉诉债权已经高达 1.05 亿元，专业机构评估公司权益（净资产）为负，公司严重资不抵债，无法继续经营。但是，从企业过往经营成效来看，青岚公司并非毫无行业优势。作为江西省南昌市农业行业地方龙头企业，青岚公司在过往经营中一直致力于将公司经营为现代生态农业示范企业，并已规划“公司 + 基地 + 专业合作化 + 农户”一体化经营模式。因此，从经营战略和行业规模来看，青岚公司具备良好发展前景，在当地农业领域具备足够竞争力。

为了对比青岚公司在清算程序和重整程序下的程序效益，清算模拟显示，按照《企业破产法》的规定，青岚公司清算评估后的价值将首先用于支付破产费用和公益债务，次而清偿普通债权外的其他破产债权，最后能够实际支付普通债权的比例仅为35.92%。如果放弃对青岚公司进行重整，直接采取清算措施，那么，公司债权人在清算程序中的债务清偿比例将会明显低于破产重整所能带给债权人的价值利益。考虑到青岚公司现有产业规模及公司在同行业发展的前景和优势，管理人认为，虽然青岚公司现有负债高于资产总额，但是有望通过重整平衡资产负债，改变现有资产负债比，为更好地实现债权人和债务人的合法利益，青岚公司决定实施破产重整。

综上，为避免破产清算的风险，本着公平调整各方权益的原则，青岚公司宜采取以出资人权益调整为主的破产重整方案。

（三）破产重整动因

首先，本案以清算模拟的方式评估了重整程序与清算程序之间的程序效益。因青岚公司系以果园林业为主要经营业务的生态农业公司，公司名下的果园资产属性特殊，公司重整期间适逢企业杨梅成熟采摘的季节，贸然实施清算不利于公司现有资产变售，为了最大化企业销售利润，选择重整程序更有利于公司发展。同时，考虑到青岚公司所在行业形势、现有市场价值，处置资产成本等因素，破产重整可以维持公司经营现状，避免对公司现有果园资产进行提前处置，有利于公司持续性经营。因此，相较于清算程序，对公司实施重整更具有可行性。

其次，相较于破产清算，青岚公司资产结构、股权结构更有利于对公司实施破产重整。青岚公司破产重整前，虽然企业财务面临困难，但公司资金缺乏的重要原因系公司股权出资人出资不到位，破产重整可以对公司股权结构进行调整，通过“债转股”的方式可以让公司在不重新投入资金的情况下改变出资不实的现状，以化解公司债务危机。另外，公司对外所负债务也并未危及公司经营核心业务。青岚公司核心资产为苗木、林地资产，主要为果园林地，拥有林地使用权面积9440.7亩，企业核心资产在公司前期经营中并未对外设定他属物权，在重整中容易通过担保贷款的方式解决公司资金问题。从行业领域影响力来看，青岚公司系江西省南昌市农业产业化龙头企业，经营业务集农业开发、果业、水产、养殖、加工、销售于一体，是一家现代化农业开发公司，公司名下打造的生态果园已成为集生产、生态观光为一体的原生态果园示范园区，重整方式在本案中更具有可行性。

（四）重整过程介绍

本案中，青岚公司管理人拟采取出资人权益调整与债权转换股权相结合的方式实施破产重整。通过调整出资人权益占比和公司股权结构，青岚公司的债权人和战略投资人即能通过债权转换或投资取得青岚公司股权，改变公司现有股权结构的同时使新入股股东与“债转股”股东逐步获得公司经营管理权力，以促使企业恢复正常经营。

首先，管理人决定对青岚公司注册资本实施清缴。破产重整时，公司部分股东并未完全履行出资义务，管理人认为，既然出资人无力清缴出资，即决定将青岚公司注册资本折算为普通债权额与1500万元现金总额，对出资人无力清缴的部分采取减资程序处理。减资程序完成后，对未实缴出资的股东由管理人继续追缴，追缴所得金额则用于普通债权清偿。对需补充缴纳的1500万元出资款，则由债权人按照其债权金额占参与“债转股”债权总金额的比例进行认缴后依法取得青岚公司股权，股权投资人则根据其投资金额占注册资金的比例认缴后依法取得青岚公司的股权。为保障股权投资人和“债转股”债权人后续权益，管理人以促成《股权转让协议》签订的方式保障债权人和股权投资人的权益。

其次，管理人采取债权人出资权益调整的方式清偿青岚公司债务。管理人将青岚公司债权分为设有财产担保债权组、职工债权组和普通债权组。债权调整后拟采取如下清偿方案：有财产担保债权组在担保物的清算价值范围内优先清偿，未受偿的部分按照普通债权的清偿方案清偿；对职工债权采取固定期限内直接清偿和应缴出资抵偿相结合的清偿方式；普通债权则采用分期清偿计息的方式清偿，在清偿期间（人民法院裁定批准重整计划后36个月内）不计算利息，同时以20万元为基数确立普通债权人对清偿时间和清偿比例的自由选择权，债权人并可在各种清偿方式之间自由选择。

因重整方案涉及出资人权益调整事项，公司按照《企业破产法》第85

条之规定，依法设定了出资人组，由截至2019年11月15日登记在江西省进贤县市场和质量监督管理局的三名青岚公司自然人股东以自行行使表决权或委托他人行使表决权的方式对该出资人权益事项进行表决，以兼顾重整方案的公平和效率。

再次，充分利用公司现有资源改善公司财务状况。以青岚公司未被抵押的林权对外担保融资，充实了公司运营资金，同时鼓励股权投资人与青岚公司连带对外借款，以改变公司现金不足的现状。重整中公司聘请专业人才，加强对现有苗木资产的管理和维护，并规划多种林地资源经营方式，改变了重整前资产收益不彰的局面，缓解了青岚公司财务危机。通过上述重整方式，青岚公司吸纳了新入资金，更新了公司重整及资本结构，提升了公司经营能力。

最后，公司根据经营现状和不同债权人特征，在债务分组、债权清偿方式、资金分配等事项上设置了可供债权人选择的权限。通过实施重整方案，青岚公司重组资本和股权结构，由股权投资人及“债转股”债权人持有公司全部股权。此外，青岚公司治理结构也得到升级，公司重组了股东大会，并选举了董事会、监事会，改变了重整前疏于治理、治理不善的局面。

二、案例启示与律师建议

本案中，管理人在评估债务人资产后，认为资产变现处置的方式无法降低债务人资本负债率。为满足绝大多数债权人的利益，管理人采取了以“债转股”为主的出资人权益调整方式进行重整，有效化解了企业债务负担，重组了青岚公司的资本结构、股权结构和经营结构。

（一）破产重整中出资人权益调整时应注意的相关事项

企业破产重整中，出资人原则上不参与，但鉴于企业重整后价值与出资人密切相关，且出资人权益调整对破产重整中引进投资人等事项至为密切，因此，出资人参与重整的能动性也越发激烈，出资人权益调整亦成为企业破产重整中不可或缺的重整方式。

目前我国《企业破产法》尚缺乏关于出资人权益调整的相关法律规范，对出资人权益调整的内容、标准、方式、表决程序及规则等未作具体规定，仅是简单规定重整计划可以对出资人权益进行调整。[①] 因此，破产实务中关于出资人权益调整的相关事项也多直接规定于重整计划之中，作为重整计划的有机组成部分。破产重整中，涉出资人权益调整的主要内容集中体现在出资人权益调整方式和出资人权益调整表决程序规则两方面。

1. 关于出资权益调整的方式

关于出资人权益调整的方式，有学者以企业破产重整计划为样本对实务中出资人权益调整方式进行了归纳，涉出资人权益调整的方式有如下几种：股权转让，增资扩股，债权转股，股权回购，[②] 利用债务人资本公积金转增股份，缩减股本。值得注意问题是，重整中出资人将股权或股权利益转让仅需出资人表决同意通过即可，无须股东大会决定；增资扩股中应当公平保护不愿意进行增资扩股出资人的利益；股权回购则应当遵循《公司法》关于股权回购的相关规定。

2. 关于出资人权益表决的程序性规则

本案中以“债转股”为出资人权益调整的主要方式，为了依法维护被调整权益的出资人在破产重整中的合法权益，管理人决定按照《企业破产法》的规定设立出资人表决组，由出资人本人或委托的代表人对重整计划中涉及出资人权益调整的事项进行表决，实现了重整公平性与重整效率之间的平衡。

关于涉出资人权益调整的表决规则，如出资人权益表决的方式、决议规则、决议范围、决议通过标准等事项，目前仍遵循《企业破产法》关于重整计划表决的相关规则。

（二）破产重整中“债转股”需注意的法律问题

“债转股”是破产重整中出资人权益调整至关重要的措施，其主要功能系将债权人享有对债务人的债权转化为股权，将债权人与债务人之间的债权债务关系转换为债权人与债务人之间股权关系，免于向公司注入资金即可消除债务，实现向债权人清偿的目的。“债转股”有利于降低企业负债率和债

---

① 陶蛟龙、史和新：《司法实务视野下破产重整制度若干问题研究》，载《法律适用》2012 年第 11 期。

② 陶蛟龙、史和新：《司法实务视野下破产重整制度若干问题研究》，载《法律适用》2012 年第 11 期。

务成本，在调整债务人负债结构的同时，可以为企业创造新的融资机会。基于“债转股”上述独特优势，该方式已日渐成为破产实务中惯用的重整方式之一，但在司法实践中，仍具有以下几大法律难点，需管理人或债务人在破产重整时予以重视。

1. “债转股”的法律基础和适用范围

就“债转股”的法律适用而言，王欣新教授认为，重整程序中实施的“债转股”属于债务人止损型债转股，具有以股清偿和债权出资双重法律性质，所以，应当遵循《企业破产法》和《公司法》双重法律约束。从“债转股”主要受制于债权人选择而言，重整中实施“债转股”应当以意思自愿为基础，遵循公平、等价有偿和诚实信用原则平衡各方利益。①

破产重整中，除了《企业破产法》《公司法》等基础性法律规范之外，《国务院关于积极稳妥降低企业杠杆率的意见》（附：关于市场化银行债权转股权的指导意见）（以下简称《意见》）系实施“债转股”的主要法律依据，《意见》所规定的“债转股”企业条件可以作为实施“债转股”的重要参考因素，以对企业重整可能性、“债转股”启动条件、债务人商业风险等事项进行评估。因“债转股”牵扯程序复杂，包括债权清偿、股权调整、经营权管理等，《企业破产法》第 2 条、第 44 条、第 85 条、第 87 条规定属于管理人在“债转股”中应当重点关注的法律规范。除此之外，涉及债务人财产范围、债权人权利、出资人权益调整、重整方案批准等事项也应当按照《企业破产法》相关规定予以规范。

破产重整中，债权类型复杂多样，除了担保债权、职工债权、税款债权等法定债权种类之外，在房地产行业等特殊领域内还存在特殊性质的债权，那么，在重整过程中，管理人如何确定“债转股”适用范围和债权对象？

就“债转股”的范围适用，一般观点认为，“债转股”仅限于普通债权，有担保债权不适用“债转股”，但是，地区法院破产案件中也出现了管理人使用“债转股”清偿有财产担保债权的情形。② 因此，关于“债转股”是否仅适用于普通债权清偿，从遵循当事人意思自治的角度分析，债权人具有风

① 王欣新：《企业重整中的商业银行债转股》，载《中国人民大学学报》2017 年第 2 期。

② 参见王欣新、郑志斌：《破产法论坛》（第二十辑），法律出版社 2021 年版，第 698 页。

险选择能力与自由，完全有可能出现有财产担保债权人或其他享有优先顺位债权人自愿接受“债转股”中约定的清偿方式和条件的情况。所以，从遵循当事人意思自由的角度，应当认为破产重整中“债转股”并不必然仅适用于普通债权，除了普通债权之外，有财产担保债权等优先顺位债权人在自愿选择基础上亦可与管理人或债务人达成债转股协议，选择“债转股”方式清偿债权。

2. “债转股”实施的具体规则

破产实务中，债转股有如下两种主要方式：一种是将债权人享有的对债务人的债权通过增加投资的方式转为对债务人新持有的股权，亦为增量“债转股”；另一种则是将原股东持有的部分或全部股权以对价的方式无偿划转给债权人，此为对债权人清偿的存量债转股。因存量债转股无须变更公司注册资本，仅需进行股东变更登记，相比增量债转股需要进行增资登记而言，后者得益于程序简单优势在司法实践中运用较为普遍。[①]

破产重整中“债转股”适用的具体形式则具有多样性，因为“债转股”系当事人自由意志结合的结果，个案中“债转股”形式选择也主要取决于当事人之间的自由选择和自愿合意。从破产实务观之，《股权转让协议》、《债转股协议》、重整方案附带约定“债转股”等形式在“债转股”重整中应用较广泛，可为债务人或管理人参考。

为保证“债转股”中各方当事人的公平性，获得债权人自愿选择“债转股”方式，其中涉及对“债权股”定价的问题。一般而言，在司法实践中，管理人受法院指定后均会对债务人进行接管，接管后履职中会对债务人资产和负债情况进行全面调查，在此过程中会委托专业会计师事务所对债务人资产进行评估，而会计师事务所审计评估后出具的资产评估报告可作为“债转股”定价的重要参考依据，此外也有管理人以个别债权在全部“债转股”债权中所占比例作为其在公司股本中应占比例进行定价的方式。王欣新教授认为，涉“债转股”定价不能过高或过低，应建立市场化“债转股”定价规则，应当明确重整清偿率计算方法，赋予债权人知情权、参与权、质询权，

① 王欣新：《企业重整中的商业银行债转股》，载《中国人民大学学报》2017年第2期。

定价中聘请中介机构复核或重新评估，确立“债转股”定价表决机制和债权人退出“债转股”机制，从而能以公平定价的方式平衡各方利益。[①]

3. 债权人会议多数决规则对“债转股”的适用问题

目前，破产重整中“债转股”适用争议较多的难题就是《企业破产法》第64条规定的债权人会议多数决规则（“双重多数决”）是否在“债转股”中适用，理论层面就此从不同视角提出不同的观点。韩长印教授认为，破产程序具有概况属性，破产程序中的任何事项，包括重整债权清偿期限、清偿比例、财产变价方案、分配方案等，均需按照多数决规则形成债权人或利害关系人集体意思，债转股也应当贯彻多数决规则。[②] 王欣新教授认为，股权不属于债务人所有的财产，具有基础权利转换的“债转股”清偿方式超出了破产程序集体执行的财产范围，重整中“债转股”具有股东无法分配利润和出售股权等不确定风险，符合债权人利益的“债转股”会获得债权人协商主动，而对于违背债权人利益的“债转股”不应当适用强制性债权人会议多数决的方式强迫实施。[③]

4. 强制批准程序在“债转股”中的适用

法院能否强制批准“债转股”重整方案，在理论上亦有不同的观点。其中，反对法院对“债转股”方案实施强制批准的意见主要为，“债转股”强制批准必然违背不愿意参与“债转股”的个别债权人意志。王欣新教授认为，“债转股”不受重整程序限制，属于债权人自愿行使的权利，自不受法院批准或强制批准裁定的限制，因此反对法院对“债转股”强制批准。[④] 韩长印教授基于强制批准重整计划所贯彻的绝对顺位原则容易损害股东利益、法院不具有审查重整计划可行性专业优势等理由认为，对于含有“债转股”方案的重整计划，虽不反对“债转股”重整方案强制批准，但法院应当克制

① 王欣新：《企业重整中的商业银行债转股》，载《中国人民大学学报》2017年第2期。

② 韩长印：《破产法视角下的商业银行债转股问题——兼与王欣新教授商榷》，载《法学》2017年第11期。

③ 王欣新：《再论破产重整程序中的债转股问题——兼对韩长印教授文章的回应》，载《法学》2018年第12期。

④ 王欣新：《企业重整中的商业银行债转股》，载《中国人民大学学报》2017年第2期。

使用司法强制批准方式。①

实务重整计划的强制性批准是人民法院对企业经济偿还能力的现实预判，实务中对“债转股”的审查也基本附带于对重整方案的审查批准基础之下。其中，法院不予批准含“债转股”重整计划具体包括：重整投资人招募不到位，单独实施“债转股”无法达到重整营运资金筹集的目的，“债转股”长远范围内并未给企业运营注入新的资金，未与多数人达成清债协议导致不具备重整条件等相关情形。② 可见，在法院不批准重整计划中，法院对“债转股”方案会附带进行考虑，在没有其他配套措施的情况下，单纯实施“债转股”方案无法达到法院认为的重整条件则可能导致重整方案整体无法被法院批准通过。因此，管理人在制订重整计划时应更多立足于重整方案可行性的角度，考虑制订“债转股”与招募投资人等措施相结合的重整方案。

法条索引

《企业破产法》

第二条 企业法人不能清偿到期债务，并且资产不足以清偿全部债务或者明显缺乏清偿能力的，依照本法规定清理债务。

企业法人有前款规定情形，或者有明显丧失清偿能力可能的，可以依照本法规定进行重整。

第四十四条 人民法院受理破产申请时对债务人享有债权的债权人，依照本法规定的程序行使权利。

第六十四条 债权人会议的决议，由出席会议的有表决权的债权人过半数通过，并且其所代表的债权额占无财产担保债权总额的二分之一以上。但是，本法另有规定的除外。

债权人认为债权人会议的决议违反法律规定，损害其利益的，可以自债

① 韩长印：《破产法视角下的商业银行债转股问题——兼与王欣新教授商榷》，载《法学》2017 年第 11 期。

② 参见王欣新、郑志斌：《破产法论坛》（第二十辑），法律出版社 2021 年版，第 699 页。

权人会议作出决议之日起十五日内，请求人民法院裁定撤销该决议，责令债权人会议依法重新作出决议。

债权人会议的决议，对于全体债权人均有约束力。

第八十五条 债务人的出资人代表可以列席讨论重整计划草案的债权人会议。

重整计划草案涉及出资人权益调整事项的，应当设出资人组，对该事项进行表决。

第八十七条 部分表决组未通过重整计划草案的，债务人或者管理人可以同未通过重整计划草案的表决组协商。该表决组可以在协商后再表决一次。双方协商的结果不得损害其他表决组的利益。

未通过重整计划草案的表决组拒绝再次表决或者再次表决仍未通过重整计划草案，但重整计划草案符合下列条件的，债务人或者管理人可以申请人民法院批准重整计划草案：

（一）按照重整计划草案，本法第八十二条第一款第一项所列债权就该特定财产将获得全额清偿，其因延期清偿所受的损失将得到公平补偿，并且其担保权未受到实质性损害，或者该表决组已经通过重整计划草案；

（二）按照重整计划草案，本法第八十二条第一款第二项、第三项所列债权将获得全额清偿，或者相应表决组已经通过重整计划草案；

（三）按照重整计划草案，普通债权所获得的清偿比例，不低于其在重整计划草案被提请批准时依照破产清算程序所能获得的清偿比例，或者该表决组已经通过重整计划草案；

（四）重整计划草案对出资人权益的调整公平、公正，或者出资人组已经通过重整计划草案；

（五）重整计划草案公平对待同一表决组的成员，并且所规定的债权清偿顺序不违反本法第一百一十三条的规定；

（六）债务人的经营方案具有可行性。

人民法院经审查认为重整计划草案符合前款规定的，应当自收到申请之日起三十日内裁定批准，终止重整程序，并予以公告。

国务院《关于积极稳妥降低企业杠杆率的意见》（附：关于市场化银行债权转股权的指导意见）

三、实施方式

（一）明确适用企业和债权范围。

市场化债转股对象企业由各相关市场主体依据国家政策导向自主协商确定。

市场化债转股对象企业应当具备以下条件：发展前景较好，具有可行的企业改革计划和脱困安排；主要生产装备、产品、能力符合国家产业发展方向，技术先进，产品有市场，环保和安全生产达标；信用状况较好，无故意违约、转移资产等不良信用记录。

鼓励面向发展前景良好但遇到暂时困难的优质企业开展市场化债转股，包括：因行业周期性波动导致困难但仍有望逆转的企业；因高负债而财务负担过重的成长型企业，特别是战略性新兴产业领域的成长型企业；高负债居于产能过剩行业前列的关键性企业以及关系国家安全的战略性企业。

禁止将下列情形的企业作为市场化债转股对象：扭亏无望、已失去生存发展前景的“僵尸企业”；有恶意逃废债行为的企业；债权债务关系复杂且不明晰的企业；有可能助长过剩产能扩张和增加库存的企业。

转股债权范围以银行对企业发放贷款形成的债权为主，适当考虑其他类型债权。转股债权质量类型由债权人、企业和实施机构自主协商确定。

3. 破产重整中涉债务人权利行使的相关法律问题

——山东威海嘉泰制衣有限公司破产重整案①

破产重整中的债权人利益和债务人利益往往密切关联。维护债务人的合法权利，往往对债权人利益产生积极而重要的意义。管理人在处理涉债务人权利行使的法律问题（如债务人担保债权如何处置、担保融资如何进行、担保权利如何追偿、破产撤销权如何行使）时，应平衡各种利益关系。本案例以担保债权为例，对破产重整中担保债权追偿、担保融资和破产撤销权行使等相关法律问题进行分析并归纳相关行使规则。

关键词：担保债权　担保融资　债权追偿　破产撤销权

一、重整情况介绍②

（一）公司概况

山东威海嘉泰制衣有限公司（以下简称嘉泰公司）成立于 1995 年 11 月 27 日，属于自然人投资设立的有限责任公司，公司主要经营业务范围为生产、销售服装、床上用品，计算机辅助设计、开发服装产品，服装原辅料、鞋帽、服饰品的批发、零售，备案范围内的货物和技术进出口。

嘉泰公司进入破产重整程序时，名下资产主要为固定资产（房屋建筑物、在建工程、设备等），无形资产（土地使用权等），以及流动资产（货币

① 案例来源：全国企业破产重整案件信息网（https：//pccz. court. gov. cn/pcajxxw/index/xxwsy/）。

② 参见嘉泰公司重整计划草案，载全国企业破产重整案件信息网 2020 年 6 月 30 日，https：//pccz. court. gov. cn/pcajxxw/pcgg/ggxq？ id = DEEFB51330BC60822611EEC84D272499。

资金、应收账款）。其中，嘉泰公司共拥有房屋及土地使用权 15 处，拥有嘉泰制衣二期建筑工程 1 处，另拥有机器设备、银行存款、可追偿债权等资产，经资产评估机构评估，认定嘉泰公司现有资产合计 3.62 亿元。

嘉泰公司对外负债方面，截至 2020 年 6 月 1 日共审查认定 45 笔破产债权，认定嘉泰公司对外负债共计 11.34 亿元。此外，截至 2020 年 6 月 28 日，本案破产费用共计 8000 万元，债务人综合负债规模共计达到 12.11 亿元。

（二）重整原因

为扩大嘉泰公司经营规模，嘉泰公司于 2009 年 9 月在山东省威海市设立威海嘉泰制衣有限公司文登分公司，进行威海市文登南海厂房项目建设，项目建设持续至 2011 年 9 月 19 日，嘉泰公司即出现财务危机，为了扭转公司经营困境，公司采取变更股东等方式对建设项目进行调整但仍然无法确保工程顺利完工。受嘉泰公司财务危机持续恶化、公司持续严重资不抵债影响，公司进入破产程时，二期厂房工程仍未竣工投产。

公司进入破产程序前，已经在山东省威海市文登南海龙海路东、高岛路南土地上布局厂房二期建设工程，面积大约 20 万平方米。经评估机构评估，该工程评估价值达到 1.03 亿元，并且嘉泰公司部分债权人在该工程项目上享有建设工程款债权。从公司实际经营需要及建设工程进度来看，如果不进行破产重整而直接进行破产清算，不仅公司已经投入厂房建设的资金无法收回，同时建设工程款优先受偿债权人也将面临无法受偿的局面。因此，为了顺利使嘉泰公司按计划完成既已建设的厂房工程，管理人拟对嘉泰公司暂不实施破产清算，而是制定了以恢复“嘉泰二期厂房建设”与“消解债务”相结合的破产重整方案。

（三）破产重整动因

嘉泰公司不动产资产占比较高，其中还包括在建的二期厂房工程，该工程建设中公司已投入巨额资金。从企业现状来看，虽然企业已经进入经营困难期，但是如果能采取方式将尚未完工的工程续建完，仍旧有很大概率使企业生产恢复正常秩序。此外，虽然企业对外负有较大债务，但是其中部分债务属于在建工程产生的债务，可以通过恢复在建工程予以化解。且在嘉泰公司与蓝创公司达成投资意向前，蓝创公司已同意以入资的方式提供偿债资金。

因此，为推进破产程序有序进行，避免破产财产处置价值贬损，实现债权人利益最大化，嘉泰公司向威海市中级人民法院转交了蓝创公司提交的重整申请及重整计划方案。此后，重整方经与政府、法院与嘉泰公司多次沟通、确认，制订了重整计划草案并提交债权人会议讨论、表决。

如果有序按照重整方案实施，可以预测各方债权人的利益均可获得保障，并且管理人已委托相关机构对嘉泰公司进行全面调查和清产核资，在此基础上形成了周密的财务分析与法律论证，可确保重整方案的科学性。

基于上述因素，为了避免嘉泰公司因破产变卖资产导致现有资产大幅度价值贬损，尽可能减少债权人的损失，使嘉泰公司可利用现有资源重新走上健康发展的轨道，决定对嘉泰公司实施破产重整，最大化保留了嘉泰公司在南海新区发展的经营业态，以促进当地经济的发展及社会稳定。

（四）重整过程介绍

债权人威海市庆威建材有限公司向威海市中级人民法院提出嘉泰公司破产清算申请，威海市中级人民法院于 2015 年 9 月审查受理该案后，于 2015 年 9 月 10 日作出（2015）威破字第 2－1 号裁定书，指定山东弘誉律师事务所担任管理人，2020 年 6 月 30 日威海市中级人民法院作出（2015）威破字第 2 号之四裁定书，批准威海嘉泰制衣有限公司重整计划。[①]

经过对嘉泰公司企业实力的评估，引进具有经营实力的企业联合进行重整对嘉泰公司较为有利。因此，嘉泰公司在制订重整计划时与山东省威海市最大综合性投资平台蓝创公司敲定重整意向。蓝创公司系成立于 2012 年的大型国有控股公司，是威海市南海新区最大综合性投资平台，为长期主体信用 AA 级企业，该公司现有资产总额为 295 亿元，净资产为 138 亿元。

按照双方敲定的重整意向，由蓝创公司具体对债务人进行收购重整，收购后调整嘉泰公司原有的纺织服装、服饰业生产销售经营范围，依据国家和

① 山东省威海市中级人民法院民事裁定书，（2015）威破字第 2 号之四。

地方扶持、支持高科技企业发展等相关政策规定，在嘉泰公司原有土地、房屋上进行“蓝色创业谷项目”的开发、建设及运营。“蓝色创业谷项目”将依据山东省威海市南海新区的项目发展规划及布局，建设成为集“众创空间—孵化器—加速器—科技产业区”为一体的综合性公共服务园区基地。建设完成后，蓝创公司除组建专业运营团队对该项目进行运营管理和提供配套服务外，还需对项目物业的自持、租赁和融资等事项提供资金保障，促成项目分期建设、营运。

在嘉泰公司企业债务的化解方面，管理人采用在企业原评估价值70%的基础上区分不同债权组进行调整的方式处理与债权人之间的债权债务关系。重整中对嘉泰公司债权进行了分类调整，将破产债权分为优先债权组、职工债权组、税款债权组、普通债权组、出资人组五类。调整后，对企业破产费用和共益债务按照《企业破产法》的规定，由债务人随时清偿；对建设工程款优先债权100%全额清偿；对抵押担保债权则按比例清偿；普通债权清偿比例由清算条件下的8.56%提高到10%；因嘉泰公司严重资不抵债，认定股东出资人无实际权益，重整中新注入资金的投资人将依照法律规定，以每股0元的价格受让原股东的全部股权。

嘉泰公司与蓝创公司达成协议，由蓝创公司对嘉泰公司在建厂房工程先期支付在建工程款5192万元以将该在建工程项目转化为债务人经营性资产。同时，嘉泰公司与蓝创公司还就在建厂房工程权属问题达成协议，因嘉泰公司重整前已就厂房工程投入8648.36万元资金，蓝创公司投入后期建设资金，故经过债权人会议表决同意，将由嘉泰公司与蓝创公司就各自投资数额共同享有二期厂房建设工程所有权。

2020年6月5日，威海蓝创建设投资有限公司（以下简称蓝创公司）向嘉泰公司提交重整申请，并提交了重整计划方案。2020年6月28日，嘉泰公司第四次债权人会议全体债权人一致表决同意由蓝创公司对嘉泰公司进行入资重整。同日，威海市中级人民法院作出（2015）威破字第2号之三民事裁定，裁定威海嘉泰制衣有限公司重整。[①] 最终，经过重整，嘉泰公司不仅

① 山东省威海市中级人民法院民事裁定书，（2015）威破字第2号之三。

解决了公司债务危机，而且实现了公司恢复性经营。

二、案例启示与律师建议

（一）企业破产重整中如何处置担保债权[①]

企业破产重整中担保问题往往具有复杂性，同时也是管理人在破产案件办理中经常遇到的难题。破产担保问题涉及主体复杂，担保类型多样，设定担保方式或途径也较多元，以破产重整为界，它既包括重整前债务人为债权、第三方债务设定担保或第三方为债务人设定担保的情形，也包括重整过程中为债权人设定担保的情形，这就涉及重整过程中处置涉债务人担保债权的相关问题。

就第三方提供担保的破产债权而言，应当注意的是破产债权申报的问题，如果担保人已经代替债务人清偿债务则可以享有求偿权申报债权，如果尚未代替债务人清偿债务，则可以基于将来求偿权参加破产财产分配。

在第三方提供担保的破产案件中，还涉及债权人在参加破产程序同时起诉担保人承担担保责任的情形。破产实务中在这一点上存在不同做法：一种做法是，不区分担保类型直接由保证人在债务人破产程序终结后对债权人履行给付义务。另一种做法则是，债权人申报破产债权后同时起诉连带保证人的，由连带保证人直接履行保证责任后将破产债权人变更为保证人；债权人申报破产债权同时起诉一般债权人的，则在破产程序终结后再行确定保证人责任范围。

债务人自己提供担保引起的破产债权的情形，在破产程序中涵盖范围较广，延伸到破产债权申报、破产重整、破产清算各个环节，同时受到破产程序中担保债权表决权行使、担保权暂停行使等规则的限制。在此过程中，管理人应当注意的是，有财产担保的债权人必须申报债权才能参加破产程序，对破产案件受理前 1 年内本无担保的债务提供财产担保的可以予以撤销。

债务人为第三方提供担保的破产债权如何处理？此时债务人的地位相当

---

① 本部分内容参见张凤翔：《企业破产案件中涉担保债权问题的处理》，载《人民司法》2013 年第 7 期。

于保证人，应当注意的是，如果担保的主债务已经到期，连带保证债权人可以直接申报破产债权，而一般保证中则存在先诉抗辩权；如果主债务未到期，则可以暂不负清偿义务。

（二）破产重整中担保融资时应当注意的法律问题

破产重整中，为了确保债务人能够继续经营，可以考虑通过采取为新借款设定担保的方式融集资金，将融资作为企业持续性经营的资本，目前这种重整方式已经得到实务界普遍运用。

按照《企业破产法》第 75 条的规定，在重整期间，管理人为了债务人继续营业的需要，可以对外借款并就该借款设定担保权利。相比纯粹的以企业长期经营前景进行招商引资或招募投资人而言，设定担保权利的营业型借款会显著降低投资人对企业长期性经营能力的担忧，在评估债务人实际经营能力和短期投资回报上为投资人设定多项选择。因此，管理人为债务人继续经营需要设定担保权利型借款制度，有利于削减重整投资风险，提高资金引进可能性，增加债务人融资经营资本。但是，在破产重整中采取设定担保权利融资仍应当注意以下法律问题：

首先，重整中设定担保权融资的性质问题。按照我国《企业破产法》第 42 条和最高人民法院《关于适用〈中华人民共和国企业破产法〉若干问题的规定（三）》第 2 条的规定，管理人为债务人继续营业所借款项属于为全体债权人共同利益所负担的其他债务，该债务应当归类为共益债务。

其次，企业继续经营需要所借款项的清偿顺序问题。尽管我国现行《企业破产法》规定共益债务随时清偿，但是，根据最高人民法院《关于适用〈中华人民共和国企业破产法〉若干问题的规定（三）》第 2 条的规定，为债务人继续营业所借款项享有优先于普通债权清偿的权利，但与已经就债务人特定财产享有担保权利的债权人相比，则不享有优先清偿的权利。

最后，破产重整或者和解中，如果债权人未经保证人书面同意，允许债务人转让部分债务，保证人对未经其同意而转让的该部分债务不再承担保证责任。

（三）破产重整前担保权利追偿问题

1. 债权审查认定中应当同时审查债务人享有的债权利益

本案重整中发现，嘉泰公司名下的资产除了固定资产、无形资产、流动资金之外，还存在可以依法予以催收的债权。因此，为了全面、真实地调查评估嘉泰公司的资产负债情况，对破产债权审查认定时需同时就嘉泰公司享有的可催收债权进行审查核实。

经审查，嘉泰公司破产债权中有 9 笔债权系由嘉泰公司承担担保责任的债权，嘉泰公司共履行担保责任 3.63 亿元。另外，还有 10 笔债权由嘉泰公司独自承担担保责任，所承担的责任总额为 3.69 亿元。为了有效维护嘉泰公司的合法权益，重整中应当对由嘉泰公司承担担保责任的债权按照法律规定进行征收。

首先，结合对由嘉泰公司承担担保责任的债权进行评估，评估后认定嘉泰公司可以追偿的债权数额初步估计为 1400 万元。其次，综合应收债权可供执行财产的情况、诉讼程序难易程度、诉讼成本承担能力等因素评估应收账款追偿的可能性。嘉泰公司最后决定对 25 家债务人中的 7 家债务人进行追偿，剩余 18 家债务人因未向管理人申报债权或管理人不予认定其申报的债权而不予追偿且同时不纳入破产债权行列。对暂不予征收的债权，在重整方接管嘉泰公司后，由重整方自行决定是否追收，且追回财产不再参与破产财产二次分配。

通过实施上述追收措施，不仅简化了征收应收债权的程序性负担，同时将征收回的应收账款作为嘉泰公司重整资金用于破产重整，在保留债务人资产规模的同时降低了企业资产负债比，有效地维护了嘉泰公司合法权益，缓解了嘉泰公司负债压力，为顺利完成破产重整奠定良好基础。

2. 担保权利追偿应当注意的程序性规则

（1）严格履行法定职责并遵循应收债权评估程序。

首先，管理人应当按照《企业破产法》第 25 条的规定对债务人的财产依法进行管理，在管理人接手债务人后，应当及时对债务人的资产负债进行详细调查，对于债务人承担担保责任的情形，应当考虑是否满足债务人利益条件，并预先作为应收账款制作征收清单，应当将债务人资产调查和权益维护行为履行作为管理人应当履行的法定职责。

其次，应当遵循应收债权程序性规则，重整中可以对予以征收的债权制作明确的《征收清单》，详细列明准备予以征收的债权的主体、金额和债务人承担担保责任等信息。然后，委托专门的机构对征收账单进行审计评估，对于各项应收债权可以考虑从追收债权的难度、诉讼成本、债务人可供执行财产等方面进行征收难度评估，并可以考虑区分不同的债权类型，有区别地采取函寄、诉讼、拍卖、强制分配等多种针对性措施进行征收，对于暂时难以予以征收的债权，可以考虑协商转让或向重整投资人移转。值得注意的是，担保债权征收过程中，应当仔细审查征收账款的证据性材料，并将相关资料予以固存，在由债权人会议表决通过后按照法律程序规范征收。

（2）破产实务中债务人应收债权追收的相关方式。

①以催收函的方式进行追收。

对能够取得联系的次债务人，可直接向次债务人发出书面通知，要求次债务人在规定的期限内清偿债务。如果次债务人拒绝履行清偿义务，则相关追收程序即为履行完毕。如果次债务人对债权债务关系有异议的，管理人在异议期限内应对次债务人提出的异议进行审核，审查异议是否成立，然后根据实际情况经由债权人会议决定后进行征收。

②通过诉讼的方式进行追收。

除了协商实施征收之外，诉讼方式更具有法律拘束力，可供管理人选择。值得注意的是，在考虑采取诉讼方式征收应收债权时，除了严格遵循诉讼程序之外，还应当结合应收债权本身的特性从诉讼难易程度、证据确实程度方面进行考虑，然后按照法律程序提交债权人会议对征收事项进行表决。前述程序中，需要严格注意诉讼规则中的诉讼时效问题。根据最高人民法院《关于适用〈中华人民共和国企业破产法〉若干问题的规定（二）》第19条的规定，应收债权追收的诉讼时效自法院受理破产申请之日起中断。因此，破产重整程序前，债务人应收债权还应当受《民法典》普通诉讼时效的限制，管理人应当在诉讼时效期限内进行征收，如此方符合应收债权征收的诉讼时效要求。

③拍卖债权。

相较于前述征收方式，拍卖应收债权具有较大的风险。与其他财产的拍卖不同的是，拍卖债权具有双向性，对竞价者而言，既可能具有较高收益，也可能面临企业破产导致债权无法实现的风险。因此，尽管对债务人而言，拍卖债权的方式比较容易实现债权征收，但是仍应当谨慎遵循拍卖规则，有效管控拍卖债权所带来的风险。

④向债权人分配债权。

对证据不够充分、诉讼追收成本过高、追回的可能性不大的应收债权，管理人可向债权人会议报告，放弃该部分债权征收。债权人不同意放弃的，管理人可将其向债权人进行分配，由债权人自行清收。此时，需注意的是，管理人应当就债权征收相关的法律风险向债权人释明，并根据最高人民法院《关于适用〈中华人民共和国企业破产法〉若干问题的规定（三）》第 15 条第 1 款的规定，在债权分配阶段，制作好债权分配书，附带将相关证据复制给债权人，并同时制作债权分配风险告知书交债权人签收。另外，还需向次债务人发出债权已分配的告知书，告知其应当向持分配书的债权人履行义务。通过上述方法，在尊重债权人的意思自治的情况下，降低管理人履职风险。按照《企业破产法》第 69 条的规定，在实施涉及债务人财产处分行为时，应当及时向债权人委员会报告，未设立债权人委员会的，管理人应当及时报告人民法院。

综上，破产重整程序中，应当对债务人资产负债进行详细调查，重整中无论是调查债务人资产负债，还是拟采用设定担保融资或征收应收债权降低风险，均应当严格遵循法律规范，遵循《企业破产法》相关的程序性规则，如此方能有效降低债务人资产负债，提升债务人资本能力和重整能力。

（四）债权人合法权益保障之破产撤销权行使规则①

破产重整中，管理人需在重整中秉持公平公正原则，依法对债权人合法权益和债务人合法权益进行公正处置，在涉债务人相关的债权债务关系审查认定中，对债务人涉欺诈债权人或有损全体债权人债权清偿的行为有权行使

① 本部分内容参见王欣新：《破产撤销权研究》，载《中国法学》2007 年第 5 期。

撤销权，以维护债权人合法权益。

1. 破产撤销权构成要件

破产撤销权，是指债务人财产的管理人对债务人在破产申请受理前的法定期间内进行的欺诈债权人或损害对全体债权人公平清偿的行为，有申请法院予以撤销的权利。

破产撤销权设置的目的在于，通过该权利的行使，防止债务人在丧失清偿能力、对破产财产无实际利益的情况下，通过无偿转让、以明显不合理的价格交易或者偏袒性清偿债务等方法损害全体或多数债权人的利益，破坏破产法的公平清偿原则。王欣新认为，破产撤销权行使的要件包括客观要件和主观要件。客观要件包括需有债务人有损债权人利益的行为并持续有效存在，此外还需满足该行为发生在企业破产程序开始前、法定可撤销期间内这一程序要件。而管理人行使破产撤销权并没有时间限制，在管理人接受破产法院指定后，即可行使破产撤销权。此外，根据《企业破产法》第 123 条之规定，在破产程序终结后 2 年内，债权人可以请求人民法院行使破产撤销权，追回财产并加以分配。破产撤销权主观要件系指债务人（破产人）、交易相对人以及利益转得人行为时具有的主观意思状态。

2. 破产撤销权行使主体及法律后果

按照《企业破产法》的规定，破产程序中破产撤销权由管理人统一行使，破产程序终结后破产撤销权则由法院行使。而关于破产程序中债权人能否行使破产撤销权的问题，王欣新教授认为，如果管理人接到债权人请求后拒绝行使破产撤销权，或在一定期限内不予答复，债权人可以请求人民法院强制管理人履行职责、行使破产撤销权，由人民法院裁定解决是否应行使破产撤销权的争议。原则上，立法已经规定管理人行使破产撤销权的情况下，不应再允许个别债权人直接行使撤销权，以规避权利竞合和计划与债权人之间的矛盾冲突。因管理人行使破产撤销权，相对人因违法行为被撤销而恢复相应权利，应是其自然产生的法律后果。

3. 可撤销法律行为

王欣新教授认为，破产撤销权可撤销行为从理论上分为欺诈行为与偏袒性清偿行为。我国《企业破产法》则规定，破产程序中可撤销权行为分为无效行为和可撤销行为。其中，无效行为包括为逃避债务而隐匿、转移财产的行为以及虚构债务或者承认不真实的债务的行为。而可撤销行为则包括：无偿转让财产的行为、以明显不合理的价格进行交易的行为、对没有财产担保的债务提供财产担保的行为、对未到期的债务提前清偿的行为、放弃债权的行为。

对可执行行为是否可以行使破产撤销权，王欣新教授认为，债务人在丧失清偿能力的情况下，在可撤销期间恶意利用执行名义对个别债权人偏袒清偿，违背破产法公平受偿的基本原则，从原则上讲，应予以撤销，但同时也认为应当满足当事人主观上构成恶意为前提。

4. 破产撤销权行使期限问题

《企业破产法》规定，破产可撤销行为应发生在破产申请受理前 6 个月内，同时规定特定情形下破产终结之日起 2 年内，债权人亦可请求法院追回债务人清偿的财产予以分配。除此之外，破产撤销权行使属于管理人法定职责之一，管理人在破产程序终结前均有权对符合破产法规定的应予撤销的行为行使撤销权，不以知道或者应当知道权利被侵害时起算其行使撤销权的期间，破产实务中管理人行使破产撤销权不应适用民法上撤销权除斥期间的规定。司法实践中，四川省高级人民法院审理的长城华西银行股份有限公司、长城华西银行股份有限公司德阳旌阳支行破产撤销权纠纷二审案[①]中，肯定了管理人行使破产撤销权不受除斥期间限制。

法条索引

《企业破产法》

第二十五条 管理人履行下列职责：

（一）接管债务人的财产、印章和账簿、文书等资料；

（二）调查债务人财产状况，制作财产状况报告；

（三）决定债务人的内部管理事务；

① 四川省高级人民法院民事裁定书，（2020）川民终 154 号。

（四）决定债务人的日常开支和其他必要开支；

（五）在第一次债权人会议召开之前，决定继续或者停止债务人的营业；

（六）管理和处分债务人的财产；

（七）代表债务人参加诉讼、仲裁或者其他法律程序；

（八）提议召开债权人会议；

（九）人民法院认为管理人应当履行的其他职责。

本法对管理人的职责另有规定的，适用其规定。

第四十二条 人民法院受理破产申请后发生的下列债务，为共益债务：

（一）因管理人或者债务人请求对方当事人履行双方均未履行完毕的合同所产生的债务；

（二）债务人财产受无因管理所产生的债务；

（三）因债务人不当得利所产生的债务；

（四）为债务人继续营业而应支付的劳动报酬和社会保险费用以及由此产生的其他债务；

（五）管理人或者相关人员执行职务致人损害所产生的债务；

（六）债务人财产致人损害所产生的债务。

第六十九条 管理人实施下列行为，应当及时报告债权人委员会：

（一）涉及土地、房屋等不动产权益的转让；

（二）探矿权、采矿权、知识产权等财产权的转让；

（三）全部库存或者营业的转让；

（四）借款；

（五）设定财产担保；

（六）债权和有价证券的转让；

（七）履行债务人和对方当事人均未履行完毕的合同；

（八）放弃权利；

（九）担保物的取回；

（十）对债权人利益有重大影响的其他财产处分行为。

未设立债权人委员会的，管理人实施前款规定的行为应当及时报告人民法院。

第七十五条 在重整期间，对债务人的特定财产享有的担保权暂停行使。但是，担保物有损坏或者价值明显减少的可能，足以危害担保权人权利的，担保权人可以向人民法院请求恢复行使担保权。

在重整期间，债务人或者管理人为继续营业而借款的，可以为该借款设定担保。

第八十二条 下列各类债权的债权人参加讨论重整计划草案的债权人会议，依照下列债权分类，分组对重整计划草案进行表决：

（一）对债务人的特定财产享有担保权的债权；

（二）债务人所欠职工的工资和医疗、伤残补助、抚恤费用，所欠的应当划入职工个人账户的基本养老保险、基本医疗保险费用，以及法律、行政法规规定应当支付给职工的补偿金；

（三）债务人所欠税款；

（四）普通债权。

人民法院在必要时可以决定在普通债权组中设小额债权组对重整计划草案进行表决。

最高人民法院《关于适用〈中华人民共和国企业破产法〉若干问题的规定（二）》

第十九条 债务人对外享有债权的诉讼时效，自人民法院受理破产申请之日起中断。

债务人无正当理由未对其到期债权及时行使权利，导致其对外债权在破产申请受理前一年内超过诉讼时效期间的，人民法院受理破产申请之日起重新计算上述债权的诉讼时效期间。

第二十三条 破产申请受理后，债权人就债务人财产向人民法院提起本规定第二十一条第一款所列诉讼的，人民法院不予受理。

债权人通过债权人会议或者债权人委员会，要求管理人依法向次债务人、债务人的出资人等追收债务人财产，管理人无正当理由拒绝追收，债权人会议依据企业破产法第二十二条的规定，申请人民法院更换管理人的，人民法院应予支持。

管理人不予追收，个别债权人代表全体债权人提起相关诉讼，主张次债务人或者债务人的出资人等向债务人清偿或者返还债务人财产，或者依法申请合并破产的，人民法院应予受理。

最高人民法院《关于适用〈中华人民共和国企业破产法〉若干问题的规定（三）》

第二条 破产申请受理后，经债权人会议决议通过，或者第一次债权人会议召开前经人民法院许可，管理人或者自行管理的债务人可以为债务人继续营业而借款。提供借款的债权人主张参照企业破产法第四十二条第四项的规定优先于普通破产债权清偿的，人民法院应予支持，但其主张优先于此前已就债务人特定财产享有担保的债权清偿的，人民法院不予支持。

管理人或者自行管理的债务人可以为前述借款设定抵押担保，抵押物在破产申请受理前已为其他债权人设定抵押的，债权人主张按照民法典第四百一十四条规定的顺序清偿，人民法院应予支持。

第十五条 管理人处分企业破产法第六十九条规定的债务人重大财产的，应当事先制作财产管理或者变价方案并提交债权人会议进行表决，债权人会议表决未通过的，管理人不得处分。

管理人实施处分前，应当根据企业破产法第六十九条的规定，提前十日书面报告债权人委员会或者人民法院。债权人委员会可以依照企业破产法第六十八条第二款的规定，要求管理人对处分行为作出相应说明或者提供有关文件依据。

债权人委员会认为管理人实施的处分行为不符合债权人会议通过的财产管理或变价方案的，有权要求管理人纠正。管理人拒绝纠正的，债权人委员会可以请求人民法院作出决定。

人民法院认为管理人实施的处分行为不符合债权人会议通过的财产管理或变价方案的，应当责令管理人停止处分行为。管理人应当予以纠正，或者提交债权人会议重新表决通过后实施。

4. 破产重整中如何进行关联企业实质性合并重整

——华宸公司、华航能源公司、华晟能源公司、中晟公司合并破产重整案①

合并重整是有效提高重整效率的重要途径，有关破产重整中关联企业的认定标准和实质性企业合并重整的程序性规则问题一直是破产重整中的重要难题。本案例对破产重整中关联企业实质合并重整的实践类型、判断标准和管辖等问题进行分析。

关键词：关联企业　实质合并

一、重整情况介绍②

（一）公司概况

浙江省中嘉华宸能源有限公司（以下简称华宸公司）成立于2006年7月25日，成立时注册资本为6亿元，以批发（直拨直销）、生产二甲醚（甲醇脱水制）及顺酐，销售化工产品，从事各类商品及技术的进出口业务，移动式压力容器充装，道路货物运输为其主要业务经营范围。

温州华航能源有限责任公司（以下简称华航能源公司）、上海华晟能源化工有限责任公司（以下简称华晟能源公司）、浙江中晟燃气有限责任公司

---

① 案例来源：全国企业破产重整案件信息网（https：//pccz. court. gov. cn/pcajxxw/index/xxwsy）。

② 参见中嘉华宸能源有限公司及三子公司合并重整计划草案，载全国企业破产重整案件信息网2020年9月17日，https：//pccz. court. gov. cn/pcajxxw/pcgg/ggxq？ id = A7C5C17F0755F1BFD9A444755FF54862。

（以下简称中晟公司）系华宸公司子公司。其中，华航能源公司成立于2007年11月15日，公司注册资本为2000万元，技术进出口与货物进出口、化工产品和建筑材料销售、五金产品批发和销售为其主要经营业务。华晟能源公司成立于2011年9月19日，公司注册资本为6000万元，公司除了经营塑料制品销售和金属材料、建筑装潢材料、木材、五金交电、机电设备、仪器仪表、管道阀门、燃料油（除危险化学品）销售外，还经营货物及技术的进出口业务。中晟公司成立于2001年7月23日，公司注册资本为1000万元，以民用液化石油气经营（储存、灌装、供应）和炉灶具、阀门配件生产销售为主要经营业务。

因华航能源公司、华晟能源公司和中晟公司系华宸公司的子公司，华宸公司破产重整中，三家子公司与华宸公司一并进行合并重整，经对华宸公司及三子公司进行资产调查评估，截至2019年11月30日，华宸公司及三子公司拥有资产总额为115,557.79万元，但对外负债占比较高，华宸公司及三子公司在重整条件下的净资产评估值为－381,250.74万元，模拟清算条件下华宸公司及三子公司净资产评估值高达－435,320.26万元。

华宸公司名下资产以不动产、机器设备和股权为主，但华宸公司在前期经营融资中已就上述大部分资产设定融资担保，导致华宸公司对外担保债务占有较大比例。华宸公司已就相关资产设定担保债权情形如表4－1所示。

表4－1　华宸公司相关资产设定担保债权情形

<table>
<tr><th>权利人</th><th>担保债权金额/亿元</th><th>担保物类型</th></tr>
<tr><td>长城资产</td><td>3.66</td><td rowspan="2">不动产、机器设备</td></tr>
<tr><td>工商银行</td><td>0.002</td></tr>
<tr><td>浙商资产</td><td>1.39</td><td>不动产、机器设备</td></tr>
<tr><td>华融资产</td><td>1.27</td><td>不动产顺位抵押</td></tr>
<tr><td>平湖农商</td><td>0.45</td><td>机器设备</td></tr>
<tr><td>招商银行</td><td>0.30</td><td>股权</td></tr>
</table>

续表

权利人	担保债权金额/亿元	担保物类型
温州中行	0.81	机器设备
远辰建设	0.30	工程款优先
天物化轻	5.38	机器设备、股权
总计	13.55	—

除上述担保债权外，截至2019年11月26日，共有230家企业和个人申报破产债权，申报金额为55.20亿元，最终审核认定的破产债权总额为50.68亿元。其中，普通债权37.10亿元，有财产担保债权13.55亿元，税款债权295.56万元，另外12.27万元税款滞纳金转入普通债权，因华宸公司在经营期间未欠付职工工资，故尚未产生职工债权。

（二）重整原因

华宸公司破产重整前，融资结构不尽合理。华宸公司资产形态以固定资产为主，包括公司名下的不动产、生产机器设备，其他资产类型则以股权和工程款为主。但是，华宸公司在前期经营中均将上述固定资产和股权作为担保资产对外融资，导致公司大部分资产均被设定担保物权，制约了公司经营中的财产自由流转。

因华宸公司固定资产建设规模巨大，公司前期融资中未对担保的资产分类型进行规划和处理，不仅导致公司担保结构极不合理，而且公司经营亦因受制于融资担保权限制无法正常开展。最终，因公司前期银行贷款规模和资产抵押比重过大，公司后续经营中无法再续用名下资产进行经营贷款。此外，公司前期建设项目长期挤占流动资金，导致公司后续经营中资金紧缺。2013~2014年，各大商业银行在评估华宸公司经营现状后，进一步压缩了对华宸公司的贷款规模，华宸公司银行贷款相继被压缩了约10亿元，公司资金严重匮乏。

公司内部，因公司股东自身实力不足，无力再依靠股东为公司经营提供新的资本金，导致公司现有资金无法匹配公司经营建设规模，最终导致资金链断裂。受到宏观经济环境影响，公司外部经营环境同样不善，2014 年下半年以来，因国际石油价格暴跌造成公司发生巨额亏损，又因公司大部分建设项目未达到预期目标，公司投入的部分装置无法正常生产或生产的产品不符合市场需求，造成公司投入的巨额资产无法产生效益。

受困于上述因素，公司资不抵债，自 2016 年年初起即不断卷入重大诉讼，公司名下相关财产及经营账户相继被法院勒令冻结，导致银行贷款无法正常周转，经营受阻，最终陷入破产困境。

华宸公司破产重整率先被浙江省平湖市人民法院裁定受理，重整中，破产法院另行受理了华航能源公司、华晟能源公司、中晟公司破产重整申请，实际上，上述三公司系华宸公司全资子公司。鉴于上述三子公司在资金、人格等因素上的高度混同，并且实际上无法区分三公司之间的资产权属，实际经营中所产生的债权债务关系亦无法实现完全划分，如果分别予以破产处理，不仅无法厘清各公司之间的资产关系、债务关系，同时不利于破产重整效率整体提升。基于华宸能源公司与华航能源公司、华晟能源公司、中晟公司三子公司之间的人格混同和实际控制关系，案中有必要进行合并破产重整。最终，法院采纳管理人提出的建议，对华宸公司与华航能源公司、华晟能源公司、中晟公司三子公司实施实质性合并重整。

（三）破产重整动因

虽然华宸公司受内部治理结构和外部市场环境影响，经营成效受到重创，但是华宸公司具有显著区位优势，公司现位于独山港化工园区内，与浙江物产化工码头有限公司码头相连，所生产产品可以直接辐射到长三角区域，具有广阔的营销市场。除此之外，公司还具有较为完备的技术人才储备，具有企业重整所必需的技术人员和管理人员；公司基础及配套设施较为完备，无须新建生产基础设施，可以减少大量的建设投入；公司生产经营资质齐全，破产重整可以最大限度地保留公司资质，无须重新进行资质申请；在贸易合作方面，公司与中石化建立了长期稳定的交易关系，并且多次作为优质合作伙伴得到中石化的认可。综上，华宸公司具备重整可能性，对华宸公司采取破产重整措施，可以克服公司内外部经营困境，恢复公司正常经营秩序。

（四）重整过程介绍

2016年7月1日，平湖市人民法院作出（2016）浙0482民破3号《民事裁定书》，裁定受理了被申请人华宸公司破产清算申请。2016年7月18日，法院指定浙江国傲律师事务所担任华宸公司破产清算一案的管理人。2020年11月5日，法院作出（2016）浙0482民破3号之六民事裁定书，裁定批准华宸公司、华航公司、华晟公司、中晟公司合并重整计划草案。[①] 华宸公司及其三家子公司华航能源公司、华晟能源公司、中晟公司实质性合并重整过程持续至2021年12月1日。

首先，确定招募重整投资人。经债权人会议同意和公开招募程序，最终确定浙江独山能源有限公司（以下简称独山能源公司）为重整投资人，该公司于2016年11月18日在平湖市市场监督管理局登记注册，为新凤鸣集团湖州中石科技有限公司投资设立的全资子公司，注册资本28亿元，是一家集PTA、聚酯、涤纶纺丝、加弹、进出口贸易为一体的现代大型股份制上市企业，总资产超200亿元，综合实力名列中国企业500强。该公司具有雄厚的经营实力，且与华宸公司地域相邻，均处于独山港石化园区内且同属化工行业企业。由独山能源公司参与华宸公司破产重整，可充分发挥区位优势和产业优势，实现公用工程合并和综合利用以及华宸公司职工安置，大大提高资源利用效率，节省成本支出。此外，新凤鸣集团湖州中石科技有限公司经过20多年的发展，已经积累了丰富的经营管理经验、优秀的企业文化、技术人才和资金实力，可为华宸公司重整后的经营治理提供有力保障。

其次，重新调整华宸公司股权结构。华宸公司重整前注册资本为6亿元，分别由中宸能源公司持股45.39%，上海昊跃投资管理有限公司持股34.31%，浙江天物新能源有限公司持股12.5%，宁波博涌金股权投资合伙企业（有限合伙）持股7.8%。重整中采取以0元每股的价格入资取得华宸公司所有股权的方式进行股权调整，调整后重整投资人入资后持有华宸公司100%的股权，华宸公司持有华晟公司、华航公司和中晟公司100%的股权。

再次，综合采取措施恢复华宸公司整体经营。第一，通过对外转让公司

---

① 浙江省平湖市人民法院民事裁定书，（2016）浙0482民破3号之六。

股权、吸收合并华晟能源公司和华航能源公司等方式精简华宸公司治理结构。第二，充分利用重整投资人在水、电、蒸汽、氮气、仪表风、污水处理等方面所具有的公用工程资源，促使华宸公司有条件地与之合并、互通和共享，以降低运行成本。第三，重新梳理华宸公司与合作单位所签订的合作协议，明确资产划分界线、收费标准和成本收益，提高合作水平。启动已停产的生产装置，结合投资人所在的产业布局和产业规划，对生产装置适时进行调整和处置，恢复已停产装置。

最后，华宸公司与债权人达成一致意见，根据《企业破产法》第 82 条的规定进行债权分组，确立新的债权调整方案，以降低企业资产负债率。具体而言，以华宸公司及其三子公司破产清算评估价格为基数按有担保财产占总资产比例确定有财产担保债权优先受偿的金额；税款债权则不做调整，予以全额清偿；普通债实施分段清偿，分段调减普通债权偿债率，其中，5 万元以下（含 5 万元）的清偿率为 100%，5 万～10 万元（含 10 万元）部分的清偿率为 80%，10 万～30 万元（含 30 万元）部分的清偿率为 60%，30 万元以上部分同比例清偿。此外，相应地以零对价入资转让的方式调整华宸公司股权结构以吸引投资。重整投资人投入资金 6.18 亿元按照抵押担保债权、破产费用与共益债权、税款债权、普通债权的顺序清偿债务。

通过实施上述重整措施，华宸公司于 2021 年 12 月 1 日重整完毕，破产法院在审查管理人提交的监督报告后，认为重整计划已经执行完毕，遂裁定终结华宸公司破产程序。

二、案例启示与律师建议

（一）破产重整中涉关联企业实质性合并重整相关问题

1. 关联企业实质性合并重整的实践类型和判断标准

基于华宸公司与华航能源公司、华晟能源公司、中晟公司三子公司之间的母子公司关系，本案采取实质性合并重整方案，以实现母公司与子公司一体化破产重整、一体化债务清偿、一体化经营纾困。

王欣新教授从司法实务经验出发，归纳出实务中关联企业合并破产清算的处理方式并将其分为四类：第一，分别破产、合并重整，各成员企业均达到破产条件，同时或先后进入破产程序，在破产程序中将各成员企业统一纳入合并破产或重整程序。第二，一家破产，其余连带，此种方式主要针对母公司破产导致关联企业连带破产的情形，破产中发现应当将关联企业一并纳入破产程序。第三，先行合并、再审破产，此种情形存在于有人格混同、严重侵害债权人利益情形时，法院依职权否定关联企业独立法人人格，对关联企业先行进行实质性合并，径而进行破产程序处理。第四，整体受理，阶段推进，此种情形中法院作为主导方将所有破产关联企业自始至终作为一个有机整体，统一审查、统一裁定、统一处置资产、统一开展重整工作。①

那么，重整中如何对关联企业实质性合并重整进行判断？从破产实务中可以总结出判断各企业是否属于关联企业的参考因素，主要有关联企业之间的控制程度、经营地址、办公场所、财务等资产权属、管理结构、劳动隶属关系、关联交易和资金往来、债权及担保关系、人格混同等情形。此外，王欣新教授认为，判断企业实质合并重整，除了考虑行为要件之外，还应当对结果要件即关联企业滥用关联关系给债权人造成了公平受偿利益的损害予以关注。② 地方法院在审理实质性破产重整案件时，对关联企业是否适用实质性合并方式进行重整应从人员混同、财务混同、资产混同、业务混同四个维度判断，此方式亦可作为判断关联企业实质性合并重整可能性的参考方案。例如，《东营市中级人民法院关联企业实质合并破产案件审理规程》就实质性合并重整案件的判断因素、申请、管辖、审查、复议、审理等程序作出规定。

综上，破产实务中可使用行为要件与结果要件相结合的方式判断破产企业及关联企业复杂形态，厘定各关联企业之间的内在关联，确定各企业间是否属于实质性关联企业，以债权公平有序清偿为价值依归，同时保持标准的开放性，具体分析实质性关联企业破产形态，有针对性地采取破产重整策略，实现节约破产成本、提高重整效率和破产公平受偿之间的平衡。

---

① 王欣新、周薇：《关联企业的合并破产重整启动研究》，载《政法论坛》2011 年第 6 期。

② 王欣新、周薇：《关联企业的合并破产重整启动研究》，载《政法论坛》2011 年第 6 期。

2. 实质性关联企业合并重整中申请主体及管辖问题

相较于单体企业破产重整而言，实质性关联企业合并重整程序中申请主体和管辖有所不同。在实质性关联企业合并重整程序中，除了涉及传统单一个体企业重整申请主体之外，对管理人是否享有申请关联企业合并破产重整的权利亦为一大难点。此外，相较于传统单体企业主要涉及破产重整程序的启动而言，合并重整企业还涉及已经启动重整程序的企业之间的程序合并，法院在实质性合并重整中的地位和权限问题也是实质性破产重整程序亟须确定的问题。

实质性合并重整程序实务中，无论是企业分别破产后合并重整，还是对连带企业启动合并重整，抑或在先行合并的基础上启动重整程序，均涉及管理人在重整程序中对合并重整可能性的判断和助推，而我国《企业破产法》第70条就传统单体企业破产程序启动时所规定的三类主体（债务人、债权人和有条件的出资人）显然无法替代管理人在重整程序启动后合并重整判断时的地位和角色，但是，现行法律并未对管理人合并重整或破产相关权利予以规定。王欣新教授认为，基于管理人履职责任、专业能力，管理人在实质合并上具有的显著优势，认可管理人合并破产或重整申请权有利于管理人正确认定具有权属争议的债权、免于混同资产权属划分、促进债权公平受偿，管理人应当享有提出合并破产或重整的申请权①。实务中也不乏管理人在破产程序中申请合并重整并被法院采纳的情形，江苏三得利不锈钢集团有限公司破产案中，管理人在履职中发现关联公司利用关联关系导致人格混同损害债权人利益的情形，提出合并破产建议，后法院采纳建议裁定合并破产重整。②《山东省青岛市中级人民法院关联企业实质合并破产工作操作指引（试行）》也规定了已进入破产程序的关联企业成员的管理人有权向人民法院提出合并破产申请。

关于关联企业实质性合并重整的管辖问题，《全国法院破产审判工作会议纪要》第36条采取“利益中心说”确定管辖的一般原则，规定由关联企

① 王欣新、周薇：《关联企业的合并破产重整启动研究》，载《政法论坛》2011年第6期。
② 江苏省宜兴市人民法院民事裁定书，（2014）宜商破字第00011、00012号之一。

业的核心控制企业住所地人民法院管辖，核心控制企业不明时由关联企业主要财产所在地人民法院管辖，出现管辖权争议时，由共同的上级人民法院指定管辖。此种管辖原则对确定破产程序启动时直接申请关联企业合并重整或在重整程序中多个企业转为合并重整具有适应性。但是，对于未申请破产之关联企业合并重整管辖，王欣新教授认为原则上应当由已经受理破产程序的法院统一管辖。①

关于法院在实质性合并重整程序中的地位和权限，则集中表现在法院在实质性关联企业合并重整裁定程序中的地位和权限。王欣新教授认为，法院对实质性合并重整程序裁定作出前，管理人负有事先以提案征求利害关系人同意并取得企业债权人会议通过的职责，同时认为不应绝对化债权人会议通过这一先决条件，应以法院的判断和裁量作为合并重整的主要和最终依据，法院在作出合并重整裁定时应同时保证关联企业债权人异议权和管理人在合并重整程序中的稳定性。② 此外，实务中也有法院对虽不适宜合并重整但可由法院集中管辖的规定，《青岛市中级人民法院关联企业实质合并破产工作操作指引（试行）》规定，人民法院可协调审理不符合实质合并条件的关联企业破产案件，在考虑案件审理效率、负债规模大小、核心控制企业住所地等因素基础上由上级法院确定集中管辖法院。此方式有利于法院集中受理关联企业重整案件，整体推进重整程序，提高破产重整效率，管理人可将之作为不符合实质性合并重整条件关联企业破产重整法院管辖确定的参考依据。

司法实务中，北京市第一中级人民法院发布的《关联企业实质合并重整工作办法（试行）》对关联企业实质性合并重整中判断标准、管辖和受理及合并重整等内容可提供实质性合并重整参照指引。

（二）破产实务中《重整计划》表决方式创新利用

法院裁定华宸公司破产重整后，华宸公司于 2020 年 9 月 22 日召开华宸公司、华航能源公司、华晟能源公司、中晟公司合并重整债权人会议，此次会议创新地以非现场（网络视频）的方式召开，对管理人提交的《合并重整

① 王欣新、周薇：《关联企业的合并破产重整启动研究》，载《政法论坛》2011 年第 6 期。

② 王欣新、周薇：《关联企业的合并破产重整启动研究》，载《政法论坛》2011 年第 6 期。

计划草案》、重整投资人追加投资款事项、重整计划草案等进行了表决。虽有表决组对重整计划二次表决不通过，但管理人最终在审慎判断债务人业已严重资不抵债、所有者权益为零的基础上对重整计划申请法院强制批准，破产法院审查后决定对重整计划强制批准实施。管理人通过“非现场方式表决＋法院强制批准”的方式对涉债权人利益相关的事项进行表决，显著提高了重整计划效率，促成了实质性合并破产重整高效进行。

实质性合并重整程序中，不仅关联企业成员较多，各关联企业债权人意见亦难以达成一致，导致在合并重整方案达成中容易受到掣肘。而如何做到既保证各关联企业异议债权人利益又快速达成合并重整方案，一直是管理人不可回避的实务难题。

管理人在办理关联企业实质性合并重整案件中，自然应当遵循《企业破产法》对重整方案表决所做的相关规定，如重整计划表决组的设定、表决方式的确定、重整计划通过程序、法院审查和强制批准重整计划程序等相关破产重整规则。

此外，关联企业实质性破产重整程序也有相对于传统单体企业破产重整的特殊性，在关联企业破产重整中做好合并重整事项和重整计划事项表决也应遵循相应的特殊规则。例如，关于实质性合并重整过程中出资表决规则的问题，原则上按照《企业破产法》的规定，债务人在进入破产程序后，由管理人对债务人进行接管，管理人行使债务人的权利，包括行使出资人的权利。但在出资人纳入合并破产且对出资人权益进行调整时，出于对出资人权益的考虑，为回避利益冲突，应当规避管理人表决权的行使，由原出资人行使表决权。

一方面，合并重整方案确定过程中，各关联企业中异议债权人所提异议不可避免，如何在充分保障其债权利益和意见的基础上推动合并重整方案落地，对管理人而言同样不可回避。实质性破产重整实务中，管理人在合并重整案件中应秉持兼顾利益保护和重整效率的原则，可采取新颖的方式推动实质性合并重整表决。例如，《重庆市第五中级人民法院重整案件审理指引（试行）》第 82 条规定，就重整方案表决可采用现场、通信、网络投票等非现场方式。利用非现场方式不仅可以节约企业破产成本，减轻管理人工作负担，也更有利于债权人表达意见、诉求，有效提高重整方案表决的效率。

另一方面，可将合并重整和预重整相关方式有效结合以推进合并破产程序。具体而言，通过创设预协商、预表决等机制同异议债权人进行平等协商，充分吸取其意见和诉求。也可创设“府院联动机制”，在法院主导下召开听证会听取相互关联企业债权人对重整计划的意见建议，通过充分协商尽可能达成一致意见，并在此基础上有针对性地修正重整计划草案，推动合并重整方案高效落地。例如，江苏省纺织工业（集团）进出口有限公司及其五家子公司实质合并破产重整案中，[①] 管理人即采取“预表决”的方式事先征求债权人意见，并在此基础上针对性地完善重整方案，推动该案重整方案迅速落地实施。江苏省启东市人民法院亦采取“合并重整 + 预重整相结合”的模式对南通四家全国知名机电公司实施合并重整，创设“圆桌会议”平等协商机制，在重整中修正重整方案，实现了该案快速重整和企业快速挽救。

法条索引

《企业破产法》

第七十条 债务人或者债权人可以依照本法规定，直接向人民法院申请对债务人进行重整。

债权人申请对债务人进行破产清算的，在人民法院受理破产申请后、宣告债务人破产前，债务人或者出资额占债务人注册资本十分之一以上的出资人，可以向人民法院申请重整。

第八十二条 下列各类债权的债权人参加讨论重整计划草案的债权人会议，依照下列债权分类，分组对重整计划草案进行表决：

（一）对债务人的特定财产享有担保权的债权；

（二）债务人所欠职工的工资和医疗、伤残补助、抚恤费用，所欠的应当划入职工个人账户的基本养老保险、基本医疗保险费用，以及法律、行政法规规定应当支付给职工的补偿金；

---

① 参见最高人民法院发布的第 29 批指导性案例。

（三）债务人所欠税款；

（四）普通债权。

人民法院在必要时可以决定在普通债权组中设小额债权组对重整计划草案进行表决。

《全国法院破产审判工作会议纪要》

35. 实质合并审理的管辖原则与冲突解决。采用实质合并方式审理关联企业破产案件的，应由关联企业中的核心控制企业住所地人民法院管辖。核心控制企业不明确的，由关联企业主要财产所在地人民法院管辖。多个法院之间对管辖权发生争议的，应当报请共同的上级人民法院指定管辖。

36. 实质合并审理的法律后果。人民法院裁定采用实质合并方式审理破产案件的，各关联企业成员之间的债权债务归于消灭，各成员的财产作为合并后统一的破产财产，由各成员的债权人在同一程序中按照法定顺序公平受偿。采用实质合并方式进行重整的，重整计划草案中应当制定统一的债权分类、债权调整和债权受偿方案。

《重庆市第五中级人民法院重整案件审理指引（试行）》

第八十二条 表决重整计划草案，可以采取现场或者通信、网络投票等非现场方式进行。采取非现场方式进行表决的，管理人应当在债权人会议表决后的三日内，以信函、电子邮件、公告等方式将表决情况告知参与表决的债权人。

《山东省青岛市中级人民法院关联企业实质合并破产工作操作指引（试行）》

第三条 【实质合并破产程序申请主体及审查】关联企业成员、关联企业成员的债权人、关联企业成员的清算义务人、已经进入破产程序的关联企业成员的管理人可以向人民法院提出对关联企业进行合并破产的申请。

申请关联企业合并破产的，申请人应提交证据证明关联企业合并破产的必要性、正当性，未提交证据或提交证据显然不充分的，人民法院应当裁定驳回实质合并申请。

第五条 【实质合并审查的要件及相关因素】

企业法人存在以下情形时，人民法院可以裁定关联企业实质合并破产：

（一）与其他关联企业之间法人人格高度混同；

（二）区分各关联企业成员财产的成本过高；

（三）严重损害债权人公平清偿利益。

在审查实质合并申请过程中，除考虑上述要件外，还可以综合考虑关联企业之间资产的混同程度及其持续时间、各企业之间的利益关系、债权人整体清偿利益、增加企业重整的可能性等因素。

5. 破产重整程序中如何确定重整计划草案申请延期次数

——东北特钢集团破产重整案

重整计划草案由债务人或者管理人在法定期间内制订并提交，提交时间应当在人民法院裁定债务人重整之日起6个月内，如果理由正当，可以申请延期3个月。但《企业破产法》没有规定申请延期之后，是否可以再次申请延期，再次延期的期限是多长等。本部分以东北特钢集团破产重整案为例，对破产重整程序中如何确定重整计划草案申请延期次数与债转股相关问题进行阐述。

关键词：重整计划　草案债转股退出　公司治理

一、重整情况介绍

（一）公司概况

东北特钢集团堪称我国特殊钢摇篮，本部在大连，系由原大连钢铁集团、抚顺特钢集团、北满特钢集团（位于黑龙江省）于2004年9月重组而成的大型特殊钢生产企业，其中大连特钢始建于1905年，抚顺特钢始建于1937年，北满特钢建成投产于1957年，在新中国成立后国家钢铁史上，东北特钢集团创造了无数个第一：生产出中国第一炉不锈钢、第一炉高速工具钢、第一炉高强钢和超高强钢、第一炉精密合金、第一炉高温合金……为中国第一艘宇宙飞船、第一颗人造卫星、第一枚导弹、第一次发射远程运载火箭、第一架新型飞机、第一艘核潜艇、第一辆重型坦克等的研制提供了重要的原材料，是东北重要装备工业及原材料工业乃至整个工业领域的主要骨干企业。东北特钢集团下属大连特钢、抚顺特钢所有主体设备、主要装备具有世界先进水平，在国内首屈一指。产品方面，其高温合金、高强钢、特种不锈钢等主要特钢品种在国防军工市场份额达到80%以上。

东北特钢集团无实际经营业务，主要通过子公司进行钢铁冶炼加工、金属钼开采加工、压延加工以及特殊钢产品、深加工产品及附加产品生产销售等业务，还设有一家大连炼铁分公司，公司说明，该分公司目前无实际经营业务。此外，公司设有一家抚顺有线电视服务分公司，主要经营业务为有线电视业务，每年收取有线电视的入网费及收视费。集团公司为管理型公司，主要通过大连特钢、大连高合金、银亮材、北满特钢等子公司进行产品生产，集团公司自身无产品生产业务。截至2017年8月，辽宁省国资委直接持有东北特钢集团46.13%的股权，并通过辽宁物产持有东北特钢集团22.68%的股权，系东北特钢集团控股股东及实际控制人。

（二）重整原因

2016年3月东北特钢集团董事长杨某先生意外身亡，随后自2016年3月28日未能兑付“15东特钢CP001”债券本息出现实质性违约以来，已连续9次违约，金额达数10亿元。[①] 资产负债率高达84.35%，造成其连续违约的原因在于该公司长期以来债务负担巨大，财务成本居高不下。第一次债券违约以后，其信用评级降至最低，无法通过发债或贷款引入增量资金，资金链和债务链就此断裂。据测算，东北特钢集团的负债以金融债务为主，包括集团本部、子公司及控股公司在内的负债共计约443亿元，此外，还有约110亿元的经营负债，总负债已经超过东北特钢集团2015年最后一次公布的财务报表上的总资产。且2016年以来，企业发行的企业债券已连续9次违约。

东北特钢集团大连基地自2007年搬迁以来，由于投资规模巨大且多依靠外部融资原因，再加产能发挥不足、生产效率不高、内生性资金来源不足等，导致其背负巨额债务，重整后审核确认有效债权近700亿元，理由暂缓确认及未申报债权近100亿元，经评估后资产为近170亿元，积重难返，难以为继。东北特钢集团重整案是截至2016年年底中国法院裁定受理的负债规模最大的破产重整案件，其所申报的负债规模达700亿元，其中90%以上为金融

① 参见陈梦阳：《东北特钢集团正式进入破产重整程序》，载“破产法快讯”2016年10月11日，https：//mp. weixin. qq. com/s/MXmd7FKuu6Z9Ac8JDkZhQA。

机构债务。[①]

2016年10月10日，大连市中级人民法院（以下简称大连中院）裁定受理阿拉善盟金圳冶炼有限责任公司对东北特钢集团破产重整的申请，东北特钢集团及其下属两家子公司进入破产重整程序。作为东北特钢集团债权人和供货商的阿拉善盟金圳冶炼有限责任公司此次向法院提出申请破产重整的对象包括东北特钢集团及其下属的大连特殊钢有限责任公司、大连高合金棒线材有限责任公司。其后不久，东北特钢集团所属子公司北满特殊钢有限责任公司也进入破产重整程序。东北特钢集团进入破产重整程序后，经多轮次挑选及谈判，于2017年7月确定江苏沙钢集团有限公司（以下简称沙钢）以宁波梅山保税港区锦程沙洲股权投资有限公司作为主要投资人联合本钢板材股份有限公司（以下简称本钢）共同投资重整东北特钢集团。其中，沙钢方面出资45亿元，占重整后公司注册资本的43%。大连中院于2017年8月10日裁定批准了东北特钢集团重整计划。[②]（东北特钢集团重整见图5－1）

图5－1　东北特钢集团重整时间线

① 参见《东北特钢破产重整债权申报截止，三企业接受700亿》，载网易新闻，http://news.163.com/16/1201/10/C76P9ET0000187VE.html。

② 辽宁省大连市中级人民法院民事裁定书，（2016）辽02破02－6号。

（三）破产重整动因

2016年3月企业债券出现第一次违约之前，辽宁省国资委、省金融办等多个政府部门还通过担保、协调其他国企借款等方式帮助企业解决了近10亿元的流动资金短缺问题，延缓了企业债券违约的发生时间，但由于企业债务负担实在太大，仅靠政府部门的帮助或企业、股东自身的努力已无法解决问题。而在去产能的背景下，金融机构普遍收紧对钢铁行业的融资，或停贷或提高贷款利率，导致企业无法通过“借新还旧”渡过难关。辽宁省及时更换了东北特钢集团领导班子，省国资委还派驻工作小组入驻企业，指导、监督企业进行挖潜增效、降低成本等整改行为，取得了一定成效。在不计财务成本的情况下，东北特钢集团已实现现金流为正。然而，2016年8月开始，企业面临的债务诉讼迅速增加，债权人申请查封、保全企业资产已经开始影响企业正常的生产经营，9月下旬对企业影响更加严重，已危及企业的经营生产。如果企业被迫停产，无论是债权人还是企业自身都将损失严重，从公平性的角度出发，破产重整是保护各方利益的最佳选择。

1. 响应国家号召支持东北振兴和混合所有制改革

经国务院批准，国家发改委于2016年11月12日正式印发《东北振兴“十三五”规划》。该规划明确提出，在钢铁等产能过剩领域要建立健全优胜劣汰市场机制，通过企业兼并重组，实现产业结构布局调整和优化。沙钢和本钢积极响应国家号召，通过兼并重组的方式，调整东北特钢集团的产业结构，提升东北特钢集团的企业竞争力。规划还指出，要灵活采取引入战略投资者、推进企业改制上市、允许员工持股、吸引股权投资基金入股等方式推动混合所有制改革；支持在东北地区的国有企业先行开展混合所有制改革试点；鼓励地方企业和民营资本积极参与东北地区中央企业及其子公司产权制度改革。沙钢和本钢对东北特钢集团战略投资，进行混合所有制改革，将积极考虑通过股权激励、绩效激励机制等方式充分调动员工积极性，激发企业活力。沙钢和本钢作为有强烈社会责任感的特大型钢铁企业，愿意积极支持国家的重大战略，为东北振兴作出一份贡献。

2. 创造江苏辽宁两省合作典范

国务院《关于深入推进实施新一轮东北振兴战略加快推动东北地区经济

企稳向好若干重要举措的意见》（国发〔2016〕62 号）明确提出，江苏省与辽宁省建立对口合作机制，通过市场化合作方式积极吸引项目和投资在东北地区落地，支持东北装备制造优势与东部地区需求有效对接，增强东北产业核心竞争力。此次沙钢作为江苏民营企业的代表与辽宁省国有企业的代表本钢合作，联合重整辽宁省的知名企业东北特钢集团正是对国家战略的大力支持。通过沙钢和本钢这样的合作方式激活东北特钢集团，这将可能成为江苏与辽宁两省合作的典范案例。

3. 成为破产重整和债转股的参考案例

沙钢作为一家不断进取的民营企业，联合一家拥有百年历史的精品钢材生产企业本钢，通过破产重整的方式来化解东北特钢集团的债务危机，如果沙钢和本钢最终被债权人和管理人确认为唯一重整方，将是各方对沙钢和本钢的高度信任和认同的体现，沙钢和本钢必将不负众望，尽力将重整后的东北特钢集团经营好，为债转股股东创造良好的退出渠道。沙钢和本钢由衷希望本次重整能够成为破产重整和债转股实践的标志性参考案例。

（四）重整过程

1. 报价方案

锦程沙洲和本钢板材共向东北特钢集团以货币投资 55 亿元，其中 30 亿元用于清偿债务，余款 25 亿元用于补充流动资金。按照初步确定的重组后东北特钢集团股权结构，锦程沙洲拟投资金额约为 4. 62 亿元，本钢板材拟投资金额约为 10. 38 亿元。

锦程沙洲和本钢板材参与本次重整的投资款将严格按照重整计划到位，其中用于现金清偿的 30 亿元按照重整计划支付；剩余的流动资金，沙钢和本钢将在正式接手企业后制订科学合理的资金使用计划，提高资金使用效率。

2. 出资人权益调整方案

（1）除东方资产经债权人同意可按一定比例保留部分股权外，东北特钢集团的其他原股东持有的所有者权益全部核减为零。

（2）锦程沙洲及本钢对东北特钢集团进行现金出资合计 55 亿元，合计占重整后东北特钢集团注册资本的 53%，其中锦程沙洲占 43%，本钢占 10%。

（3）实施转股的债权人以债权出资，并按照转股比例将债权转为注册资本，所有转股债权人合计占重整后东北特钢集团注册资本的47%。

以上步骤同时进行，在同一次工商变更时完成。

3. 重整后企业经营方案

总体思路为根据初步调研情况，一是东北特钢集团要坚持走产品高端化与中高端相结合的路线，强化市场研判，重视国内和国际两个市场的拓展，以市场为导向，通过积极开拓市场，确保现有产能的充分发挥；二是要坚持产能最大化，深挖设备、技术的潜力，通过全方位的产能释放，最大限度消化目前高额成本；三是强化生产过程管控，细化指标、成本的测算分析，强化攻关，全力提升指标水平，增加企业吨钢盈利能力；四是针对人力成本高、负担重的情况，做好人员结构的优化整合；五是实施集团管控，强化企业管理，发挥整合优势。根据以上总体思路，主要采取以下措施：

第一，强化市场开拓，确保产销平衡。

一方面，继续保持并扩大航空航天、军工、汽车、核电等一流产品市场，高端产品市场占有率要达到80%以上；另一方面，努力增加被国内外其他企业所占领的中高端产品市场份额。

第二，发挥装备能力，实现满负荷生产。

大连基地分别现有铁、钢、材产能120万吨、210万吨、200万吨；抚顺基地现有产能钢95万吨、材77万吨。近期目标：通过1~2年努力，要全部实现达产达标。远期目标为大连、抚顺二个基地的钢、材产量要达到300万~350万吨。

第三，加强成本管控，提高指标水平。

一是加强成本测算，及时做好成本分析；二是要大力开展指标攻关，提升指标水平；三是重视做好内部各种能源介质平衡工作，提高回收利用效率。

第四，优化经营思路，增加经营效益。

一是充分利用靠近港口和集团采购优势，研究本地与进口原煤价格差异、合理调度管控各种矿粉的采购时机和采购价格，进一步压降采购成本。例如，大连特钢目前基本不采购废钢和生铁，只采购少量不锈钢废钢。下一步应根据成本效益测算情况，增加废钢采购量，要实现年收购废钢100万吨的目标，以满足电炉技改后对废钢的需求。二是要研究市场产品，做大高精尖产品，提升盈利产品比例。出口产品比例由20%提升到30%以上，要压降毛利低的商品坯销售比例，外销低毛利商品坯由目前的20%压降至5%以内。

第五，整合人力资源，提高劳动效率。

一是做好组织机构及人员的调整。围绕人员高效原则，合并职能类同的管理部门；整合驻外机构及销售公司人员，合理调配人力资源。

二是强化绩效考核，提升干部职工积极性。完善以效率效益为中心的经济责任制考核。

第六，强化集团管控，发挥整体优势。

一是要实施目标管理。对各企业、部门、条线、车间要高标准高起点地制订年、月产量、重点指标等任务目标；二是建立健全集团信息系统，如生产、财务、采购、销售等，加强即时管控；三是要强化市场跟踪研判，定期召开原料采购、产品销售分析会，提升经营效益；四是加强过程管控，每周跟踪生产情况，督促开展好各层次脱标分析，建立例会制度、重大异常信息报告制度，每月做好以问题导向的总结分析，定期进行现场调研，不定期组织集团内部、外部的对标考察；五是要大力组织开展攻关工作，要成立多个攻关组，如产量和成本指标攻关组、质量提升组、市场开发组、项目技改组等，全方位、全过程组织攻关工作，以解决生产、经营中存在的突出问题，使生产组织更为顺畅，指标水平不断提高，产品盈利能力稳步提升，企业的核心竞争力不断加强。

4. 重整后企业公司治理机制安排

（1）建立现代企业制度，规范运作。重整后的东北特钢集团将按照党章和《公司法》及相关法律法规建立健全党的各级组织以及公司股东大会、董事会、监事会和经营管理层等架构，并明确相应职权和议事规则，按规范召开“三会”，审议、决定公司重大事项，同时督促和保证经营层充分行使生产经营管理职能，使“三会”和经营层的作用得到充分发挥。

（2）规范各级职权与责任。重整后的东北特钢集团实行董事会领导下的总经理负责制，对董事会、经营管理层权限以及对重大事项的议事规则、决策范围，严格按照公司法和相关法律法规的要求，并参照上市公司的严格标准进行设置，具体另行约定。

（3）董事会、高级管理人员设置和安排。重整后的东北特钢集团董事会设置9席，其中沙钢推荐4名董事、本钢推荐1名董事，债权人代表推荐3名董事，另沙钢推荐1名独立董事人选。东北特钢集团董事长由沙钢推荐的董事担任，总经理职位尽量在东北特钢集团的合适人选中选聘，如无合适人选则由沙钢推荐，董事会任命。

（4）稳定干部职工队伍。一是充分用好现有的各级干部，同时尊重少数同志的个人去留意愿；逐步建立公开、公平、公正的“赛马”机制，实施竞争上岗制度；实施以绩效为中心的用人考核机制，使优秀者能脱颖而出。二是稳定员工队伍，企业不主动减员，对极少数确需调减的，依法依规处置。三是正确处理国家、员工、股东的利益共享关系，在企业效益得到提升的前提下，稳定提升员工收入水平。

（5）职工安置。企业尊重职工本人的去留意向，不主动减员，同时，对应当转变身份的员工依法严格履行身份转变程序：公布职工工龄及经济补偿测算情况；参加改制的全体职工与公司签订《职工国有身份转变及解除劳动关系协议》，取消国有职工身份，原与东北特钢集团的劳动合同即行解除；职工身份转变后，编制国有职工身份转变及解除劳动关系名册，报东北特钢集团及当地劳动部门备案，职工国有身份转变及与原企业劳动关系解除后，依照有关政策和协议予以经济补偿。

（6）激励机制。重组后的东北特钢集团将充分利用混合所有制企业灵活机制，采用市场化的薪酬水平，充分调动广大干部员工的积极性。对于各级管理和技术人员，将实行承包考核、绩效奖励等多种激励方式。

5. 债转股退出安排

（1）债转股退出方式。沙钢和本钢计划将东北特钢集团的经营性资产注入上市公司——抚顺特钢，使东北特钢集团的全体股东变成抚顺特钢的股东。同时，沙钢也将选择优质资产注入抚顺特钢，使抚顺特钢资产规模更大、资产质量更优，为股东创造价值，并为投资性股东的退出创造条件。

（2）退出时间安排。沙钢和本钢接手东北特钢集团后，将力争在2017年实现扭亏为盈，并在2018年至2020年提升经营业绩，增厚利润。在连续三年盈利的基础上着手进行重大资产重组，争取实现东北特钢集团整体注入上市公司抚顺特钢。按此计划，债权人的股权经过 3 ~5 年即可实现回报退出。

（五）重整结果

按照重整计划，原有股东（一家除外）权益全部归零，普通债权人每家50 万元以下的部分将根据债权人意愿 100% 清偿，超出 50 万元的部分，经营类普通债权人和债券类普通债权人可选择现金按比例清偿或债转股，金融类普通债权人将全部进行债转股。由于转股人数超过 200 人，在搭建持股平台控制股东人数的同时将东北特钢集团由有限责任公司整体变更为股份有限公司。2018 年 10 月 12 日，大连市工商行政管理局核发东北特殊钢股份有限公司营业执照，标志着历时 2 年之久，备受瞩目的东北特钢集团破产重整工作基本落幕。自沙钢集团 2017 年 9 月实质性介入生产经营以来，公司的生产经营迅速扭转颓势，内外部环境趋于正常，主要生产指标开始好转，已经实现自搬迁以来的首次盈利。可以确认，东北特钢集团已经通过重整实现了再生，恢复了持续经营和盈利能力，中国首例民营钢铁企业接盘重整地方大型国有钢企的案例获得成功，成为推进供给侧结构性改革、振兴东北老工业基地和混合所有制改革的示范性案例。

二、案例启示与律师建议

（一）如何确定破产重整程序中重整计划草案申请延期次数

重整计划草案由债务人或者管理人在法定期间内制定并提交，由《企业破产法》第 79 条的规定可知，提交时间应当在人民法院裁定债务人重整之日起 6 个月内，当然如果理由正当，可以申请延期 3 个月。也就是说，提交重整计划草案的提交期限为“6 +3”个月，但《企业破产法》没有规定申请延期之后是否可以再次申请延期，再次延期的期限是多长等。

可以裁定延期 3 个月，从字面上可以理解为，在债务人或者管理人有正当延期理由并申请延期 3 个月之后，如果再次出现理由正当的延期申请，就可以再次延期。但从严格意义上来讲，《企业破产法》规定的可以裁定延期是建立在 6 个月期限届满的基础上，也就是说，再次延期已经没有法律明确的期限基础和指引。如果仅仅凭借“法无禁止即可为”，在目前的立法状态下，延期会陷入没有次数和时间限制的尴尬境地。法律规范的一个很重要的作用就在于它的指引性和可预测性，无休无止的可延期势必使提交重整计划草案的期限再次陷入不可预测的境地，那么《企业破产法》的法律权威和立法原旨将会受到冲击。所以，在目前的立法状态下，提交重整计划草案的期限在6个月期限届满后只能延期一次，且最长延期期限只能为3个月。

经债权人阿拉善盟金圳冶炼有限责任公司申请，大连中院于2016年10月10日受理东北特钢集团重整案。2017年4月10日，根据东北特钢集团及管理人的申请，大连中院裁定延长提交重整计划草案的时间至2017年5月10日。2017年5月8日，大连中院批准了东北特钢集团及管理人依据《企业破产法》第79条第2款规定将提交重整计划草案期限延长至7月10日的再次申请。

在东北特钢集团破产重整案中，虽然重整期限延期的最长时限落在了“6+3”个月范围内，但东北特钢集团及其管理人两次向大连中院提出延期提交重整计划草案的申请，且得到了大连中院的批准裁定。据此可以得知，东北特钢集团及管理人甚至大连中院将《企业破产法》第79条第2款理解为重整计划草案提交期限的延期没有局限于一次，可以两次或者多次提出延期申请。这种理解失之偏颇，一旦司法适用在延期申请次数方面作出了超一次裁决，就可能引发其他类似案件出现多次延期申请，导致提交重整计划草案的延期没有次数限制。

（二）破产重整过程中如何确定转股债权人数量

根据《公司法》的有关规定，有限责任公司的股东人数应为50人以下，股份有限公司的发起人应为2人以上200人以下。因此，破产重整程序尤其是在有限责任公司中拟转股债权人人数超过50人时如何设计债转股方案就显得格外重要，为此，方案设计者需要考虑采取各类办法和路径确保重整后企业符合《公司法》关于股东人数的规定。

在东北特钢集团重整案中，由于拟转股金融机构实际已超过50家，且选择转股的债券类和经营类债权人人数在制订方案时尚无法确定，因此在设计方案时考虑了多种途径解决上述问题：为保留有限责任公司的组织形式不变，可通过以下方式实施债转股：（1）债权人全部或者部分共同通过第三方持有东北特钢集团股权；（2）将由参与转股债权人以根据本重整计划规定所应取得的股权设立 N 家有限合伙企业（N + 3≤50），由合伙企业持有东北特钢集团股权，转股债权人间接持有东北特钢集团股权。如果实际选择债转股的债权人超过 50 家，且通过前述方式仍然无法将股东人数缩减到 50 家以内，可将东北特钢集团改制为股份有限公司。根据东北特钢集团后续债转股实施过程和结果来看，东北特钢集团最终还是通过改制为股份有限公司的方式解决了转股股东人数超过 50 人的问题。

（三）债转股完成后如何对公司实施有效治理

企业之所以陷入困境，其中不可避免的原因之一就在于公司管理和治理结构存在严重缺陷。有些处于困境的企业，股东会、董事会、监事会不能正常发挥作用，甚至被大股东或实际控制人架空，沦为某个人的“一言堂”，严重时会导致公章乱用、违规担保、财务造假等一系列严重侵害公司及其他股东利益的行为出现，而这些问题一般与公司经营和债务危机互为因果。因此，企业在进行重整的同时，须在重整计划中明确调整公司治理机制，至少须明确改善公司治理的框架条款，在重整计划执行阶段再以修订章程等方式改善公司经营治理结构。在债转股的语境下，债权人即将成为重整后公司的股东，上述问题愈显关键，转股债权人必定会关切债转股方案中的此项内容。

但是，转股债权人关注重整后公司的治理结构，并不代表其要完全掌控公司全部经营和管理事项。转股债权人接受债转股方案，更多的是一种权衡之计，其落脚点仍在如何实现顺利退出上。而在破产重整程序中，重整投资人的引入及其对标的企业控制权的谋求，势必使转股债权人更多站到监督者的立场参与重整后企业的经营，进而使转股债权人对上述问题的关注点落在理顺公司治理结构、建立健全制衡机制、保障其对重整后企业重大事项决策上的制衡上。

（四）债转股如何退出

退出方案是债转股方案的重中之重。没有设计好退出机制的债转股方案，设计得再“缤纷华丽”也将不过是“花拳绣腿”。要实现转股债权人的良性退出，核心有三点：一是提升企业估值，即转股企业通过后续经营提升运营价值进而在本质上提高企业估值；二是提升股权流通性，即转股企业通过登陆股权交易相对活跃的资本市场，进而提升转股债权人所持股权在资本市场上的流通价值；三是提高退出效率，即在依法合规的前提下在较短时间内实现前两点。而在破产重整程序中设计债转股方案时，上述三点一般集中体现在重整企业未来经营方案中，具体体现在企业未来 3 ~5 年的盈利预测及能否在 3 ~5 年登陆资本市场实现债转股退出上。不同于上市公司股票本就在二级市场有较高的流通性，对于非上市公司债转股方案而言，除引入重整投资人改善经营效果实现未来盈利外，如何在较短时间内提升重整后公司股权流通性的问题将显得格外重要。

东北特钢集团重整计划中设定的经营方案环环相扣、层层递进，为最终实现债转股的良性退出给出了相对合理且清晰的路径：一是通过引入重整投资人获得 30 亿元偿债资金和 25 亿元未来经营所需资金；二是在重整投资人的管理下，通过强化开拓市场、发挥装备能力、加强成本管控、优化经营思路、强化集团管控五方面措施，整体改善重整后新东北特钢集团的经营效果；三是重整投资人在原东北特钢集团生产运营数据的基础上，依靠行业经验，并在综合考虑各项因素后对新东北特钢集团未来 3 年的盈利情况进行了预测，预期在 3 年内扭亏并逐年增厚利润，满足登陆资本市场的需求；四是在前述三项措施的基础上，通过将新东北特钢集团经营性资产注入符合条件的上市公司，实现包括转股债权人在内的新东北特钢集团全体股东转换成上市公司股东的目标，进而实现债转股退出。

法条索引

《企业破产法》

第七条 债务人有本法第二条规定的情形，可以向人民法院提出重整、和解或者破产清算申请。

债务人不能清偿到期债务，债权人可以向人民法院提出对债务人进行重整或者破产清算的申请。

企业法人已解散但未清算或者未清算完毕，资产不足以清偿债务的，依法负有清算责任的人应当向人民法院申请破产清算。

第四十三条 破产费用和共益债务由债务人财产随时清偿。

债务人财产不足以清偿所有破产费用和共益债务的，先行清偿破产费用。

债务人财产不足以清偿所有破产费用或者共益债务的，按照比例清偿。

债务人财产不足以清偿破产费用的，管理人应当提请人民法院终结破产程序。人民法院应当自收到请求之日起十五日内裁定终结破产程序，并予以公告。

第四十八条 债权人应当在人民法院确定的债权申报期限内向管理人申报债权。

债务人所欠职工的工资和医疗、伤残补助、抚恤费用，所欠的应当划入职工个人账户的基本养老保险、基本医疗保险费用，以及法律、行政法规规定应当支付给职工的补偿金，不必申报，由管理人调查后列出清单并予以公示。职工对清单记载有异议的，可以要求管理人更正；管理人不予更正的，职工可以向人民法院提起诉讼。

第八十一条 重整计划草案应当包括下列内容：

（一）债务人的经营方案；

（二）债权分类；

（三）债权调整方案；

（四）债权受偿方案；

（五）重整计划的执行期限；

（六）重整计划执行的监督期限；

（七）有利于债务人重整的其他方案。

第八十二条 下列各类债权的债权人参加讨论重整计划草案的债权人会议，依照下列债权分类，分组对重整计划草案进行表决：

（一）对债务人的特定财产享有担保权的债权；

（二）债务人所欠职工的工资和医疗、伤残补助、抚恤费用，所欠的应当划入职工个人账户的基本养老保险、基本医疗保险费用，以及法律、行政法规规定应当支付给职工的补偿金；

（三）债务人所欠税款；

（四）普通债权。

人民法院在必要时可以决定在普通债权组中设小额债权组对重整计划草案进行表决。

6. 破产程序中破产管理人应否追缴股东全部未缴出资

——合肥富巢房地产营销策划有限公司破产清算案

股东在章程中自由约定出资缴纳期限是《公司法》赋予股东的一项期限利益。注册资本认缴制降低了创业开公司的门槛，激发了市场活力。但认缴资本并非永远无须兑现的空头支票，无论公司是否进入破产程序，股东都应当足额缴纳所认缴的出资。破产程序中股东出资追缴与加速到期等法律问题一直受到司法实务的关注。本案例虽为清算案件，但涉及的追缴股东出资等法律问题与重整案件相似度高，故纳入本书一并探讨。

关键词：股东出资　加速到期　逃废债

一、重整情况介绍

（一）公司概况

合肥富巢房地产营销策划有限公司（以下简称富巢公司）于2019年7月18日成立，由袁某民、汪某波、魏某振、李某共同发起设立注册资本50万元，公司经营范围为房地产营销策划、房地产中介服务、房地产经济服务、房地产信息咨询、楼盘代理销售、二手房买卖、银行按揭贷款事务代理；房地产抵押信息咨询；房地产评估咨询；劳务服务等。

出资人袁某民认缴出资20万元，持股比例40%；出资人汪某波认缴出资10万元，持股比例20%。出资人魏某振认缴出资10万元，持股比例20%；出资人李某认缴出资10万元，持股比例20%（见表6－1）。

表6-1 富巢公司股权结构

股东名称	认缴出资/万元	实缴出资	出资方式	持股比例/%
袁某民	20	—	货币	40
汪某波	10	—	货币	20
魏某振	10	—	货币	20
李某	10	—	货币	20

（二）重整原因

2019年12月9日，沈某柏与富巢公司签订居间委托合同，约定沈某柏委托富巢公司按照沈某柏要求购买合肥市悦湖山院15栋501室、15栋701室、15栋901室中任意一套房屋，如富巢公司未能按照原告要求购买这三套房屋中的任意一套，则富巢公司全额退还沈某柏委托金2万元整并赔付1万元整。合同签订当日，沈某柏向富巢公司法定代表人袁某民账户转款2万元。合同签订至今，沈某柏未能买到上述房屋中的任意一套，且这三套房屋均已备案至他人名下。沈某柏确认富巢公司已退还委托金7000元，后未退还任何款项。沈某柏向合肥市蜀山区人民法院提起诉讼。合肥市蜀山区人民法院于2020年7月14日作出民事判决，判令富巢公司于该判决生效之日起10日内退还沈某柏违约金委托金13,000元，违约金10,000元。该判决生效后，富巢公司未履行义务，沈某柏申请法院强制执行。合肥市蜀山区人民法院依法查询了富巢公司名下财产状况，其无任何财产可供执行。

2020年10月9日，申请人沈某柏以被申请人富巢公司不能清偿到期债务且明显缺乏清偿能力为由，向合肥市蜀山区人民法院申请对其进行破产审查。合肥市蜀山区人民法院于2020年10月12日将案件移送合肥铁路运输法院审理。合肥铁路运输法院立案审查后，多次送达富巢公司未果，于2020年11月23日在其住所地进行公告送达。

2020年12月30日，合肥铁路运输法院作出（2020）皖8601破申18号民事裁定书，裁定受理沈某柏对富巢公司的破产清算申请。2021年1月27

日，合肥铁路运输法院依法通过摇号程序指定北京金诚同达（合肥）律师事务所担任富巢公司管理人。

管理人接受指定后，依法通过电话、短信、微信等方式，联系富巢公司法定代表人袁某民，要求其提供案涉富巢公司全部资料，但其法定代表人拒不配合相关工作。管理人调取的涉诉材料及问询表明，在富巢公司进入破产程序前，其已无实际经营。

管理人积极联系富巢公司法定代表人，但其不予配合，未向管理人提交资产证明。管理人通过向合肥市不动产登记中心、银行、车管所等各部门结合人民法院执行局财产查询反馈汇总表，对富巢公司名下资产进行全面梳理、调查后发现，富巢公司名下无不动产、车辆、知识产权，银行存款账户无余额。

（三）重整过程

1. 重整计划

（1）执行职务的准备工作。

①组建专业管理人团队、建立健全规章制度。

接受指定后，北京金诚同达（合肥）律师事务所指派4名具有破产管理经验的专职律师组建管理人团队。管理人设立综合组、债权审核组、资产调查组三个工作小组开展工作。

②积极对接富巢公司，要求提供公司资料。

管理人接受法院指定后，按照破产法规定和管理人职责要求，向富巢公司发出了资料交接通知，要求富巢公司限期移交富巢公司的财产、印章、账簿和文书等资料。但因富巢公司法定代表人不予配合且富巢公司未开展实际经营等原因，资料一直未能交接。

对此，管理人于2021年2月5日在《安徽日报》刊登富巢公司印章、营业执照遗失公告。

（2）全面调查财产状况。

对破产重整企业的财产信息掌握是否全面，关系重整工作能否顺利开展，其中，土地、房产、车辆、知识产权等资产信息的调取对管理人尤为重要。

本案中，管理人先后前往合肥市不动产登记中心，调取富巢公司名下房屋、土地信息；前往合肥市车管所，调取富巢公司名下车辆信息；在国家知识产权局官网查询富巢公司名下知识产权信息。经调查，富巢公司名下不存有房屋、土地等不动产，不存有车辆，不存有商标等知识产权，根据合肥市蜀山区人民法院财产查询反馈汇总表，富巢公司未开设银行账户，无银行存款。

（3）调查债务状况。

2021 年 2 月 1 日，合肥铁路运输法院作出（2021）皖 8601 破 9 号公告，并于 2021 年 2 月 5 日在《安徽日报》上正式刊登公告，确定债权申报期间为公告刊登之日起 30 日内，债权申报截止日期为 2021 年 3 月 5 日。

同时，管理人通过电话、微信、短信、邮件等多种方式通知已知债权人申报债权，具体工作如下：

①通知已知债权人申报债权。

结合已掌握的判决书等诉讼材料，管理人与已知债权人进行电话联系，确定债权人的有效联系方式及通讯地址，并向 1 位已知债权人寄送债权申报通知书等材料，告知已知债权人债权申报事宜。

②接收债权人债权申报材料。

为尽快梳理统计富巢公司的对外债权债务关系，迅速完成破产程序，保障债权人及富巢公司利益的最大化，管理人主动与债权人进行沟通，督促债权人尽快向管理人进行债权申报。为便于债权人申报债权，管理人在北京金诚同达（合肥）律师事务所设立债权申报地点，接待债权人进行债权申报。截至本次会议召开，共有 1 位债权人向管理人申报 1 笔债权。

③审核债权人债权材料。

经管理人调查及审核，目前对申报的债权初步审核认定 1 笔，审核认定债权总额共计 23, 758. 5 元，其中普通债权 23, 187 元，劣后债权 571 元。

具体债权情况请详见管理人关于债权核查的报告。

（4）关于富巢公司财务审计工作。

鉴于富巢公司未开展实际经营，且不配合向管理人移交相关运营、财务资料，管理人无法对富巢公司财务开展审计工作。经管理人向受理法院汇报，为简化破产流程，管理人暂未开展对富巢公司的财务审计工作。

（5）听取债权人诉求、释疑解惑。

管理人充分利用律师事务所办公条件，设立咨询处，全天接待债权人，针对债权人提出的各类问题耐心解答，引导债权人合法、有序地表达诉求和主张权利。

（6）积极筹备第一次债权人会议。

为确保第一次债权人会议的顺利召开，管理人成立了会议筹备组，负责会议通知、场地落实、安保措施及其他会务工作，充分保障债权人能够参加会议、了解会议内容、行使相关权利。

2. 计划实施情况

（1）依法向未实缴出资股东追缴注册资本。

《企业破产法》第35条规定："人民法院受理破产申请后，债务人的出资人尚未完全履行出资义务的，管理人应当要求该出资人缴纳所认缴的出资，而不受出资期限的限制。"本案中，因富巢公司股东未实缴出资，管理人已准备启动注册资本追缴程序，尽快追缴相应资金。

（2）提请人民法院宣告富巢公司破产。

经过管理人对富巢公司的调查，富巢公司处于严重资不抵债状态，名下无可供经营的固定资产、人员，其缺乏重整、和解的可行性，下一阶段，管理人将依法提请人民法院宣告富巢公司破产。

（3）依法做好新发现财产变价以及财产的分配工作。

本次会议中，管理人拟定《破产财产变价方案》《破产财产分配方案》递交债权人会议表决，经过本次会议表决通过后，管理人将按照方案的具体内容执行。

（4）资产分配完毕后，根据相关程序，做好终结破产程序、企业注销等相关工作。

根据《企业破产法》的规定，管理人应当自破产程序终结之日起10日内，持人民法院终结破产程序的裁定，向富巢公司的原登记机关办理注销登记。管理人将在债务人资产分配完毕后，依法向人民法院提起终结破产程序的申请，并在人民法院裁定批准后，依法向工商部门、税务部门做好富巢公司的后续工商注销、税务注销工作。

在受理法院的监督指导下，管理人将以维护全体债权人合法权益为原则，一如既往地努力开展工作，履行管理人职责。在受理法院的监督指导下，管理人将恪尽职守、勤勉尽责，推动破产程序的顺利完成。

（四）重整结果

2021 年 3 月 12 日，富巢公司破产清算案第一次债权人会议圆满召开。会上，管理人向各债权人就执行职务、财产状况、核查债权、财产变价、财产分配等内容进行专项汇报。并就《不开展专项财务审计的报告》《破产财产变价草案》《破产财产分配草案》《书面召开债权人会议及书面表决规则》四项议案提请债权人会议表决。本次会议全体债权人均出席，经表决各项方案均获债权人同意。根据《企业破产法》的相关规定，由管理人提请的各项议案均获债权人会议表决通过。

二、案例启示与律师建议

（一）破产财产变价的一般方式

破产财产的变价也称破产财产的变现，是指管理人将债务人的非金钱破产财产转化为金钱财产的过程，即破产管理人按照债权人会议通过或者人民法院裁定的破产财产变价方案，将非货币财产以拍卖或者其他方式转变为货币财产的行为。

《企业破产法》第 112 条第 1 款规定：“变价出售破产财产应当通过拍卖进行。但是，债权人会议另有决议的除外。”破产财产变价的方式一般为“拍卖”。但由于实践操作中的不同特殊情形，也存在其他的补充措施，例如最高人民法院《关于审理企业破产案件若干问题的法律规定》第 85 条规定：“破产财产的变现应当以拍卖方式进行。由清算组负责委托有拍卖资格的拍卖机构进行拍卖。依法不得拍卖或者拍卖所得不足以支付拍卖所需费用的，不进行拍卖。前款不进行拍卖或者拍卖不成的破产财产，可以在破产分配时进行实物分配或者作价变卖。债权人对清算组在实物分配或者作价变卖中对破产财产的估价有异议的，可以请求人民法院进行审查。”

综上所述，破产财产变价的方式包括：(1) 拍卖，即一般常规方式。(2) 主动性的非拍卖方式，也就是经过债权人会议决定而采取的非拍卖方式，这种往往属于破产财产法律允许拍卖，但为了实现破产财产价值的最大化等原因通过债权人会议决定后而采取的处理方式，包括招标出售、标价出售等。(3) 强制性的非拍卖方式，例如，依法交由相关部门处理、在限制性范围内转让、变卖等。此种多由破产财产性质而定，此种方式一般适用于法律禁止采用拍卖方式变价的财产。主要包括：国家专有财产，如矿产、水流、国有森林、草原、荒地、滩涂等自然资源都属于国家专有；危险品和受管制的物品，凡对公共安全关系重大的物品，如非军用的猎枪、火枪、弹药、爆炸物、麻醉物、剧毒品、放射性物品等，禁止任意流通；与稳定国家金融秩序有关的物品，如黄金、白金、白银和金银制品等限制转让，由中国人民银行统一管理和经营；历史文物，历史文物是具有历史、艺术、科学价值的国家珍宝，是中华民族的文化遗产，必须严加保护，文物的转让必须出售给国家指定的文物收购单位；需要办理申报手续的物品；按照法律规定限制转让的权利。

本案中，管理人遵循“公平合法、产权确定、财产价值最大化、效率和成本相结合”的变价原则，破产财产将依托合肥铁路运输法院司法拍卖平台进行网上拍卖，拍卖程序参照最高人民法院《关于人民法院民事执行中拍卖、变卖财产的规定》、最高人民法院《关于人民法院网络司法拍卖若干问题的规定》进行。合肥铁路运输法院、债权人对债务人破产财产的变价工作，予以全面监督。

（二）破产程序中管理人追缴股东全部未缴出资问题

当债务人公司所欠债务小于公司股东欠缴的出资时，管理人在追缴股东出资时应当追缴股东全部未缴出资。《公司法》第 28 条第 1 款规定，股东应当按期足额缴纳公司章程中规定的各自所认缴的出资。《企业破产法》第 35 条规定，人民法院受理破产申请后，债务人的出资人尚未完全履行出资义务的，管理人应当要求该出资人缴纳所认缴的出资，而不受出资期限的限制。

股东在章程中自由约定出资缴纳期限是《公司法》赋予股东的一项利益，即期限利益。注册资本认缴制降低了创业开公司的门槛，激发了市场活力。但认缴资本并非永远无须兑现的空头支票，股东仍应在出资期限届满前缴纳认缴的出资额。股东认缴的出资是其和公司的约定，具有法律效力。出资额越大，股东对公司承担的责任也就越大，注册公司时应结合公司规模及股东的出资能力来确定注册资本额。在公司可以偿付对外债务的情况下，这种期限利益应当受到肯定和保护。但是，在公司已经进入破产程序后，股东即不再享有期限利益，应按法律规定缴纳出资。

因此，无论公司是否进入破产程序，股东都应当足额缴纳“所认缴的出资”。破产申请受理前，股东可以享有出资期限的抗辩。破产申请受理后，股东出资期限加速到期，出资期限不再是股东对抗出资请求的抗辩理由。股东应当缴纳的出资金额，源于公司章程规定的股东所认缴的出资，该出资金额并不因公司进入破产程序而豁免，与公司在破产程序中应清偿的债务和费用金额也没有必然联系。

根据《企业破产法》第46条的规定，未到期的债权，在破产申请受理时视为到期，附利息的债权自破产申请受理时停止计息。因此，债权人的期限利益和债权利息因债务人进入破产程序而受到限制，其实质则是所能获得的清偿额减少。

在追缴股东出资实务中，管理人向全部股东追缴全部未缴出资，但是可以在执行环节作变通处理，由股东、债权人、债务人等利害关系人自愿协商，让欠缴出资的股东缴纳与债务人公司应当清偿的债务和费用相当的出资，超过该费用部分的未缴出资以及股东之间的相互追偿等问题，均可以在破产程序之外依法处理，不必占用破产程序资源。

（三）公司无财产可供执行时，股东出资加速到期的法律问题

在执行公司财产不足以清偿债务的情况下，追加未缴纳出资的股东为被执行人是必要且合理的，这不仅是给予债权人优先保护还是符合股东趋利避害的选择，可以避免公司遭受破产清算，从而使企业维持原则得到贯彻，不仅有利于公司利益，也有利于股东整体利益，甚至有利于社会整体利益。

在注册资本认缴制下，法律明文规定了股东出资加速到期的两种情形，包括《企业破产法》第35条规定的公司破产情形以及最高人民法院《关于适用〈中华人民共和国公司法〉若干问题的规定（二）》第22条第1款规定的公司解散时强制清算情形。除此之外，在有生效判决，经公司债权人申请执行的情况下，如果穷尽执行措施公司还无财产可供执行，已具备破产原因，但不申请破产的，其结果与《企业破产法》第2条规定的公司资产不足以清偿全部债务或者明显缺乏清偿能力完全相同，故这种情形下可以比照《企业破产法》第35条的规定，股东未届出资期限的认缴出资加速到期。但在这种情形下，就公司个别债权人利益和整体债权人利益的平衡方面，考虑毕竟不是“破产程序”，故倾向个别债权人，即加速到期的财产归公司的债权人。但这并不妨碍其他债权人申请公司破产，也不妨碍公司自身申请破产。一旦申请破产，那么未届出资期限的股东应当将其出资加速到期，归入债务人财产，实现所有债权人公平清偿。

《全国法院民商事审判工作会议纪要》第6条对此已有规定：“在注册资本认缴制下，股东依法享有期限利益。债权人以公司不能清偿到期债务为由，请求未届出资期限的股东在未出资范围内对公司不能清偿的债务承担补充赔偿责任的，人民法院不予支持。但是，下列情形除外：（1）公司作为被执行人的案件，人民法院穷尽执行措施无财产可供执行，已具备破产原因，但不申请破产的；（2）在公司债务产生后，公司股东（大）会决议或以其他方式延长股东出资期限的。”

（四）逃废债的行为界定与如何打击保护

1. 逃废债行为界定

根据重庆市第五中级人民法院《关于在审理企业破产案件中防范和打击逃废债务行为的工作指引（试行）》第4条的规定，破产程序中发现相关主体有下列情形之一的，应当认定为逃废债务行为：

（1）以无偿处分财产权益、明显不合理价格进行交易、不当关联交易、虚构交易等方式隐匿、转移、处分债务人的资产；

（2）以为他人提供保证、债务加入、在企业资产上设定权利负担等方式恶意增加债务负担；

（3）债务人的出资人、实际控制人、董事、监事、高级管理人员等主体侵占企业资产；

（4）债务人的出资人、实际控制人、董事、监事、高级管理人员等主体弃企逃债；

（5）以虚假诉讼、仲裁、公证等方式骗取生效法律文书；

（6）其他损害债权人或者他人利益的行为。

2. 防范和打击个人破产逃废债的域外实践

破产逃废债是一种故意违法行为，也是一种不诚信行为。个人破产逃废债是个人债务人在申请破产前或者在破产程序进行中，采取欺诈方式，逃避依破产程序应清偿债务的行为。利用破产程序逃废债务，是指个人债务人先行通过隐匿、转移、变卖财产、偏颇清偿等行为处置优质资产后，再通过破产程序免除债务。破产逃废债行为对市场交易秩序、营商环境和社会诚信价值造成重大危害，对其他诚信的债务人和债权人也造成了不公平与合法权益的损害。因此，各国对此都有较详细的规定。

（1）破产免责制度中的防范规制。

个人破产免责制度是个人破产中最重要的制度，它不仅让“诚实而值得同情”的债务人有“东山再起”的可能，也设置了严谨苛刻的免责门槛与条件以识别真假诚信债务人，防范逃废债行为。个人破产免责制度主要有当然免责和许可免责两种模式。为防止破产人利用破产免责制度欺诈破产，逃废债务，两种模式下国家的破产法都规定，破产人如果有某些情形或事由，不得享受免责利益，主要国家如美国、英国、德国、日本的破产法中，都规定了不许免责的具体情形。

在许可免责主义下，法院对债务人进行审查并最终决定是否对其免除债务，如德国。这在一定程度上有利于防止免责制度的滥用，从而维护债权人的利益。美国破产法采用的是当然免责或自动免责模式。美国现行《破产法》第 7 章和第 13 章给个人申请破产提供了清算与重整两种不同路径。在第 7 章框架下，债务人破产清算后，无须得到法院的免责许可即能自动免除剩余债务，但同时赋予债权人向法院提出对债务人免责异议的权利，若债权人提出，则法院应审查并决定是否免除债务人的剩余债务，不可豁免的债务包括欺诈性债务等。英国个人破产制度也采当然免责模式，并通过破产限制令和破产限制承诺制度来防止可能发生的欺诈破产。

（2）通过个人信用评级与破产登记制度来防止破产逃债。

美国在个人信用与消费信贷方面通过了一系列法律，《信贷机会平等法》《诚实借贷法》《公平信贷报告法》《社会再投资法》《诚实贷款法》《信用卡发行法》《公平贷款记录法》《破产法》等，有完善的个人资信评估机制。美国的 FICO 信用分也是值得我们关注的个人信用评级方法。

《英国破产法》规定，破产程序中的相关决定和重要事项需要在指定的平台进行登记备案，这将会对破产人的资格和行为产生相应的影响。这些平台包括：个人破产登记系统、土地注册登记、信用评级/征信机构。

（3）对破产欺诈行为的其他规制。

美国在 1984 年颁布了《统一欺诈转让法》（UFTA）。在司法实践中，有事实欺诈和推定欺诈之分。在 20 世纪 80 年代末期，美国个人破产制度的宽松变相鼓励了个人过度消费行为，导致个人破产大增。2005 年通过《防止破产滥用及消费者保护法》后，美国在破产豁免范围上扩大了不可免责的债务范围，在时间上将偿债计划期限由最短 3 年提高到 5 年，延长了两次申请破产的时间间隔。

（4）关于破产犯罪。

破产欺诈罪在很多国家的破产法或刑法典中都有明确表述。《英国破产法》第 10 章专门规定了 8 种适用于个人破产的破产犯罪，包括不披露信息、隐匿财产、隐匿或伪造账簿和文件、虚假陈述、对财产的欺诈性处置、破产人潜逃、欺诈性处分赊购财产、获取信用或商业运营等。破产人很容易触犯破产法的规定构成犯罪，即使是相关破产令已被取消，也可以适用犯罪行为。破产人免责后的行为不会引发这些罪行条款规定的责任。《法国商法典》在第七编规定了“欺诈破产罪及其他违法行为”，《日本破产法》第 265 条等均规定了破产欺诈罪。

（五）破产管理人报酬相关问题

1. 破产管理人报酬的范围

依据最高人民法院《关于审理企业破产案件确定管理人报酬的规定》第1条第1款规定，管理人履行《企业破产法》第25条规定的职责，有权获得相应报酬。管理人根据法律规定需要履行如下职责，可以获得相应的报酬：（1）接管债务人的财产、印章和账簿、文书等资料；（2）调查债务人财产状况，制作财产状况报告；（3）决定债务人的内部管理事务；（4）决定债务人的日常开支和其他必要开支；（5）在第一次债权人会议召开之前，决定继续或者停止债务人的营业；（6）管理和处分债务人的财产；（7）代表债务人参加诉讼、仲裁或者其他法律程序；（8）提议召开债权人会议；（9）人民法院认为管理人应当履行的其他职责。另外，管理人对担保物的维护、变现、交付等管理工作付出合理劳动的，有权向担保权人收取适当的报酬。

综上，破产管理人处理破产事务，除了对法律知识储备有要求外，还需要具备一定的破产法与财务知识、资产处置能力以及良好的沟通能力。所以，破产管理人在履行相应的职责时，不仅耗时费力，而且责任重大。因而立法规定管理人有权根据其工作量及工作难度获得相应的报酬，作为其付出劳动和承担风险责任的对价，从而激励管理人更好地提供服务。

本案中，管理人接受法院指定后，对富巢公司可供清偿的财产价值和管理人工作量进行了预测，并初步确定了管理人报酬方案，根据《企业破产法》第61条、最高人民法院《关于审理企业破产案件确定管理人报酬的规定》第6条的规定，将方案的主要内容向债权人会议报告。

2. 破产管理人报酬的计酬方法

以各国及地区的立法例看，确定管理人报酬的方法主要有两种：按时间计酬法和按标的额计酬法。前者根据管理人工作时间计酬，后者根据债务人财产按照一定比例计酬。两者各有利弊：按时间计酬法可以鼓励管理人对债务人财产进行非常彻底的管理，但可能会导致管理人拖延破产程序，增加工作时间；按标的额计酬法的优点是鼓励管理人尽可能多地清收债务人财产扩大分配，但对管理人从事与增加财产无直接关系的工作缺乏激励作用。

最高人民法院《关于审理企业破产案件确定管理人报酬的规定》第2条规定，人民法院应根据债务人最终清偿的财产价值总额，在规定比例限制范围内分段确定管理人报酬。若以标的额计酬法确定管理人报酬，则标的额可以有两个标准：一是破产财产总额；二是最终可供清偿的财产总额，即债权人实际从破产财产中获得的清偿数额。在以往的实践中，不少清算中介机构以破产财产总额为基础计酬，这样破产财产总额就可能包括无法追回的账面财产额和不可变现的财产额。

我国确定管理人报酬采用的是按标的计费的方式，以“最终清偿的财产价值总额”为基数，按不同比例超额累进计算，此标准在破产清算案件中容易掌握，在破产重整案件中却难以把握。破产重整案件以重整计划草案制定的最终清偿额作为确定管理人报酬的基数为宜。以此为基数更能体现管理人在重整案件中的价值作用，更有利于激励管理人推动重整，也更符合上述规定第2条“最终清偿的财产价值总额”的立法本意。

本案中，管理人根据不包括担保权人优先受偿的担保物价值在内的富巢公司最终可供清偿的财产总额价值和管理人工作量所作的预测，依照最高人民法院《关于审理企业破产案件确定管理人报酬的规定》第2条之规定，确定管理人在一定比例限制范围内分段确定管理人报酬。

法条索引

《企业破产法》

第三十五条 人民法院受理破产申请后，债务人的出资人尚未完全履行出资义务的，管理人应当要求该出资人缴纳所认缴的出资，而不受出资期限的限制。

第四十六条 未到期的债权，在破产申请受理时视为到期。

附利息的债权自破产申请受理时起停止计息。

第一百一十二条 变价出售破产财产应当通过拍卖进行。但是，债权人会议另有决议的除外。

破产企业可以全部或者部分变价出售。企业变价出售时，可以将其中的无形资产和其他财产单独变价出售。

按照国家规定不能拍卖或者限制转让的财产，应当按照国家规定的方式处理。

最高人民法院《关于审理企业破产案件确定管理人报酬的规定》

第二条 人民法院应根据债务人最终清偿的财产价值总额，在以下比例限制范围内分段确定管理人报酬：

（一）不超过一百万元（含本数，下同）的，在12%以下确定；

（二）超过一百万元至五百万元的部分，在10%以下确定；

（三）超过五百万元至一千万元的部分，在8%以下确定；

（四）超过一千万元至五千万元的部分，在6%以下确定；

（五）超过五千万元至一亿元的部分，在3%以下确定；

（六）超过一亿元至五亿元的部分，在1%以下确定；

（七）超过五亿元的部分，在0.5%以下确定。

担保权人优先受偿的担保物价值，不计入前款规定的财产价值总额。

高级人民法院认为有必要的，可以参照上述比例在30%的浮动范围内制定符合当地实际情况的管理人报酬比例限制范围，并通过当地有影响的媒体公告，同时报最高人民法院备案。

《全国法院民商事审判工作会议纪要》

（二）关于股东出资加速到期及表决权

6.【股东出资应否加速到期】在注册资本认缴制下，股东依法享有期限利益。债权人以公司不能清偿到期债务为由，请求未届出资期限的股东在未出资范围内对公司不能清偿的债务承担补充赔偿责任的，人民法院不予支持。但是，下列情形除外：

（1）公司作为被执行人的案件，人民法院穷尽执行措施无财产可供执行，已具备破产原因，但不申请破产的；

（2）在公司债务产生后，公司股东（大）会决议或以其他方式延长股东出资期限的。

7. 破产重整程序中财产网络拍卖应注意哪些事项

——黑龙江恒阳牛业有限责任公司破产重整案

近年来，我国各级法院在司法实践中探索以网络拍卖形式对需要变价的财物进行处置的执行措施，即网络司法拍卖，部分地方法院为提高办案效率，降低办案成本，创造性地将破产案件中需要变现的破产财产也并入了网络拍卖这一“快速通道”中。本案例对破产重整程序中财产网络拍卖的流程、实践形式、网拍资料、起拍价、保证金、撤销权进行了详细的介绍。

关键词：网络拍卖　破产财产　变价

一、重整情况介绍

（一）公司概况

黑龙江恒阳牛业有限责任公司（以下简称恒阳牛业公司）由陈某友、刘某毅出资873万元，于2005年7月26日在黑龙江省齐齐哈尔市工商行政管理局登记成立，其中陈某友出资523.8万元，占注册资本的60%，包括货币资金120万元、实物投资403.8万元。刘某毅出资349.2万元，占注册资本的40%，包括货币资金80万元、实物投资269.2万元。公司经营范围包括牛、羊屠宰加工；速冻食品（速冻肉制品、速冻果蔬制品）等。2009年起，该公司在讷河市工业园区建设新厂区，将经营范围扩展至黏玉米种植及加工、牛只饲养、生猪屠宰及分割、烤肠及酱卤肉等肉制品深加工、农机服务、国内外贸易等业务，并在北京市房山区、四川省南充市、河南省新乡市等地采取租赁经营的方式，进行肉制品深加工。2012年公司进入资本市场融资，陆续在河南省桐柏县、四川省营山县、江西省高安市、湖南省岳阳市、广东省南沙区等地投资建厂。

经历这次股权变更，截至2020年12月28日，恒阳牛业公司注册资本2.26亿元，23名股东。根据审计机构数据，以2020年12月28日为基准日，恒阳牛业公司经审计的资产总额为5.16亿元，负债总额为24.36亿元，所有者权益为-19.19亿元。恒阳牛业公司主要资产由其他应收款、其他流动资产、长期股权投资、固定资产、无形资产、长期待摊费用等构成，负债主要由短期借款、应付票据、应付账款、预收账款、其他应付款构成，实收资本2.26亿元已实缴。①

（二）重整原因

近年来受国内肉制品市场持续低迷的影响，加上恒阳牛业公司进入资本市场的战略目标失败，导致企业连续亏损，资金链断裂，陷入全面停产停业的困境。企业网络公开信息显示，截至2020年11月19日，恒阳牛业公司存在共计30件被执行案件，被执行总金额1.07亿元；恒阳牛业公司在其中8个执行案件下已被列为失信被执行人，履行状况均为全部未履行；5个终本案件执行标的总金额为9188.97万元，未履行总金额为8151.53万元，恒阳牛业公司不能清偿到期债务且明显缺乏清偿能力。

2020年12月14日，大连桃源荣盛市场有限公司以恒阳牛业公司不能清偿到期债务且明显缺乏清偿能力为由向黑龙江省齐齐哈尔市中级人民法院（以下简称齐中院）申请恒阳牛业公司进行破产重整。齐中院于2020年12月16日通知恒阳牛业公司。并于2020年12月24日召开了有申请人、恒阳牛业公司、部分债权人、股东、职工参加的听证会。与会人员一致同意恒阳牛业公司进入破产重整程序。齐中院于2020年12月28日出具（2020）黑02破1号民事裁定书，裁定恒阳牛业公司破产重整。并于2021年2月25日作出（2021）黑02破1号决定书，指定黑龙江新时达律师事务所、黑龙江鼎利清算破产事务有限公司担任恒阳牛业公司联合管理人。

① 载企查查，https：//www.qcc.com/firm/ec9da0824d3e330f864916a478263782.html，2022年6月1日最后访问。

（三）破产重整动因

如果恒阳牛业公司进入破产清算程序，假定抵押财产均能够按评估价值变现，优先用于清偿担保债权，担保债权亦不能全额清偿。破产费用在清算与重整程序中无明显差别，该因素在比较中予以剔除。剩余其他财产为应收款项、长期投资，预计变现周期较长，且不确定因素较多，最终清偿率可能不尽如人意。

（四）重整过程

1. 重整计划

恒阳牛业公司重整计划拟将应收款项、长期投资评估价值转股清偿同时提供替代方案，引进战略投资人安排资金用于支付破产费用、职工债权及小额债权清偿。此种安排只增加清偿机会及比例，而未减少清偿条件，将大大优于破产清算的清偿条件。①

（1）出资人权益调整。

出资人权益调整的范围为截至2021年10月31日登记在册的恒阳牛业公司全体股东。2021年10月31日至出资人权益调整方案实施完毕前，持股情况发生变动的，重整计划规定的出资人权益调整方案的效力及于恒阳牛业公司股权的受让方及/或承继人。

鉴于恒阳牛业公司资不抵债，出资人所有者权益为负，因此恒阳牛业公司全体出资人无偿让渡其持有恒阳牛业公司100%的股份，重整投资人大连桃源荣盛市场有限公司出资2000万元，受让恒阳牛业公司20%的股权；债权人以债权转为恒阳牛业公司80%的股权或替代清偿。

为确保重整计划的执行，重整投资人支付投资保证金300万元，其中2021年12月8日前向管理人账户支付100万元投资保证金，同时书面承诺2021年12月15日前支付投资保证金200万元。管理人收到上述投资保证金后，恒阳牛业公司提请债权人会议表决重整计划草案。重整计划表决未通过，或者重整计划表决通过后法院不批准重整计划的，管理人于法院裁定之日起

① 参见黑龙江恒阳牛业有限责任公司重整计划草案，载全国企业破产重整案件信息网2021年12月16日，https：//pccz. court. gov. cn/pcajxxw/pcgg/ggxq？id =56A936C7E30BE4917A863E1B541C4F25。

7 日内无息返还投资保证金；重整计划表决通过的，重整投资人在法院裁定批准之日起 60 日内，再支付 1700 万元至管理人账户。如法院裁定批准重整计划后，重整投资人不能在上述期限内支付剩余的 1700 万元，需承担不低于 300 万元的赔偿责任。

（2）债权调整及清偿。

①担保债权。

法院批准重整计划后选定淘宝破产甩卖平台及时安排恒阳牛业公司担保财产（房屋、土地、股权）挂网，根据效率优先和最大限度提高变现价值原则打包或分别处置，起拍价为评估价，每次降价幅度不超过前次挂网价的 20%，直至成交为止。如不足以全额清偿对应担保债权，不足部分转为普通债权清偿；如有超出则超出部分作为破产财产。

②破产费用及债权清偿原则。

重整投资人出资 2000 万元取得重整企业 20% 的股权，该资金用于支付破产费用、职工债权、税款债权及普通债权 3 万元以下的部分，以及补充经营现金流。

普通债权扣除每户 3 万元剩余部分以及担保债权未受清偿的部分债权，以破产财产中应收款项、长期投资的评估值作价，转为重整企业 80% 的股权或替代清偿。

（3）经营方案。

重整企业按照现代企业制度完善组织机构，选聘行业精英担任执行层面高级管理人员。经决议批准选定有利于融资，方便经营管理且营商环境较好的区域开展业务并登记注册，积极争取地方优惠政策。投资人在法院裁定批准重整计划之日起 360 日内对恒阳牛业公司增加投资或协助恒阳牛业公司取得融资 4000 万元以上，用于补充流动资金。针对达到破产清算、重整、和解或注销的子公司，通过出资人决策、债权人地位积极申请进入司法、行政程序，清理资产及关联债权债务。申请推进债务负担较大且具备经营基础的恒阳牛业子公司重整，以不高于评估价值的价格收购该子公司业务或资产，扩大生产经营。积极参与行业内有影响力企业的重整、重组，占领地区细分市场。根据需要增加投资或融资解决经营资金，为上市或并购准备条件，在条件具备的情况重新登陆资本市场。

2. 计划实施情况

（1）管理人监督执行。

《企业破产法》第89条第1款规定："重整计划由债务人负责执行。"第90条规定："自人民法院裁定批准重整计划之日起，在重整计划规定的监督期内，由管理人监督重整计划的执行。在监督期内，债务人应当向管理人报告重整计划执行情况和债务人财务状况。"法院裁定批准重整计划后，管理人将依法监督恒阳牛业公司执行重整计划，督促其按时向管理人汇报执行情况及财务状况。

（2）重整计划的执行期限。

重整计划执行期限自法院裁定批准重整计划之日起12个月止。期限届满1个月前，恒阳牛业公司可以向法院申请延长重整计划执行期限。

（3）重整计划的监督期限。

重整计划监督期限与执行期限相同，自法院裁定批准重整计划之日起12个月止。

监督期内，管理人依法监督重整计划的执行及恒阳牛业公司的经营、财务状况，及时向法院汇报。

监督期限届满，管理人应当向法院提交监督报告。自监督报告提交之日起，管理人的监督职责终止。

（4）协助执行事项。

根据《企业破产法》的规定，本重整计划执行过程中，让渡股权、解除抵押质押登记、工商变更等，涉及需要有关单位协助执行的，恒阳牛业公司及/或管理人将向法院提出申请，请求法院向有关单位出具要求其协助执行的司法文书。

3. 重整结果

下列全部条件获得满足时，本重整计划视为执行完毕：

（1）根据重整计划规定，职工债权已经清偿完毕（职工不及时领受清偿资金的，提存至管理人账户）。

（2）以现金方式清偿税款债权、普通债权的偿债资金已分配至债权人指定的银行账户，或提存至管理人指定的银行账户。

（3）同意转股的债权人已经将转股债权直接或通过第三方持有恒阳牛业公司的股权。不同意转股的债权人，按照比例分割恒阳牛业公司应收款项及长期投资，相应应收款项、长期投资权属变更至债权人或恒阳牛业公司代为设立的全资子公司名下后，该部分普通债权即清偿完毕。

（4）担保财产已处置变现完成，不足以清偿的担保债权已转为普通债权清偿完毕。

（5）恒阳牛业公司的财产保全措施已经全部解除完毕。

二、案例启示与律师建议

（一）破产重整程序中财产网络拍卖应注意哪些事项

近年来，我国各级法院在司法实践中探索以网络拍卖的形式对需要变价的财物进行处置的执行措施，即“网络司法拍卖”，2017 年，最高人民法院在出台了相关司法解释进一步确立“网络司法拍卖”这一措施，目前网络司法拍卖的相关模式、制度都已经取得了初步的成效。此外，为贯彻落实国家发改委、最高人民法院等 13 部门联合发布的《加快完善市场主体退出制度改革方案》，部分地方法院采取一系列措施推动、优化破产案件有关工作，提高办案效率，降低办案成本，创造性地将破产案件中需要变现的破产财产也并入了网络拍卖这一“快速通道”中。

网络拍卖在破产重整程序中一直发挥着很大的作用，主要体现在以下几个方面：一是程序公开。相对于线下的拍卖机构，网络平台面对的受众广、范围大，由线上的平台组织招募以及竞争，能够有效地回避价格操纵、“暗箱操作”等情况。当事人也可以通过网络参与，对整个竞价程序进行监督。二是价值最大化。通过网络平台进行竞争拍卖，能使投资人进行多轮竞买，充分参与投资竞争，最终以市场化的方式形成投资价格。三是提高效率。目前，国内破产资产以及股权的网络拍卖形成了比较完善的拍卖流程和规则，管理人和法院都可以通过网络完成招商公告、意向投资人反馈、网络竞拍这些活动，相对于线下的操作更加有序规范。破产重整程序中财产网络拍卖是法院、管理人在整个破产实践中探索出来的比较有效的投资人招募方式，一定程度上克服了重整投资市场化程度不足的弊端，也有利于实现债务人营运价值的最大化。

本案中，法院批准重整计划后选定淘宝平台及时安排恒阳牛业公司担保财产（房屋、土地、股权）挂网，根据效率优先和最大限度提高变现价值原则打包或分别处置，起拍价为评估价，每次降价幅度不超过前次挂网的20%，至成交为止。如不足以全额清偿对应担保债权，不足部分转为普通债权清偿；如有超出则超出部分作为破产财产。

执行债务人财产或处置破产企业财产最基本的变现方式就是拍卖企业财产。2017 年 1 月 1 日最高人民法院《关于人民法院网络司法拍卖若干问题的规定》开始实施，这一规定明确了网络拍卖优先的原则，即鼓励优先通过网络拍卖的方式处置财产，同时明确了实施网络司法拍卖的主体为法院，即法院自主拍卖，为当事人省去了委托拍卖机构的佣金成本，还明确了优先购买权人的竞拍规则，经确认后的优先购买权人可以在竞拍时做出与其他一般竞买人相同的报价，并自动获得竞买优势，若无更高出价，即竞拍成功。

目前，最高人民法院对破产程序中的财产网络拍卖没有明确规定。2019 年 4 月 23 日，北京市高级人民法院为了规范破产程序中管理人对债务人财产的处置行为，提高处置效率，实现债务人财产价值最大化，出台实施了北京市高级人民法院《关于破产程序中财产网络拍卖的实施办法（试行）》；2020 年 7 月，深圳破产法庭为了规范破产程序中涉及网络拍卖财产的有关事项，保障破产变价依法公开、透明高效，出台实施了深圳市中级人民法院《关于破产程序中财产网络拍卖财产工作指引》。

破产程序财产网络拍卖不是司法网络拍卖，但在实践中，由于没有出台破产程序财产网络拍卖的规定，在拍卖破产财产时，办理破产案件的法院和管理人还是参照最高人民法院《关于人民法院网络司法拍卖若干问题的规定》进行财产拍卖的。

1. 破产重整中破产财产网络拍卖的流程与形式

（1）破产重整中破产财产网络拍卖的流程。

网络司法拍卖属于人民法院对被执行人财产实施的拍卖行为，是人民法院行使其公权力的司法强制行为；而破产财产网络拍卖是管理人根据债权人会议表决通过的财产变价方案实施的破产财产变价行为，显然区别于前述司法强制行为，是在受《企业破产法》及相关司法解释调整的基础上、遵从债权人会议决议实施的意思自治行为。

相较于由人民法院主导的网络司法拍卖，破产财产网络拍卖往往以尊重债权人会议意思自治为原则，在不违反法律法规的基础上由其主导是否以网络拍卖方式进行破产财产的变价出售及拍卖的具体实施程序。①

目前破产财产拍卖尚缺乏具有普遍适用性的法律规范，但因其与司法拍卖在实操中存在诸多相通之处，故使外界易产生破产财产拍卖与司法拍卖并无区别的认知。② 根据《拍卖法》第45条的规定，拍卖人应当于拍卖日7日前发布拍卖公告，即离正式拍卖至少要有7日公告时间，《拍卖法》第10条规定："拍卖人是指依照本法和《中华人民共和国公司法》设立的从事拍卖活动的企业法人。"从事破产财产拍卖的主体是人民法院指定的管理人，管理人不是《拍卖法》中的拍卖人。最高人民法院《关于人民法院网络司法拍卖若干问题的规定》第12条第1款规定：网络司法拍卖应当先期公告，拍卖公告除通过法定途径发布外，还应同时在网络司法拍卖平台发布。拍卖动产的，应当在拍卖15日前公告；拍卖不动产或者其他财产权的，应当在拍卖30日前公告。

因此，处置拍卖破产重整财产不应适用拍卖法，最高人民法院司法解释对此并没有明确的规定，所以通过网络拍卖破产财产的公告期限，参照适用最高人民法院关于司法网络拍卖的规定更恰当。

（2）破产网络拍卖几种实践形式。

①以管理人为导向——"淘宝网·司法拍卖"。

淘宝网的模式是常规模式，即以管理人为处置单位，在平台上设立账户。就好像管理人在平台上开立了自己的"网店"，如需处置任何类型的物品，

---

① 参见程佳佳、谢巧艺：《破产财产网络拍卖若干问题初探》，载天衡联合律师事务所网2021年9月24日，http：//www. tenetlaw. com/index. php？ a = show&c = index&catid = 8&id = 1670。

② 参见赵勇：《破产企业资产拍卖与民事执行中拍卖的本质区别》，载《中国拍卖》2009年第11期。

只要把公告、拍卖须知以及标的物调查清单等文件、数据一一上传就可以在平台上看到拍卖信息。平台根据拍卖成交价按比例向买受人（而非管理人）收取信息服务费，从而使管理人在处置资产时不必有过多顾虑。

此种模式的优势在于管理人可以自由处分破产财产，且平台服务商通常会提供高效的后台支援（如问题解决、信息提供）。但缺点在于往往缺乏成熟的交易模式，在实践中，管理人通常通过拍卖公告将责任转嫁给买受人，即后续拍卖标的物所有权转移环节往往需要由买受人自行完成，如果买受人未能了解标的物所有权如何转移或标的物的一些权利瑕疵（管理人没有能力披露的），则可能承担不利后果。

②以拍卖标的物为导向——“北交所·京牌小客车拍卖”。

北京产权交易所的京牌小客车拍卖，原本是北京市高级人民法院集中组织辖区内的所有人民法院对被执行人车辆进行拍卖处置的司法拍卖工作。2019 年北京市第一中级人民法院成立破产法庭后，将破产企业需要处置的车辆加入了这个项目的处置范围中。因此，可以参加此项目的破产拍卖车辆就同时具备了前文中提到的“司法拍卖”的便利（因为京牌小客车本身是司法拍卖项目）。无论车辆是否有权利瑕疵，只要满足此项目的要求，买受人就可以拿到法院出具的过户文件，同时法院还会统一将过户文件发给车辆管理所（否则单凭买受人携带文件手续无法办理过户）用于办理过户。

此种模式拥有足够成熟且可行的交易模式，买受人不必担心车辆到手后需要支付额外的、不确定的费用，不必担心有无法交易过户的风险。但非常遗憾，此种模式暂时无法推广适用至其他类型破产财产。值得一提的是，此种模式体现了一种司法拍卖与破产拍卖融合的倾向，如果这种倾向后续能够被通过规范性法律文件确定下来，将更加有利于管理人资产处置工作的开展。但此种目前较为成熟的交易模式仍需要积累、摸索更多的经验，在短期内也许无法推广适用。

③以拍卖形式为导向——“直播拍卖”。

2021 年 2 月，在北京市第一中级人民法院破产法庭的指导下，笔者所在团队探索了以直播方式处置破产财产的网络拍卖活动。本次拍卖的标的物是某意大利奢侈品牌的服装饰品。两场拍卖活动下来，共计成交拍品 76 件，成交率100%。本次拍卖曾经在一定范围内引起许多人的关注。彼时，直播拍卖在北京破产拍卖中尚属少数，通过该次直播拍卖的经验，我们发现直播拍卖具有受关注度高、竞价激励（溢价率高）、成交率高等特点。但此种拍卖模式也存在局限，其一，直播拍卖不能在最高人民法院指定的司法拍卖网络服务商平台上发布相关信息，公告的受众范围受到限制；其二，直播拍卖的效率相对直播带货较为低下，直播拍卖时，主播每次只能出售一件货物，相对而言，如果拍卖货物价值不高，那么整场拍卖下来，收入将非常有限，甚至无法覆盖直播成本；其三，直播依托的是淘宝网电商平台，存在系统售后渠道，结合《电子商务法》等相关法律、司法解释，无法像网络拍卖模式一样完全做到“不退不换”。总体而言，直播拍卖模式更适合单个标的物价值较高的场合（如汽车、房产等）。

2. 宣告破产后，在破产财产拍卖前，债务人是否可以提出破产和解

法院在第一次债权人会议后裁定宣告破产，管理人按照第一次债权人会议通过的财产管理方案和破产财产变价方案对财产进行网络拍卖，但在破产财产拍卖前，债务人提出破产和解。根据《企业破产法》第105条的规定，人民法院受理破产申请后，债务人与全体债权人就债权债务的处理自行达成协议的，可以请求人民法院裁定认可，并终结破产程序。

由此，民事和解可以在受理破产申请后至破产程序终结前适用。如果债权人与债务人达成和解能促使债权人的利益最大化，法院及管理人应本着积极引导企业债务风险的原则，用多种方式挽救有价值的企业，这也是对破产企业及债权人的充分保护。

3. 准备网拍资料时，公告期、异议期、竞价期、委托期限怎么规定

资产网拍没有明确的规范性文件，可以参照最高人民法院《关于人民法院网络司法拍卖若干问题的规定》等规定执行。

关于公告期，拍卖不动产或者其他财产权利的，首次拍卖公告期不少于30日，流拍后再次拍卖的公告期不少于15日；拍卖动产，首次拍卖公告期不少于15日，流拍后再次拍卖的公告期不少于7日。

办理委托手续、提出权属异议、优先购买权人提交证明时间一般确定为开拍前3~5个工作日。

4. 起拍价与保证金如何确定

起拍价由管理人根据参考价及债权人会议表决通过的财产变价方案确定。法院的起拍价要求以土地使用权为标的物的首次起拍价按参考价确定，其余标的物的首次起拍价一般不低于参考价的70%。流拍后再次拍卖的降价幅度一般不得超过前次起拍价的20%。债权人会议或债权人委员会决议降价幅度数额不在上述范围内的，依其决议确定。

保证金数额原则上在起拍价的5%～20%范围内确定。债权人会议或债权人委员会决议保证金数额不在上述范围内的，依其决议确定。

5. 破产财产网络拍卖税费应如何承担

破产财产网络拍卖是破产财产变现的重要途径，应当遵循税收法定的原则。最高人民法院《关于人民法院网络司法拍卖若干问题的规定》第30条规定："因网络司法拍卖本身形成的税费，应当依照相关法律、行政法规的规定，由相应主体承担；没有规定或者规定不明的，人民法院可以根据法律原则和案件实际情况确定税费承担的相关主体、数额。"国家税务总局《关于人民法院强制执行被执行人财产有关税收问题的复函》（国税函〔2005〕869号）第4条明确："鉴于人民法院实际控制纳税人因强制执行活动而被拍卖、变卖财产的收入，根据《中华人民共和国税收征收管理法》第五条的规定，人民法院应当协助税务机关依法优先从该收入中征收税款。"由此可见，当前关于执行中司法拍卖涉及的税费承担是明确的，然而破产程序中的网络拍卖并没有明确的规定。

最高人民法院《关于人民法院网络司法拍卖若干问题的规定》调整的是法院作为委托主体的执行网拍，对破产网拍并不适用。我国税收管理法律法规对于各种税收明确规定了纳税义务人，但并未禁止纳税义务人与合同相对人约定税款缴纳。破产网拍中，委托人即破产管理人，破产管理人具有代表债务人行使权利的职责，其在一般民事行为中相当于当事人的角色。而在破产拍卖中，破产管理人扮演的是卖方的角色，在无相关规定的前提下，其发出的拍卖公告中写明买受人须承担所有税费并不违法，意向买受人可以选择是否参与竞买，而一旦参与竞买，则应视为其认可税费承担的条款。由于选择权在买受人，因此，买受人竞买就属于"纳税义务人与合同相对人约定税款缴纳”的情形了。

建议修改相关法律规定或出台司法解释，明确破产拍卖产生的税费依照相关法律、行政法规的规定，由相应主体承担。在法律、司法解释未出台之前，建议高级人民法院或其他地方法院出台规定予以规范，破产管理人亦应高度注意公告表述。[①]

6. 破产财产网络拍卖如何撤销

根据最高人民法院《关于审理企业破产案件若干问题的规定》第 85 条第 1 款“破产财产的变现应当以拍卖方式进行。由清算组负责委托有拍卖资格的拍卖机构进行拍卖”及最高人民法院《关于人民法院在审理企业破产和改制案件中切实防止债务人逃废债务的紧急通知》第 5 条“处置破产财产，一般应当采取拍卖的方式，并加强对拍卖程序的监督，要确保拍卖的透明度、公平性……”的规定，破产拍卖是由破产企业清算组负责委托拍卖公司进行拍卖，不属于司法强制拍卖中的法院委托拍卖情形。同时，法院在审理破产案件时对拍卖程序的监督行为，使破产拍卖程序又区别于普通的商业拍卖。所以，当事人在申请撤销破产拍卖时，不应再适用最高人民法院《关于人民法院办理执行异议和复议案件若干问题的规定》第 21 条有关撤销拍卖事由的规定，应适用《企业破产法》、《拍卖法》及《民法典》合同编的相关规定。

在实务中也存在许多可以参考的案例，如上诉人与被上诉人合同纠纷再审复查与审判监督民事裁定书［广东省高级人民法院（2016）粤民申 465、466 号］提出部分竞买人通过约定的方式让渡自身利益的行为并不当然损害他人利益，在未违反《民法典》合同编和《拍卖法》第 37 条的情形下，拍卖程序合法有效；阳江市国土资源局与阳江市练达房地产开发有限公司建设用地使用权出让合同纠纷二审民事判决书［最高人民法院（2015）民一终字第 143 号］提出在没有充分证据证明有关当事人在案涉土地使用权挂牌出让过程中的行为构成恶意串通且其行为内容和结果也不损害国家、集体和第三人利益的情形下，拍卖程序合法有效。

---

① 参见王欢：《破产程序中网络拍卖税费如何承担?》，载北大法宝 2021 年 12 月 15 日，https：//www. pkulaw. com/lawfirmarticles/a9f3db291b26e51c4aba847b60d26bb0bdfb. html。

鉴于破产财产网络拍卖制度存在立法空白，建议参照现有的“网络司法拍卖”规则体系，明确破产财产网络拍卖的参与主体、破产财产类型、拍卖流程、保证金规则、竞买人的毁拍责任等问题。在竞买人权益救济路径上，建议参照“执行行为异议”的相关规定，明确法院监督职责的内容，赋予竞买人“破产监督行为异议”的权利。①

（二）管理人在破产评估中应履行谨慎注意义务的具体内容

1. 破产企业资产评估的前提条件和原则

（1）破产企业资产评估的前提条件。

①破产企业资产评估应以具有法律效力的破产文书为依据，即法院在接到债权人或债务人的申请之后，同意受理此破产案件，并下达正式文书后才能对破产企业进行资产评估。

②破产企业的资产评估，应在破产清算组清查核实企业全部资产并清理破产企业的债权债务之后进行。

（2）破产企业资产评估的原则。

①客观、公正原则。资产评估机构要以事实为依据，维护债权人、债务人的合法权益，客观、公正地反映破产企业所分配财产和优先受偿财产的现时价值。

②快速变现原则。评估后的财产能尽快变现，以偿还所欠的债务。

③独立性和科学性的原则。独立性是指资产评估机构作为社会的公正性机构，其工作不受外界和委托方不当意图的影响。科学性的原则是指资产评估机构必须根据破产企业特点，选择适当的标准和科学的方法，制定科学的评估方案，使评估结果准确，合理。

2. 破产企业资产评估的范围

破产企业的资产评估范围为可供分配资产。可供分配资产是指能够变现

① 参见谭波、张娟：《破产财产网络拍卖如何撤销?》，载微信公众号“高校 LEGAL”2021 年 5 月 16 日，https：//mp. weixin. qq. com/s? __biz = MjM5ODA5NzYzNg = = &mid = 2652123570&idx = 1&sn = b9daca2b7be905b35c73b1350e3f0d3a&chksm = bd2f76398a58ff2fa17155d89ce4a80eaf739f9a0f06ac2428f299f684841badbf311609b77c&token = 159256428&lang = zh_CN&scene = 21#wechat_redirect。

用于偿还债务的资产，它包括破产企业的货币资金、对外投资、应收账款、存货、固定资产、无形资产的转让收入等。破产企业还有一部分不可分配资产，它包括破产企业的待处理财产损失、待摊费用及递延资产等，这部分资产虽然在企业资产总额中体现，但实质是企业资产中的损失费用，并不存在价值。不可分配的资产和负债由破产清算组予以确认。实际工作中的破产企业资产评估，一般只对企业的固定资产、存货、无形资产的价值进行评估，而企业的应收款项、对外投资是由破产清算组确认实际数额后参与破产分配的。破产企业资产评估工作在破产清算组清查核实资产的基础上进行，但是，资产评估人员应对破产清算组提供的清算结果逐项进行核实与鉴定。

3. 确定正确的破产企业资产评估的委托方

企业进入破产清算阶段，会涉及政府、破产企业职工、债权人、债务人等各方面的利益冲突和所有的历史遗留问题，都需要管理人去相应解决，情况复杂、法律、政策性强。破产清算评估在评估目的、评估范围、评估思路和评估方法上与其他资产评估都存在一定的差异。

破产企业的资产评估程序与其他情况下的资产评估程序有所不同。企业破产一般是因企业严重亏损，不能清偿到期债务，从而由法院依法将其全部财产抵偿所欠的各种债务，并依法免除无法偿还债务的一项法律裁决。企业破产由债权人或债务人提出申请，在法院下达破产裁决后，按时组成破产管理人，对破产企业的债权、债务、资产进行全面清查核实，然后进行资产处置。

因此，破产企业的资产评估委托方一般应为法院或破产管理人。由于企业的破产程序是法律程序，由法院作为评估委托方有利于破产的一切程序都在法院的监督指导下进行，而破产管理人作为评估委托方，则有利于破产程序与资产评估业务的衔接。因为资产评估数据资料一般由破产管理人清查核实后提供，并且在资产评估过程中，资产评估机构必须及时与管理人沟通。

4. 破产企业评估的基准日

破产宣告，是法院对符合破产条件的债务人不能清偿到期债务的事实所作的法律方面的确认，是破产清算程序开始的前提。只有经法院审查确认债务人已具备法定的破产宣告条件，并依法宣告其破产，破产企业才能进入清算程序。所以破产企业评估基准日应以法院裁定企业破产并发布公告日为准。

但在实际操作中由于法院受理企业破产至第一次债权人会议召开需历时数月以上，到法院正式裁定企业破产时间就更长，所以一般提前进行破产程序。从法院受理破产并发出公告日起，法院确定管理人后立即进驻破产企业并接管企业财产，提前进行资产清查和评估，待法院裁定企业破产后，立即处置破产财产，清偿债务。提前进行资产评估有利于人民法院对破产案件的裁定，可大大缩短破产过程，减少财产损失和清算费用，有利于社会稳定，有利于保护债权人的利益。一般破产清算评估以法院受理破产日为评估基准日。

法条索引

《拍卖法》

第四十五条 拍卖人应当于拍卖日七日前发布拍卖公告。（离正式拍卖至少要有7天公告时间，《拍卖法》第10条规定："拍卖人是指依照本法和《中华人民共和国公司法》设立的从事拍卖活动的企业法人。"从事破产财产拍卖的主体是人民法院指定的管理人，管理人不是拍卖法中的拍卖人。）

《企业破产法》

第一百零五条 人民法院受理破产申请后，债务人与全体债权人就债权债务的处理自行达成协议的，可以请求人民法院裁定认可，并终结破产程序。

第一百一十二条 变价出售破产财产应当通过拍卖进行。但是，债权人会议另有决议的除外。

破产企业可以全部或者部分变价出售。企业变价出售时，可以将其中的无形资产和其他财产单独变价出售。

按照国家规定不能拍卖或者限制转让的财产，应当按照国家规定的方式处理。

8. 破产重整中如何处理建筑工程挂靠问题

——桑德建设集团有限责任公司重整案

建设工程项目存在的法律关系极其复杂，不仅涉及挂靠者与被挂靠企业之间的挂靠合同法律关系，还涉及开发商、材料供应商、机器设备供应商等承包、租赁、买卖等合同法律关系。对于破产重整的建筑业企业而言，其必须妥善处理这些复杂的法律纠纷。本文对于破产重整程序中建筑工程挂靠、建设工程价款优先受偿权、职工债权保护进行了分析。

关键词：挂靠　建设工程价款优先受偿权　职工债权保护

一、重整情况介绍

（一）公司概况

桑德公司成立于2006年3月15日，住所地为嘉兴市昌盛路正益大厦9楼，法定代表人陈某财，注册资本11,600万元人民币，股东为北京桑德环境工程有限公司（持股比例：100%）。经营范围为：房屋建筑和市政基础设施项目工程总承包、各类工程建设活动、施工专业作业等。另外，桑德公司在上海市、河北省等全国多个地方共设立了10家分公司，其中4家已注销，1家已吊销，5家处于存续状态。

2006年3月15日桑德公司成立时名为“浙江正益建设发展有限公司”；2010年8月11日，更名为“正益集团有限责任公司”；2014年6月18日，更名为“中冶正益集团有限公司”；2016年8月12日，更名为现在的“桑德建设集团有限责任公司”。2021年11月18日，更名为“浙江营合建设集团有限公司”。

2006 年 3 月 15 日成立时，桑德公司注册资本为 2500 万元；2007 年 10 月 15 日，增加注册资本至 3000 万元；2007 年 11 月 15 日，增加注册资本至 5000 万元；2010 年 3 月 30 日，增加注册资本至 8000 万元；2010 年 12 月 30 日，增加注册资本至 10,000 万元；2012 年 6 月 29 日，增加注册资本至 11,600 万元。以上注册资本已全部实缴到位。①

桑德公司名下拥有建筑工程施工总承包、市政公用工程施工总承包一级；消防设施工程专业承包、地基基础工程专业承包、建筑装修装饰工程专业承包二级等经营资质。上述资质的有效期至 2021 年 12 月 31 日。管理人已开展资质续期事宜。根据中兴评估出具的咨询报告，桑德公司所拥有的建筑业企业资质的评估价值在 3000 万～3400 万元。

（二）重整原因

桑德公司陷入危机的原因有多个方面。首先，在公司发展初期，桑德公司为了拓展业务，按照业内做法允许个人挂靠承接工程项目，但自身又缺乏科学管理与风险管控的意识，致使大量工程款被挂靠个人侵吞，影响了公司的财务状况。其次，由于前几年房地产行业不景气，桑德公司通过向金融机构融资承建的嘉盛龙庭项目长期无法回款、秀湖公园项目成本控制不到位，导致其资金缺口日益增大。2016 年，桑德公司被北京桑德收购，成为其全资子公司并向市政环保领域转型。但市政环保业务领域开拓不足，桑德公司同时错过房地产及房建业务回升时机。与此同时，股东也陷入财务困境，无法对桑德公司进行资金注入。2019 年以后，债权人纷纷起诉桑德公司，查封冻结其名下财产，并将其纳入失信被执行人名单，致使桑德公司无法拓展有价值业务，经营难以为继，最终陷入资不抵债的破产境地。

桑德公司因不能清偿到期债务且明显缺乏清偿能力，嘉兴市秀洲区人民法院于 2021 年 3 月 3 日作出（2021）浙 0411 破申 2 号民事裁定书，裁定受理桑德公司破产清算，又于 2021 年 3 月 19 日作出（2021）浙 0411 破 1 号之一决定书，指定浙江海浩律师事务所担任管理人。管理人接受指定后，进行

---

① 载企查查，https：//www. qcc. com/firm/779830157e042db66389010ba68bf325. html，2022 年 6 月 1 日最后访问。

了资产负债情况梳理、债权申报登记审核、潜在意向投资人接洽等工作，并召开了桑德公司第一次债权人会议。鉴于桑德公司拥有较高的工程承包资质，具有相当的营运价值与挽救可能，嘉兴市秀洲区人民法院于2021年6月14日作出（2021）浙0411破1号之一民事裁定书，裁定自2021年6月11日起对桑德公司进行重整。

（三）重整动因分析

如进行破产清算，通过司法拍卖程序简单变现桑德公司财产，则桑德公司目前拥有的6项建筑业企业资质无法保留。建筑业企业资质的本质属性是一种行政许可，其与公司不可分离，不能作为无形资产进行买卖和转让。若该资质无法变现，按照目前重整投资人的报价来看，全体债权人将直接损失6560万元的清偿款。①

综上分析，桑德公司进行破产重整相比破产清算可以实现全部建设工程相关资质的市场价值，增加偿债资金。如桑德公司能够在全体债权人的理解和协助下顺利通过重整计划（草案），则全体债权人特别是普通债权人的清偿结果，相比破产清算条件下，将得到明显的改善与提升。

（四）重整过程

1. 重整计划方案

桑德公司重整方案采取“企业存续式重整+资产负债剥离重整”模式。本重整计划概要如下：

（1）清算条件下，桑德公司现有资产的简单快速变现，将使桑德公司的建筑资质价值全部流失。预计清算条件下，清偿完毕有财产担保的债权后剩余约7185万元，除去破产费用、共益债务、职工债权等，剩余可供全体普通债权人清偿的金额为6280万元，普通债权的清偿率约为11.5%。

（2）重整条件下，桑德公司主体资格、相关资质以及主营业务得以保留和维持，重整投资人或其指定的第三方将获得桑德公司100%的股权，成为

---

① 参见桑德建设集团有限责任公司重整案第一次债权人会议资料，载全国企业破产重整案件信息网2021年9月28日，https://pccz.court.gov.cn/pcajxxw/pcgg/ggxq?id=65A19FE204D93D8EC447AAD101521084。

桑德公司的控股股东。重整投资人支付的对价为6560万元，该对价款全额用于清偿破产费用、共益债务以及各类债权。预计重整条件下，清偿完毕有财产担保的债权后剩余约13,745万元，除去破产费用、共益债务、职工债权等，剩余可供全体普通债权人清偿的金额约为12,725万元，普通债权的清偿率约23.4%（不区分小额债权情况下）。

（3）破产费用、共益债务以及职工债权、税收债权依法享有优先受偿权利，按照重整计划确定的清偿方案100%受偿。

（4）有财产担保的债权中，稠州银行嘉兴分行以抵押物实际变现价值清偿，不足部分依法列入普通债权清偿，即暂按1400万元计算有财产担保的债权，剩余4061.88万元列入普通债权清偿。

（5）普通债权按照债权审查确认金额，对任一债权人所持有的普通债权额度在5万元以内的部分，按照100%的比例支付；对任一债权人所持有的普通债权额度在5万~30万元以内的部分，按照50%的比例支付；对任一债权人所持有的普通债权额度在30万元以上的部分，按照21.37%的比例支付。以上债权，原则上均在重整计划批准之日起2个月内一次性支付，但若在本重整计划裁定2个月内，嘉盛龙庭项目仍未予以分配，则管理人将在2个月内根据现有资金做第一次分配，第二次分配在取得嘉盛龙庭项目回款后再行分配（管理人报酬与债权人债权清偿款同步支付）。

（6）对于未申报债权，如有债权人在本次债权人会议召开日之后再行申报或主张债权，在重整计划执行期间不得行使权利。在重整计划执行完毕后，可向资债处置公司（正益股权）就重整计划项下各财产变价所得按同类债权的清偿方案主张清偿。

2. 计划实施情况

本重整计划由桑德公司负责具体执行，由管理人负责监督。在重整计划执行的监督期限内，管理人执行职务的费用根据实际需要由桑德公司随时支付。桑德公司应将重整计划执行情况及公司资产状况及时向管理人报告，并及时对质询予以答复。

重整计划执行期间，就12个未结项目，由重整投资人以及桑德公司继续与业主、实际施工人、下游材料分包商按照“谁投入、谁受益、谁承担”的独立核算原则进行结算，管理人予以必要协助。

重整计划监督期届满时，管理人向秀洲法院提交监督报告，自监督报告提交之日起，管理人的监督职责终止。

重整计划执行完毕后，如确有需要，重整投资人或重整后的新债务人也可聘请管理人继续协助处理上述项目的组织协调、协商谈判等事项，相关成本费用由重整投资人、新债务人、实际施工人等受益人自愿承担。

（五）重整结果

本重整计划的执行期限预计为3个月，自重整计划获得秀洲法院裁定批准之日起至下列事项全部完成之日止：

（1）破产费用和共益债务按计划偿付完毕；

（2）出资人权益按计划调整完毕；

（3）对桑德公司的特定财产享有担保权的债权按计划偿付完毕；

（4）职工债权按计划偿付完毕；

（5）普通债权按计划偿付完毕。

本重整计划的监督期限与重整计划的执行期限相同。如客观需要，管理人可申请延长3个月的监督期限与执行期限。

二、案例启示与律师建议

（一）破产重整中如何处理建筑工程挂靠问题

挂靠工程模式是指无建筑资质的挂靠企业、个人挂靠在有建筑资质的企业名下，利用该企业的名义从事对外工程建设，而被挂靠的企业会根据挂靠企业的需要提供资质、人员、技术等方面的服务内容，进而收取事先约定管理费用的一种工程模式。

建设工程项目存在的法律关系极其复杂，不仅涉及挂靠者与被挂靠企业之间的挂靠合同法律关系，还涉及开发商、材料供应商、机器设备供应商等承包、租赁、买卖等合同法律关系。对于破产重整的建筑业企业而言，其必须妥善处理这些复杂的法律纠纷。

本案中，管理人在梳理未结挂靠项目的过程中发现，多数项目都存在欠付下游供应商工程款的情形，牵涉人数众多且涉及金额巨大，仅管理人已知的下游供应商债权所涉金额就有近4亿元，而项目回款时间与金额均具有较大的不确定性。因考虑到所涉工程款已全部结清，无独立核算的基础，故管理人已通知相关债权人申报债权，并依法对债权进行审查。针对剩余未结算或完成结算但工程款未支付完毕的项目，管理人本着“谁投入、谁受益、谁负责”的基本原则，积极与项目建设单位、实际施工人及下游供应商进行沟通，促成独立核算协议的达成。项目所涉后续收益在扣除债务人约定的管理费、税费等费用后，归实际施工人所有并优先用于清偿下游供应商债务，下游供应商不得再向债务人主张债权，以此将挂靠项目中存在的供应商债务风险降到最低。

实务中，管理人多采取的方式为“存续性重整”，即通过破产法程序合法有效地将债务以减免、延期清偿以及债转股等方式减轻债务人负担，并以法律实务方式管理企业人员配置、经营结构及注册资本的核减或增加，最终实现企业资产的正常化发展，直至企业重建再生。该种模式也是破产企业重整最为妥当的方式，虽然无法避免上述谈及的难题，但却能很好地激励债务人、债权人继续经营、合作，配合管理人的工作。此外，该模式对于债权人也是极其有利的，通过拉动战略投资，引进资金发展新市场，会大大增加债权人的清偿额，双方共赢，较之“清算式重整”会更加妥当。主要有以下几类方式：

（1）利用企业股权合理化配置的方式公开引进战略投资人。对于“烂尾工程”企业，其多数由于资金问题导致烂尾，从根本上就需要引进资金复活工程项目。基于此，管理人可以将债务人股权折价后进行公开竞价拍卖，通过与意向投资人谈判最终签订协议方式将股权按比例转让给战略投资人，可以由战略投资人经营管理重整后的公司，也可以继续由原公司继续经营重整后的公司，但需经过战略投资人同意。如河南省平顶山市某破产重整案中，管理人通过网站、媒体等向全社会发出邀请战略投资人的公告，最终有几个潜在的战略投资人进行了报名，还有其他的多名潜在战略投资人表达了投资意向。后管理人通过与选定的投资人谈判，并按照双方的议定协议将债务人公司的财产作价化股后，最终引进了该战略投资人。此方式不仅有效地解决了在建工程的续建资金来源，更能持续地维持工程项目的开展，直至工程顺利竣工验收。有的重整企业正是因为战略投资人的进场，而实现了企业的再生甚至转型。此外，这对于债权人而言也是极为有利的，其可以最大限度地得到清偿额，甚至会彼此开展新的合作方式，实现今后的共赢。①

（2）通过“政府”垫资模式获得在建工程续建资金来源，实现企业再生。战略投资人模式实务中一旦无法落实，就需要法院、管理人及政府三方配合，通过当地政府垫付资金的方式将在建工程盘活，然后所有的垫付资金均由政府通过协商好的拨款方式拨付给管理人，最终由管理人统一对外支付、运营。当然，政府的垫资财产在企业重整成功后，需要分阶段性返还或以再投资的方式偿还。该模式只要法院和管理人能够以有可行性的方案说服政府，比引进战略投资人的压力会小很多，毕竟商业性质的资金垫付带动的利益更大。一旦该模式成功，不仅能够有效解决维稳问题，还能持续吸引债权人再次投资，使原本待死的企业完全盘活，甚至较之前发展更好。

（3）通过“金融机构”融资实现在建工程续建，解决重整项目难题。管理人直接与当地的金融机构，如商业银行或融资公司等进行谈判交涉，只要能够提出合适的方案，在很大程度上是能够吸引部分金融机构投资放款的。但该模式也有一个弊端，金融机构在融资过程中所要求的未来资金往往占比过大，容易给重生后的企业带来负担。

（二）实际施工人是否享有建设工程价款优先受偿权

1. 实际施工人的内涵与认定原则是什么

实际施工人是指建设工程施工合同无效情形下实际完成建设工程施工、实际投入资金、材料和劳动力违法承包的单位和个人，具体包括违法的专业工程分包和劳务作业分包合同的承包人、转承包人、借用资质的承包人（挂靠承包人）以及多次转（分）包的承包人。

认定实际施工人，应从以下五个方面综合审查：一是审查是否参与合同签订，如是否直接以被挂靠人名义与发包人签订合同，是不是转包、违法分

---

① 参见秦中峰、麻彦斌：《浅谈建筑业破产重整之困境》，第十二届“中部崛起法治论坛”论文，2019 年 11 月于长沙。

包合同签约主体；二是审查是否存在组织工程管理、购买材料、租赁机具、支付水电费等实际施工行为；三是审查是否享有施工支配权，如对项目部人财物的独立支配权，对工程结算、工程款是否直接支付给第三人（材料供应商、机具出租人、农民工等）的决定权等；四是审查是否存在投资或收款行为；五是审查与转包人、违法分包人或出借资质的建筑施工企业之间是否存在劳动关系。

2. 审判实践中哪些情形不能认定为实际施工人

以下两种情况不能认定为实际施工人：（1）与转包人、违法分包人无施工合同关系的农民工不能认定为实际施工人。（2）建筑行业俗称的包工头（施工队、施工班组）是不是实际施工人要区分情况：如包工头既向转包人、违法分包人承担施工合同义务，又负责招工，对招来的农民工承担支付工资义务，应认定为实际施工人。如包工头只负责招工和管理，与农民工都直接从转承包人、违法分承包人处领取工资或由包工头代领、代发工资，就不应认定为实际施工人。

3. 实际施工人是否享有建设工程价款优先受偿权

审判实践中对于实际施工人是否享有建设工程价款优先受偿权的问题，认识不一致。最高人民法院民一庭 2021 年第 21 次法官会议讨论认为：实际施工人不享有建设工程价款优先受偿权。

建设工程价款优先受偿权是指在发包人经承包人催告支付工程款后的合理期限内仍未支付工程款时，承包人享有的与发包人协议将该工程折价或者请求人民法院将该工程依法拍卖，并就该工程折价或者拍卖价款优先受偿的权利。

依据《民法典》第 807 条以及最高人民法院《关于审理建设工程施工合同纠纷案件适用法律问题的解释（一）》第 35 条之规定，只有与发包人订立建设工程施工合同的承包人才享有建设工程价款优先受偿权。实际施工人不属于“与发包人订立建设工程施工合同的承包人”，不享有建设工程价款优先受偿权。

由于建筑工程质量直接关系到社会公众生命财产安全，而实际施工人的共性就是其施工可能危及建筑工程质量，需要对其进行管制。故在社会公众的生命健康人身权和建筑工人个体的劳动报酬财产权之间，应当是让前者优先得到保护。而如果让实际施工人享有建设工程价款优先受偿权，让其折价补偿款得到优先保护则可能变相刺激其为谋取更有保障的利益而更多地参与实施违法施工行为，进而放大建筑工程质量不合格风险，给社会公众造成更多损失。如果让实际施工人在建设工程质量合格的情形下享有建设工程价款优先受偿权，则可能诱导更多的实际施工人基于对将来建设工程质量合格的盲目自信，或“赌一把”的动机大肆违法承揽工程，从而客观上增加工程质量不合格的概率，造成返工或拆除等社会财富的浪费，让社会公众生命财产安全处于更危险的境地。

（三）如何根据房地产开发企业破产债权的主要类型划定债权清偿与申报顺序

我国《企业破产法》未对房地产开发企业的破产债权类型及清偿顺序作出集中和全面的专门性规定，仅在第109条和第113条对主要的普通债权和一般优先权的清偿顺序作出了规定。除此之外，房地产开发企业的破产债权还可能涉及被拆迁人请求权、支付全部或大部分购房款的消费购房人请求权、工程款请求权等特别优先权，相关规定分散在《民法典》、最高人民法院《关于审理商品房买卖合同纠纷案件适用法律若干问题的解释》、最高人民法院《关于建设工程价款优先受偿权问题的批复》（已失效）等法律法规和司法解释之中。

实务中，房地产开发企业破产债权的一般清偿顺序如下：破产费用和共益债务、被拆迁人请求权和支付全部或大部分购房款消费购房人的请求权、工程款债权、物权担保债权、工资等劳动债权、所欠税款及其他劳动债权、普通债权。

《企业破产法》第45条规定，“人民法院受理破产申请后，应当确定债权人申报债权的期限。债权申报期限自人民法院发布受理破产申请公告之日起计算，最短不得少于三十日，最长不得超过三个月”。第56条规定，“在人民法院确定的债权申报期限内，债权人未申报债权的，可以在破产财产最后分配前补充申报；但是，此前已进行的分配，不再对其补充分配。为审查和确认补充申报债权的费用，由补充申报人承担。债权人未依照本法规定申报债权的，不得依照本法规定的程序行使权利”。基于上述规定，作为破产房地产企业的债权人，应依法在债权申报期限内及时有效地申报债权，避免逾期失权的不利后果。

确定债权申报期限后，债权人申报人须在规定的有效期限内向破产管理人提交债权申请并提供相应证据进行证明。最高人民法院《关于审理企业破产案件若干问题的规定》第 55 条对属于破产债权的债权进行了列举，第 61 条对不属于破产债权的债权进行了列举，破产管理人将根据上述规定及其他相关规定对债权人申报的债权金额及对应的证据进行审核并作出确认结果。在这一过程中，债权申报人应全面提供支撑拟申报债权的证据，一方面有利于管理人进行确认，另一方面如未能予以确认，在后续债权确认异议或债权确认诉讼中，相关证据材料也将成为主张债权的必要基础和依据。

（四）破产重整经济性裁员中的职工债权保护

1. 经济性裁员中对于企业破产重整法定情形的认定条件

根据《劳动合同法》第 41 条的规定，依照《企业破产法》规定进行重整的，可启动经济性裁员。另外，根据《企业破产法》，人民法院经审查认为重整申请符合法律规定的，应当裁定债务人重整，并予以公告；重整期间自人民法院裁定债务人重整之日起至重整程序终止。基于前述规定，企业经人民法院裁定重整的，应被认定为已进入破产重整程序，企业可依法进行经济性裁员。

2. 经济性裁员的法定流程

《劳动合同法》对于经济性裁员具有人数要求，根据第 41 条，当次裁减人员需达 20 人以上或者虽不足 20 人但占企业职工总数的 10% 以上，这旨在保障企业合理调整人员结构权利的同时防止企业滥用解除权。在符合法定裁员人数要求的情形下，根据《劳动合同法》以及《企业经济性裁减人员规定》，企业应先行制定裁员方案，包括但不限于制定裁员报告说明、确定裁员名单、制定被裁职工补偿方案等。待方案制定完成后提前 30 日向工会或全体职工说明情况并提供有关生产经营状况、破产重整的相关资料，提出裁员方案、征求工会或全体职工的意见，并结合意见修改、完善裁员方案。确定裁员方案后，企业应向当地劳动行政部门（一般为企业注册登记所在地的人力资源和社会保障局）报告裁减人员方案以及工会或者全体职工的意见，并听取劳动行政部门的意见。经劳动行政部门审查通过的，由用人单位正式公布裁减人员方案，与被裁人员办理解除劳动合同手续，按照法律规定向被裁减人员支付经济补偿金，并出具裁减人员证明书，完成档案整理等收尾工作。

3. 职工在破产重整下的经济性裁员中所享有的权益

（1）程序性权益。

①破产重整方案表决权。

《企业破产法》第82条规定："下列各类债权的债权人参加讨论重整计划草案的债权人会议，依照下列债权分类，分组对重整计划草案进行表决：……（二）债务人所欠职工的工资和医疗、伤残补助、抚恤费用，所欠的应当划入职工个人账户的基本养老保险、基本医疗保险费用，以及法律、行政法规规定应当支付给职工的补偿金……"因此职工作为破产重整企业的债权人，有权对重整方案进行表决。

实务中，因职工人数众多，可能难以一一通知并召集参加债权人会议，故企业职工可采取召开职工大会并委派职工代表的方式确定职工债权的代理人，由职工代表代表全体职工参加债权人会议、就破产重整方案行使表决权。

②生产经营状况的知情权。

根据《企业经济性裁减人员规定》，用人单位确需裁减人员的，应提前30日向工会或者全体职工说明情况，并提供有关生产经营状况的资料。职工享有对企业生产经营状况的知情权，以进一步判断企业是否存在虚假债权、不符合破产重整或经济性裁员法定要求的情形。

③裁员方案的建议权。

根据《劳动合同法》规定的经济性裁员的法定流程，用人单位向工会或者全体职工说明情况后应听取工会或者职工的意见，虽然裁员方案并非必须由工会或全体职工表决通过，但职工仍有权对裁员方案的修订、完善提出建议。

④对裁员程序的监督权、异议权。

职工享有监督企业根据法定流程以及经劳动行政部门审查确定的裁员方案内容予以执行的权利，并有权对于企业裁员程序不合规、不合法等情形提出异议。

（2）实体性权益。

①依法领取经济补偿金及其他款项的权利。

在企业破产重整情形下的经济性裁员，企业应按照《劳动合同法》的规定对被裁员工进行经济补偿，即按照职工工作年限，以每满一年补偿一个月的工资（职工在劳动合同解除/终止前12个月的平均工资），不满6个月的补偿半个月工资的标准向被裁职工支付经济补偿金。

《劳动合同法》对经济补偿金的上限进行了规定，即职工月工资高于用人单位所在直辖市、设区的市级人民政府公布的本地区上年度职工月平均工资3倍的，向其支付经济补偿的标准按职工月平均工资3倍的数额支付，向其支付经济补偿的年限最高不超过12年。如结算经济补偿金时，当地上一年度的平均工资水平还未公布的，则适用再上一年度的平均工资水平。

根据《企业破产法》第48条的规定，职工债权包括职工的工资和医疗、伤残补助、抚恤费用，所欠的应当划入职工个人账户的基本养老保险、基本医疗保险费用，以及法律、行政法规规定应当支付给职工的补偿金。故在破产重整经济性裁员的情形下，被裁职工的经济补偿金亦属于职工债权。

②职工债权的优先性。

《企业破产法》第113条第1款规定："破产财产在优先清偿破产费用和共益债务后，依照下列顺序清偿：（一）破产人所欠职工的工资和医疗、伤残补助、抚恤费用，所欠的应当划入职工个人账户的基本养老保险、基本医疗保险费用，以及法律、行政法规规定应当支付给职工的补偿金；（二）破产人欠缴的除前项规定以外的社会保险费用和破产人所欠税款；（三）普通破产债权。"故被裁职工的经济补偿金作为职工债权，在破产费用和共益债务清偿完毕后予以优先清偿。

③职工被裁后的优先录用权。

根据《劳动合同法》以及《企业经济性裁减人员规定》，用人单位通过经济性裁员裁减人员，在6个月内重新招用人员的，应当通知裁减人员，并在同等条件下优先招用被裁减人员。因企业进入破产重整程序主要是企业经营管理不善、经济形势不好等原因所致，实施经济性裁员亦系短期内降低企业成本、帮助企业脱困的过渡救济措施，职工被裁并非职工本身过错所致。优先录用权的设置旨在为被裁职工拓宽再就业的机会和渠道，进一步保障被裁职工权益。

4. **企业职工救济途径**

（1）事中救济措施。

①利用工会或职工代表监督破产重整程序及裁员程序。

《工会法》赋予了企业职工通过工会或者职工代表行使监督权的权利，若企业在破产重整程序及裁员程序中存在违法违规行为，企业职工可以通过工会或者职工代表进行监督。

②就程序违法情形积极行使异议权。

职工如发现企业在破产重整程序及裁员程序中存在违法违规行为，包括但不限于拟裁掉禁止裁掉人员、裁员方案违法、未听取职工意见等，有权就前述违法情形提出异议。企业应审查职工（尤其是被裁职工）的异议理由，若确发生被裁人员属于禁止裁员情形或存在其他违法裁员情形，企业应当予以及时调整。

③就程序违法情形向劳动行政部门提出投诉。

职工如发现企业在破产重整程序及裁员程序中未按裁员方案或法定流程执行，可考虑向裁员方案备案的劳动行政部门提出投诉。

（2）事后救济措施。

①向劳动监察部门举报。

根据《劳动保障监察条例》第11条规定，有关工资发放、社保缴纳、劳动合同订立、工作时间等的事项属于劳动保障监察范围。如企业破产重整经济性裁员程序下，被裁职工对社保缴纳、工资发放、经济补偿金与企业存在争议，有权就社保缴纳、工资发放等事宜向企业所在地的劳动保障行政部门（以下简称劳动监察部门）投诉举报。经劳动监察部门查实确存在克扣工资或未依法支付经济补偿金的，劳动监察部门可依法责令企业限期支付工资差额、经济补偿，逾期不支付的，还有权责令企业按照应付金额50%以上1倍以下的标准计算，向被裁职工加付赔偿金；如查实企业向社会保险经办机构申报应缴纳的社会保险费数额时瞒报工资总额或者职工人数，劳动监察部门有权责令改正，并处瞒报工资数额1倍以上3倍以下的罚款。

②启动劳动仲裁或后续诉讼程序。

在企业破产重整经济性裁员下，被裁职工如就劳动合同违法解除、经济补偿金/赔偿金等与企业存在争议，可先与企业协商解决。协商不成的，被裁职工有权向企业所在地的劳动人事争议仲裁委员会提起劳动仲裁要求在企业依法足额支付经济补偿金或在违法解除情形下按照经济补偿标准的2倍支付赔偿金，如对仲裁裁决结果不服，有权向企业所在地人民法院提起诉讼。

③在破产管理人未勤勉尽责的情形下，就职工权益损失向破产管理人主张损害赔偿责任。

根据《企业破产法》第130条的规定，管理人未勤勉尽责、履行忠实义务，给债权人造成损失的，依法承担赔偿责任。若被裁职工的债权因管理人未勤勉尽责受损，被裁职工有权向管理人主张损害赔偿责任。但需提请注意的是，根据过往的司法实践，人民法院在认定此类案件时，对于管理人未勤勉尽责、履行忠实义务的判断标准通常会限于管理人有故意或者重大过失的范围内，即对于债权人证明管理人在履行职务过程中故意或者重大过失造成破产财产损失的举证要求较高，若确存在相关情形，建议职工在破产重整经济性裁员流程中注意固定、留存相关证据，包括但不限于与破产管理人的沟通录音、微信聊天记录等。

法条索引

最高人民法院《关于审理建设工程施工合同纠纷案件适用法律问题的解释（一）》

第一条 建设工程施工合同具有下列情形之一的，应当根据民法典第一百五十三条第一款的规定，认定无效：

（一）承包人未取得建筑业企业资质或者超越资质等级的；

（二）没有资质的实际施工人借用有资质的建筑施工企业名义的；

（三）建设工程必须进行招标而未招标或者中标无效的。

承包人因转包、违法分包建设工程与他人签订的建设工程施工合同，应当依据民法典第一百五十三条第一款及第七百九十一条第二款、第三款的规定，认定无效。

第二条 招标人和中标人另行签订的建设工程施工合同约定的工程范围、建设工期、工程质量、工程价款等实质性内容，与中标合同不致，一方当事人请求按照中标合同确定权利义务的，人民法院应予支持。

招标人和中标人在中标合同之外就明显高于市场价格购买承建房产、无偿建设住房配套设施、让利、向建设单位捐赠财物等另行签订合同，变相降低工程价款，一方当事人以该合同背离中标合同实质性内容为由请求确认无效的，人民法院应予支持。

第三条 当事人以发包人未取得建设工程规划许可证等规划审批手续为由，请求确认建设工程施工合同无效的，人民法院应予支持，但发包人在起诉前取得建设工程规划许可证等规划审批手续的除外。

发包人能够办理审批手续而未办理，并以未办理审批手续为由请求确认建设工程施工合同无效的，人民法院不予支持。

第四条 承包人超越资质等级许可的业务范围签订建设工程施工合同，在建设工程竣工前取得相应资质等级，当事人请求按照无效合同处理的，人民法院不予支持。

《企业破产法》

第六条 人民法院审理破产案件，应当依法保障企业职工的合法权益，依法追究破产企业经营管理人员的法律责任。

第八条 向人民法院提出破产申请，应当提交破产申请书和有关证据。

破产申请书应当载明下列事项：

（一）申请人、被申请人的基本情况；

（二）申请目的；

（三）申请的事实和理由；

（四）人民法院认为应当载明的其他事项。

债务人提出申请的，还应当向人民法院提交财产状况说明、债务清册、债权清册、有关财务会计报告、职工安置预案以及职工工资的支付和社会保险费用的缴纳情况。

第四十五条 人民法院受理破产申请后，应当确定债权人申报债权的期限。债权申报期限自人民法院发布受理破产申请公告之日起计算，最短不得少于三十日，最长不得超过三个月。

第八十二条 下列各类债权的债权人参加讨论重整计划草案的债权人会议，依照下列债权分类，分组对重整计划草案进行表决：

（一）对债务人的特定财产享有担保权的债权；

（二）债务人所欠职工的工资和医疗、伤残补助、抚恤费用，所欠的应当划入职工个人账户的基本养老保险、基本医疗保险费用，以及法律、行政法规规定应当支付给职工的补偿金；

（三）债务人所欠税款；

（四）普通债权。

人民法院在必要时可以决定在普通债权组中设小额债权组对重整计划草案进行表决。

《民法典》

第八百零七条 发包人未按照约定支付价款的，承包人可以催告发包人在合理期限内支付价款。发包人逾期不支付的，除根据建设工程的性质不宜折价、拍卖外，承包人可以与发包人协议将该工程折价，也可以请求人民法院将该工程依法拍卖。建设工程的价款就该工程折价或者拍卖的价款优先受偿。

最高人民法院《关于审理建设工程施工合同纠纷案件适用法律问题的解释（一）》

第三十五条 与发包人订立建设工程施工合同的承包人，依据民法典第八百零七条的规定请求其承建工程的价款就工程折价或者拍卖的价款优先受偿的，人民法院应予支持。

9. 破产重整中“烂尾楼”如何处置

——亳州大唐置业有限公司破产重整案

在房地产企业破产的背后往往会产生一个巨大麻烦——“烂尾楼”，不仅浪费资源，影响城市美观，还严重影响社会安定。破产重整制度将债务清偿与企业挽救紧密结合，如何运用破产重整盘活“烂尾楼”项目，如何解决烂尾楼项目的续建成为破产程序中的重要问题，本部分以“亳州大唐置业有限公司破产重整案”为例，对破产重整中“烂尾楼”的处置方式等问题进行阐述。

关键词：项目复工　存续式重整　共益债务

一、重整情况介绍

（一）公司概况

亳州市大唐置业有限公司（以下简称大唐公司）成立于2011年6月16日，系个人独资有限责任公司，住所地安徽省亳州市谯城区芍花路，经营项目为房地产开发、销售、建筑材料销售。经历过五次工商变更，截至破产清算受理日，蒋某祥持有100%股权。自大唐公司设立之日起至破产清算受理日，债务人开发建设了亳州大唐国际城项目。亳州大唐国际城项目总用地面积88,446.09平方米（132.669亩），总建筑面积（不含5.6M折算系数）638,871平方米。根据建设用地性质及特定的用地条件，整体规划以大块面为主体，一栋三层、局部四层的大型商业中心贯穿南北，南侧五栋住宅沿线展开。南北各一条商业街，将项目整体划分为三个区域：西北区域为一栋超高层五星酒店和两栋住宅，东南区域为大型商业主力店和两栋住宅，中间区域为五栋住宅。大唐国际城项目2013年开始建设，但是因管理不善及资金出现缺口，2016年年底全面停工，处于烂尾状态，如果破产清算需清偿债务约30亿元，而该公司严重资不抵债。

2017年7月26日，亳州市中级人民法院裁定受理对大唐公司的破产清算申请，并于2017年9月21日指定北京金诚同达（合肥）律师事务所、安徽华人律师事务所、安徽凯吉通会计师事务所担任大唐公司管理人。2017年12月20日，大唐公司第一次债权人会议召开。2018年9月11日，亳州市中级人民法院作出（2017）皖16破申3号民事裁定书，裁定大唐公司重整。作为本地第一起大型房地产企业破产案件，该起破产案件涉及债权人数众多，案情复杂，为维护广大购房业主、债权人的利益，盘活大唐公司资产，使项目重整恢复正常经营，法院积极向市破产重整协调小组及院领导反馈大唐公司在重整期间遇到的困难以帮助解决；多次与大唐公司管理人就引进重整投资人进行协商，确定重整投资人为安徽旭隆铭企业管理咨询有限公司后，与管理人、投资人对重整计划进行多次沟通，努力使重整计划草案能达到债权人、债务人、购房户各方“多赢”。2018年9月30日大唐公司第二次债权人会议召开，2018年10月17日，亳州市中级人民法院依法裁定批准重整计划草案。

（二）重整原因

2014年年底，由于公司管理不善资金链短缺，项目被迫停工，截至2017年9月21日，工程处于全面停工状态，各施工单位人员已撤场；现场仅有部分机械设备，缺少安全维护，存在重大安全隐患；现场无人管理且无安全防护措施；施工资料严重缺失；现场无供电、供水；地下室有积水，水位已达负三层桥架位置。1#楼最后三层和局部商业楼未封顶，其他楼栋主体结构已完工，二次结构完成约90%。

（三）破产重整动因

亳州大唐国际城项目有其自身优势。大唐国际城是亳州市重点招商引资项目，项目均价7500元/平方米，普通住宅产权70年，占地88,466.44平方米，建筑面积580,000平方米，停车位约4000个，容积率4.0，绿化率30%。[1] 道路、给排水、消防、供电及绿化等附属设施完善，中小学有簧学中学，医院有亳州市元化中医院，生活便利。项目建成后，将大大升级老城区居民的住宅品质。

债务人资产仍具有一定价值，包括国有土地使用权、在建工程市场价值、固定资产、货币资金、应收款项。假设债务人资产中的货币资金全部取回、国有土地使用权和在建工程按照评估价值全额变现，总资产理论数额为人民币17.30亿元。按照管理人初步审核的债权数额，其中优先债权及职工债权、税款约9亿元，普通债权数额约9.78亿元，如果在破产清算的模式下，意向买受人一次性支付的清偿款只有不低于10亿元且保证约10亿元的后续工程建设款，才能达到重整方案的清偿率及重整目标。而如果在重整条件下，项目销售建设完工后产生的利润预估为8.81亿元，清偿比例也会大大提高。本次重整计划重点着眼于商业运营，顺利执行重整计划，不仅能实现各方权益最大化，还将大大提升城市形象，树立城市地标。

（四）重整过程

重整计划草案保留“亳州市大唐置业有限公司”法人主体资格，通过注入投资复工建设、运营，延期清偿等方式在确定范围内按比例清偿全部债务。因执行重整计划而减免的债务自重整计划执行完毕时起，债务人不再承担清偿责任；债权人未申报债权的，可在破产财产最后分配前补充申报，依法承担审查和确认补充申报债权的费用并按照重整计划同类债权的清偿条件行使权利，未申报或者逾期申报的，依据相关法律规定处理。

2017年12月20日管理人通过公开招募确定了重整投资人，并实施重整。本重整计划草案主要包含两方面内容：第一，完成大唐国际城项目后续施工建设，确保竣工验收并交付；第二，运营大唐国际城商业综合体，按重整计划草案清偿债务。

投资人投入全部所需资金，承担因工程施工、竣工验收、交付以及商业运营而产生的全部费用。重整投资人在重整过程中所投入资金的本金及收益

---

① 参见大唐国际城楼盘详情，载房天下网，https：//bozhou. newhouse. fang. com/loupan/2127124172/housedetail. htm，2022年6月1日最后访问。

无固定回报，重整投资人按照预估大唐公司有效资产的价值，经债权人会议通过及法院裁定后，实际销售运营过程中高于该估值的，增值部分为重整投资人的收益，低于该估值的，由重整投资人进行补足。重整投资人为恢复大唐国际城项目施工建设或恢复销售，在管理人的监督下使用新刻制的公章，营业“亳州市大唐置业有限公司”。重整投资人已经与安徽双丰建设集团有限公司就施工事宜达成一致，选定安徽双丰建设集团有限公司为总承建施工单位进行后续施工建设，确保“大唐国际城”项目全部竣工验收并交付使用。具体复工计划：工程款类债权人全面配合退出施工现场并移交相关施工、报验资料。重整投资人进场组织施工单位分三个阶段复工。

重整投资人已经与易居中国就大唐国际城项目的销售及招商运营达成战略合作协议，由易居中国负责大唐国际城项目的销售和招商运营。为了大唐国际城商业顺利盘活运营，重整投资人携手战略合作伙伴易居中国强力打造大唐国际城项目的商业销售、招商运营。重整投资人将新设商业运营管理公司，作为后期商业运行管理事务。

目前大唐公司已严重资不抵债，如破产清算，股东的股权最终会归于消灭，而将出资人权益调整为零。结合债务人资产情况，执行重整计划草案，购房业主享有的房屋交付请求权及购房款返还请求权均能实现，优先类债权组、职工债权组、税款债权组债权亦将实现100%受偿。重整投资人恢复大唐国际城销售，负责招商运营，按预估价格销售所得价款的30%，由管理人提存，专款用于清偿全部债务；按预估价格销售所得价款的70%，由管理人监管，可专款用于重整投资人支付后续建设所需工程款。自本重整计划草案经受理法院裁定批准之日起三年半内清偿完毕。

（五）重整结果

经过管理人和重整投资人的不懈努力，以及亳州市政府、市房地产管理局及市中级人民法院等部门的支持，亳州大唐公司的员工、购房业主及其他债权人的合法权益得到了最大化的保护，曾经一度垂死挣扎的大唐公司脱胎换骨，开始了良性稳健的运作，并于2019年1月23日成功举行复工典礼。

2020年7月，大唐公司公示第一批交付房屋验收进展，2020年9月，大唐公司恢复了正常经营，并开始向购房户陆续交付房屋。2021 年 3 月 23 日公示完成第一期清偿。

二、案例启示与律师建议

（一）破产重整中“烂尾楼”如何处置

“烂尾楼”被比作“城市的伤疤”，其在法律中并没有一个明确的定义，通常认为房地产项目在开工后由于各种原因例如债务问题、资金问题等被迫停工，处于一年以上停工状态的工程，被称为“烂尾楼”。有的“烂尾楼”位于市区，甚至处于繁华地段，不仅影响城市的美观，浪费土地资源，更是涉及不同群体债权人的合法利益。在“烂尾楼”破产案件中，采取破产清算程序。

易产生债权人受偿率低、弱势群体利益难以得到有效保护等问题，且可能引发更大的社会问题。

破产重整程序主要针对具有重生价值的企业，各方利害关系人共同努力拯救陷入困境的企业。与其他措施相比，破产重整解决“烂尾楼”问题具有以下几大优势：首先，府院联动可以使“烂尾”项目尽快得以复工。其次，重整程序有利于债务人的员工尽可能维持就业，也有利于购房者（特别是个人购房者）取得房产，降低发生较大社会问题的概率。最后，破产重整程序中共益债务制度使投资人的资金安全得到保障，改善企业资金状况。因此，只有在破产重整程序中才能更好盘活烂尾项目，发挥其最大利用价值，全体债权人的权益才能得到最大保障。

2021 年 4 月 20 日，珠海市出台《珠海市“烂尾楼”整治处理办法》（以下简称《整治办法》），开启了全市处置“烂尾楼”府院联动新模式。“政府推动、市场运作。政府提供政策引导和扶持，运用市场手段，发挥市场主体作用，通过市场化运作解决项目问题。”另外，发挥预重整功能是盘活“烂尾楼”的重要方式之一，预重整可以整合庭外重组与重整的优势，降低司法和时间成本，提高重整质量。《整治办法》第 8 条第 2、3 款规定：“各区政府（管委会）可探索‘烂尾楼’项目预重整具体实施方式，积极指引及支持配合‘烂尾楼’项目债务人实施预重整后，由债权人或债务人向法院申请重整。本办法所称‘预重整’，是指‘烂尾楼’项目债务人以企业名义自行聘请有资质与经验的法律顾问团队，由法律顾问团队在查清和界定债务人资产负债的基础上，召集债务人、债权人和新投资人等利益相关方谈判协商形成预重整方案。”《整治办法》明确了“烂尾楼”的处置对象、负责部门、处置原则、处置流程，具有很强的借鉴意义。

例如黄山华凯房地产开发有限公司破产重整案，黄山华凯房地产项目地处风景秀丽的黄山脚下，因资金链断裂，公司陷入重重债务危机，成了黄山区房地产企业遗留的十大“烂尾”项目之一，严重影响了旅游城市的对外形象。2018 年 3 月，黄山区人民法院裁定受理黄山华凯破产重整申请，指定北京金诚同达（合肥）律师事务所担任黄山华凯管理人，正奇资产成为重整投资人。管理人针对本项目的特点及重整难点，向政府及法院提出采用清算式重整的方式，获得各方的一致认可。首先，整体出售的价格远远高于有效资产的评估价格，本项目的有效资产在不考虑预售的 100 套房屋的前提下评估价格仅为 1.7 亿元，在扣除 100 套房屋及相应土地使用权及后续建设成本的情况下，加之司法处置拍卖程序，市场成交价格远远低于 1.7 亿元。其次，投资人承诺在限定期限内向购房业主交付合格的 100 套房屋，解决购房业主的交房请求权，有效化解群体性矛盾。最后，最为核心的是，投资人的投资款必须是刚性兑付，不与本项目后期的建设、销售进度相衔接，有效防止重整过程中出现的不可控因素导致的重整不能、二次烂尾的情形。黄山区人民法院于 2019 年 7 月 10 日批准重整计划。

（二）房地产项目中如何积极推进工程复工

进入破产程序后，房屋续建复工往往遥遥无期，复工建设成为十分重要的问题。本案中，大唐国际城项目的建设关系到 1000 余户购房业主的切身利益，不容轻视。管理人从破产清算的工作入手、从重整的实际要求出发，积极推进项目工程复工事宜。

（1）房地产项目复工前提条件。

首先是充分发挥府院联动机制，建筑工程项目的竣工验收涉及住房和城乡建设局、自然资源和规划局、市场监督局、消防大队、电力公司、水务公司等十余个政府机关的工作。管理人应当及时向当地政府和法院汇报续建情况。其次是投资人的资金必须及时到位，这也是复工能否顺利完成的关键因素。最后是债权人表决同意重整计划，重整计划的通过需要债权人在会议上分组表决，在表决之前，管理人需要提前对各组债权人做好沟通协调工作。

（2）房地产项目复工及交付中的相关工作。

管理人需要结合施工总承包单位、分包单位及实际施工人的债权申报资料，会同监理单位，完成对施工现场工程节点的确定工作。结合工程造价审计，管理人初步了解工程施工状况、总造价预算、未完工造价预算、复工造价估算及各单位继续履行合同的可行性及意愿。管理人需要约谈施工总承包单位、各分包单位及实际施工人，明确继续履约事宜，告知相关风险、权利、义务等，为后续复工时选定施工单位做好准备。

面对施工现场无电力供应、无安全防护措施、地下室积水未排除这些障碍，为了确保人身及财产安全，管理人需要积极组织施工，聘请专业人员拟订方案，提出具体实施意见。

房屋建成竣工验收后，向购房人进行房屋交付，对于尚欠购房款的购房人要求其全额补齐购房款后方可交付房屋。本案中项目计划竣工后分三个批次交房，鉴于该项目停工时间较长，验收条件及备案时间以政府确定的时间为准。如因连续雨雪等不可抗力因素导致无法施工，工期及交付时间相应顺延。如果发生交房日期顺延这种情况，可能会导致社会矛盾，不利于解决问题，管理人需要积极将项目情况及时进行公示，做好沟通工作，避免因为消息延迟而产生冲突。

例如，无锡“金桂尚苑”曾因开发商资金链断裂成为“烂尾楼”，2014年10月15日，无锡市南长区人民法院裁定受理了债权人要求无锡嘉宝置业有限公司破产重整的申请。2015年9月22日，法院裁定批准了重整计划。公司引入投资人、工程队、装修队以及销售团队。管理人通过筹集资金，组织、监督施工单位把“烂尾楼”盘续建完成，最终顺利完工并且竣工验收合格。2017 年 12 月进行了房屋交付使用，房源销售完毕，“烂尾楼”不再烂尾，获得了重生。

（三）房地产破产存续式重整中纳税信用如何修复

根据破产企业主体是否继续运营，破产重整分为“存续式重整”和“出售式重整”。“存续式重整”保留原企业法人资格，通过减免债务、延期清偿、债转股等方式调整企业资产权益，包括引入新的投资者解决企业经营困境。“出售式重整”主要是指将债务人的全部或者主要业务出让给他人，并以转让所得和企业的清算价值清偿债权人的债务。然而，由于房地产企业的特殊性和债权债务关系的复杂性，在实践中通常采用“存续式重整”模式，以实现债权人利益的最大化。

本案中，保留“亳州市大唐置业有限公司”法人主体资格，通过注入投资复工建设、运营，延期清偿等方式在确定范围内按比例清偿全部债务。重整投资人投入全部所需资金，承担因工程施工、竣工验收、交付以及商业运营而产生的全部费用。重整投资人在重整过程中所投入的本金及收益无固定回报，重整投资人恢复大唐国际城销售，负责招商运营，按预估价格销售所得价款的 30%，由管理人提存，专款用于清偿全部债务（含破产费用与共益债务，购房户债权、享有优先权的债权、职工劳动债权、税款债权、普通破产债权）；按预估价格销售所得价款的 70%，由管理人监管，可专款用于重整投资人支付后续建设所需工程款。

存续式重整保留了原企业的法人主体资格，为了使企业的不良信用记录不再延续，重整企业急需进行纳税信用修复。为贯彻落实《优化营商环境意见》精神，税务总局发布国家税务总局《关于纳税信用评价与修复有关事项的公告》（国家税务总局公告 2021 年第 31 号），细化了破产重整企业开展纳税信用修复适用的修复标准，进一步加大对破产重整企业纳税信用修复支持力度，帮助企业尽快走出困境。破产重整企业在重整或和解程序中，已依法缴纳税款、滞纳金、罚款，并纠正相关纳税信用失信行为后，可向主管税务机关申请纳税信用修复。对于未按法定期限办理纳税申报、资料备案等事项的，符合条件的破产重整企业申请纳税信用修复时，统一按照“30 日内纠正”对应的修复标准进行加分；对于部分纳税信用直接判为D级的严重失信行为，符合条件的破产重整企业申请纳税信用修复时，不受申请前连续12个月没有新增纳税信用失信行为记录的条件限制。①

（四）破产重整程序中共益债务的识别

1. 共益债务与破产费用的区别

共益债务，是指在破产程序中，为债权人、债务人的共同利益所负担的债务。共益债务与破产费用都在人民法院受理破产申请后产生，并由债务人财产随时清偿，但二者的性质有较大差异。破产费用是破产过程中发生的日常费用，如破产案件的诉讼费用、管理、变价和分配债务人财产的费用以及管理人执行费用报酬和聘用工作人员费用等，属于推进程序顺利运行的必要支出；共益债务是法院受理破产案件后，管理人为了全体债权人的共同利益，管理债务人财产时所负担或产生的债务，是一种非常规性支出，强调对全体债权人实体利益的保护。另外，其清偿顺序也不同。破产费用的优先权高于共益债务。根据《企业破产法》第43条第2、3款的规定，“债务人财产不足以清偿所有破产费用和共益债务的，先行清偿破产费用。债务人财产不足以清偿所有破产费用或者共益债务的，按照比例清偿”。管理人在破产重整过程中需要对共益债务进行严格审查，确保其中的各项内容是否真实存在。

2. 共益债务是否需要申报

共益债务涉及全体债权人的共同利益，并从债务人财产中支付，具有优先受偿的效力，且无须申报。② 虽然无须申报，但是需要进行认定。共益债务的认定可以由债务人主动进行，债权人在管理人调查审核前主动进行申报的，管理人应当接受，并结合调查情况确定是否列入共益债务。对共益债务是否存在以及金额发生争议的，债权人可以向人民法院提起诉讼。如上文所述，共益债务具有优先清偿属性，优先于普通债权人获得清偿，因此，共益债务的认定需要受到监督。根据《企业破产法》的规定，管理人继续履行合

① 参见《相关标准细化！明年起，破产重整企业纳税信用修复这样做》，载新浪财经，https：//finance. sina. com. cn/jjxw/2021－11－29/doc－ikyamrmy5676178. shtml。

② 参见王欣新：《破产法》（第4版），中国人民大学出版社2019年版，第353页。

同、借款融资等行为，应当及时报告债权人委员会，债权人委员会对此行使监督权。

3. 共益债务的范围是什么

为了鼓励对债务人继续经营提供资金支持，最高人民法院《关于适用〈中华人民共和国企业破产法〉若干问题的规定（三）》第2条第1款之规定，破产受理后为继续营业所发生的借款可以参照《企业破产法》第42条第4项的规定优先于普通破产债权清偿，但需经债权人会议决议通过或者第一次债权人会议召开前经人民法院许可的借款才能以共益债务处理。明确了债务人在破产受理后为继续营业所发生的借款可认定为共益债务。

最高人民法院《关于适用〈中华人民共和国企业破产法〉若干问题的规定（三）》第2条并未明确在破产程序中为债务人继续营业而发生的借款利息是否可以作为共益债务清偿，司法实践中对此仍存在一定的争议。例如，在广东省深圳市亿商通进出口有限公司与广东省东莞市清溪金卧牛实业有限公司申请破产重整上诉案中，法院认为，管理人以支付劳动报酬、水电费用、安保费用和社会保险费用等目的对外借款，因此形成的债务是为了继续营业的需要，是为了全体债权人利益而产生的债务，系共益债务。但当事人主张借款利息缺乏法律依据，不予支持。①

法条索引

《企业破产法》

第二条 企业法人不能清偿到期债务，并且资产不足以清偿全部债务或者明显缺乏清偿能力的，依照本法规定清理债务。

企业法人有前款规定情形，或者有明显丧失清偿能力可能的，可以依照本法规定进行重整。

第十九条 人民法院受理破产申请后，有关债务人财产的保全措施应当解除，执行程序应当中止。

---

① 广东省高级人民法院民事判决书，(2014)粤高法民二破终字第2号。

第二十五条 管理人履行下列职责：

（一）接管债务人的财产、印章和账簿、文书等资料；

（二）调查债务人财产状况，制作财产状况报告；

（三）决定债务人的内部管理事务；

（四）决定债务人的日常开支和其他必要开支；

（五）在第一次债权人会议召开之前，决定继续或者停止债务人的营业；

（六）管理和处分债务人的财产；

（七）代表债务人参加诉讼、仲裁或者其他法律程序；

（八）提议召开债权人会议；

（九）人民法院认为管理人应当履行的其他职责。

本法对管理人的职责另有规定的，适用其规定。

第四十二条 人民法院受理破产申请后发生的下列债务，为共益债务：

（一）因管理人或者债务人请求对方当事人履行双方均未履行完毕的合同所产生的债务；

（二）债务人财产受无因管理所产生的债务；

（三）因债务人不当得利所产生的债务；

（四）为债务人继续营业而应支付的劳动报酬和社会保险费用以及由此产生的其他债务；

（五）管理人或者相关人员执行职务致人损害所产生的债务；

（六）债务人财产致人损害所产生的债务。

第四十三条 破产费用和共益债务由债务人财产随时清偿。

债务人财产不足以清偿所有破产费用和共益债务的，先行清偿破产费用。

债务人财产不足以清偿所有破产费用或者共益债务的，按照比例清偿。

债务人财产不足以清偿破产费用的，管理人应当提请人民法院终结破产程序。人民法院应当自收到请求之日起十五日内裁定终结破产程序，并予以公告。

第四十六条 未到期的债权，在破产申请受理时视为到期。

附利息的债权自破产申请受理时起停止计息。

最高人民法院《关于适用〈中华人民共和国企业破产法〉若干问题的规定（三）》

第二条 破产申请受理后，经债权人会议决议通过，或者第一次债权人会议召开前经人民法院许可，管理人或者自行管理的债务人可以为债务人继续营业而借款。提供借款的债权人主张参照企业破产法第四十二条第四项的规定优先于普通破产债权清偿的，人民法院应予支持，但其主张优先于此前已就债务人特定财产享有担保的债权清偿的，人民法院不予支持。

管理人或者自行管理的债务人可以为前述借款设定抵押担保，抵押物在破产申请受理前已为其他债权人设定抵押的，债权人主张按照民法典第四百一十四条规定的顺序清偿，人民法院应予支持。

珠海市自然资源局《关于印发珠海市“烂尾楼”整治处理办法的通知》（2021）

第五条 “烂尾楼”项目处置应遵循以下原则：

（一）政府推动、市场运作。政府提供政策引导和扶持，运用市场手段，发挥市场主体作用，通过市场化运作解决项目问题。

（二）依法处置、规划引导。严格遵循法律法规的规定，依法依规推动整治处理工作，在维护城市规划和公共利益的前提下，给予合理规划引导和支持。

（三）分类处理、循序渐进。依据项目地区、地段、类型、功能的不同，区别处理，分类推进。重点解决位于重点地段、对城市景观影响较大的项目，其余由市场主体逐步循序消化处理。

（四）属地推进、因地制宜。处置权责充分下放给各区政府（管委会），由各区政府（管委会）负责牵头推进，客观分析项目不动产权利人诉求，结合实际情况，有针对性地制定处置措施。

第八条 依照《中华人民共和国企业破产法》，“烂尾楼”项目债权债务可选取以下方式之一予以依法清理：

（一）重整；

（二）和解；

（三）破产清算。

各区政府（管委会）可探索“烂尾楼”项目预重整具体实施方式，积极指引及支持配合“烂尾楼”项目债务人实施预重整后，由债权人或债务人向法院申请重整。

本办法所称“预重整”，是指“烂尾楼”项目债务人以企业名义自行聘请有资质与经验的法律顾问团队，由法律顾问团队在查清和界定债务人资产负债的基础上，召集债务人、债权人和新投资人等利益相关方谈判协商形成预重整方案。

国家税务总局《关于纳税信用评价与修复有关事项的公告》

一、符合下列条件之一的纳税人，可向主管税务机关申请纳税信用修复：

（一）破产企业或其管理人在重整或和解程序中，已依法缴纳税款、滞纳金、罚款，并纠正相关纳税信用失信行为的。

（二）因确定为重大税收违法失信主体，纳税信用直接判为D级的纳税人，失信主体信息已按照国家税务总局相关规定不予公布或停止公布，申请前连续12个月没有新增纳税信用失信行为记录的。

（三）由纳税信用D级纳税人的直接责任人员注册登记或者负责经营，纳税信用关联评价为D级的纳税人，申请前连续6个月没有新增纳税信用失信行为记录的。

（四）因其他失信行为纳税信用直接判为D级的纳税人，已纠正纳税信用失信行为、履行税收法律责任，申请前连续12个月没有新增纳税信用失信行为记录的。

（五）因上一年度纳税信用直接判为D级，本年度纳税信用保留为D级的纳税人，已纠正纳税信用失信行为、履行税收法律责任或失信主体信息已按照国家税务总局相关规定不予公布或停止公布，申请前连续12个月没有新增纳税信用失信行为记录的。

10. 互联互保导致的“债务链”“担保圈”如何破除

——盛泰集团有限公司等十三家轮胎企业合并重整案①

互联互保作为一项筹资捷径，可以在短期内缓解产业链企业资金短缺难题，但也埋下了行业企业“一损俱损”的隐患。自2019年以来，受原材料价格变化、劳动力及商务成本增加、环保执法、出口贸易等问题叠加影响，不少轮胎企业面临资金链断裂而走向破产重整，而这就恰似“多米诺骨牌效应”直击轮胎上下游产业，多地频出互联互保导致的关联企业陷入困境。本部分结合实务中轮胎行业相关案例，对破产重整中如何处理互联互保等问题进行分析。

关键词：互联互保　轮胎企业　实质合并

一、重整情况介绍②

（一）公司概况

盛泰集团等十三家公司自2002年开始陆续建设，在轮胎业务领域是黄河三角洲地区起步最早、规模最大的轮胎行业先驱，拥有黄河三角洲地区轮胎行业首个中国驰名商标——“三A”商标。盛泰集团曾经排在全球轮胎企业

---

① 案例来源：全国企业破产重整案件信息网（https：//pccz. court. gov. cn/pcajxxw/index/xxwsy）。

② 参见盛泰集团有限公司等十三家公司合并重整计划草案，载全国企业破产重整案件信息网，https：//pccz. court. gov. cn/pcajxxw/pcgg/ggxq？id = E1611C9A0505233CA9E2C8BDFE6B40FC，2022年6月1日最后访问。

前 50 名，主要产品有全钢载重子午线轮胎、高性能半钢乘用子午胎。盛泰集团等十三家公司在轮胎业务领域具有丰富的生产经营经验、先进的技术理念、优秀的管理团队、成熟的产品结构、广泛的客户资源、知名的品牌建设与影响力，颇具经营价值、社会价值及存续价值。

早在 2017 年春节前后，广饶多家颇具规模的轮胎企业，已连续停产数月，其中，盛泰集团的全钢胎项目自春节过后很长一段时间一直未开工。2019 年 7 月 15 日，广饶县人民法院正式受理盛泰集团有限公司的破产重整案，并指定东营天正清算事务所作为盛泰集团管理人，相关清算人员将进驻盛泰集团有限公司财务部门。

2019 年 7 月 22 日，盛泰集团向其经销商致公开函，坦诚自己因为受到担保、资金链、经营环境等诸多因素影响，已经于 2019 年 7 月 20 日启动司法重整程序，这个决定是为了实现企业的“涅槃重生”。同时还指出，当地政府高度重视，并要求生产不能停、团队不能散、市场不能丢。盛泰方面也表示坚决执行，维持正常生产经营，并向经销商承诺发货、返利、三包等政策，希望经销商能够和其同舟共济。

（二）重整原因

盛泰集团的危机并非突如其来，而是诸多债务纠纷的结果。天眼查显示，众多银行均与盛泰集团有借款合同纠纷，盛泰集团曾多次被列为历史被执行人。

在盛泰集团的声明中，其提到互联互保导致目前的资金链断裂，互联互保是很多轮胎企业采用的融资方式，银行向企业发放贷款后，担保贷款由企业对等承担，即“互保”。“联保”贷款是指三个或三个以上中小企业自愿组成担保联合体，当其中一个企业向银行贷款时，所有成员都对偿还负有连带责任。一个企业垮了会连累很多家，产生“多米诺骨牌效应”。2014 年，全球轮胎七十五强的山东德瑞宝轮胎有限公司在春节后宣布破产。据媒体报道，德瑞宝在破产之前，曾与十二家企业建立了信贷互联互保关系。鉴于互联互保具有多主体、多债务等不确定性风险，银监会办公厅（已撤销）于 2017 年印发了《关于进一步排查企业互联互保贷款风险隐患的通知》，意在有效防范和化解企业担保圈的贷款风险。该通知指出，山东、辽宁等地相继出现部分企业担保圈贷款风险事件，对信贷资产安全和当地经济社会稳定造成较大影响。因此，要求“各银监局摸清当地风险底数，制定处置预案，明确相关各方责任，统筹分类处置，做到因企施策”。因而，各银监局负有指导辖内银行业金融机构对企业担保圈贷款风险进行专项排查，重点排查互保、联保、循环保情况，包括客户名称、贷款余额、分类结果、贷款质量迁徙趋势以及民间融资余额等监管职责。

盛泰集团等十三家公司由于资金链断裂，不能清偿到期债务，且资产不足以清偿全部债务。广饶县人民法院先后于2019年7月15日、9月6日裁定受理盛泰集团等十三家公司破产重整申请，并指定东营天正清算事务所有限公司担任管理人。2020年4月30日，东营市中级人民法院作出（2020）鲁05破监1号民事裁定书，裁定维持广饶法院（2019）鲁0523破6号之一民事裁定书，盛泰集团等十三家公司实质合并破产重整。

（三）破产重整动因

如果盛泰集团等十三家公司进入实际破产清算，依附于企业整体的资产协同效应、销售网络价值、客户渠道价值、品牌价值、人力资源价值、项目手续资质证照价值及多年经营沉淀下来的管理价值等将不复存在，破产清算条件下依附于实物资产的协同价值等丧失后，资产拆零变现的价值势必远低于评估机构的评估价值，且破产财产的处置过程比较漫长，破产费用会因资产处置时间较长而不断增加；一旦破产清算，职工失业问题等会造成沉重社会负担及不稳定因素，且将支付高额的经济补偿金；同时，重整过程中重整投资人需额外投资的协同价值、管理价值等在转为清算程序后将归零，势必严重影响债权清偿。综上，实际破产清算的普通债权清偿率将远低于评估机构的测算清偿率，因破产清算而导致的企业整体价值折损也势必会对有特定财产担保债权的清偿产生不利影响。

盛泰集团是当地经营时间较长的企业，影响力较大，在面临困境时，政府和民间资本等多方主体注意到盛泰集团尚存核心技术与业务，实力尚可等对重整有利的因素，且轮胎业务板块属优质资产板块，具有较强的发展前景及可持续的盈利能力，故对其重整作出相应努力。

（四）重整过程

盛泰集团等十三家公司系实质合并重整，盛泰集团等十三家公司资产负债合并计算、相互之间的债权债务合并抵销、因互相担保形成的债权以及共同为第三方担保形成的债权不重复计算。

重整投资人全部投资款项，盛泰集团等十三家公司的货币资金，管理人追收的应收款项，盛泰集团等十三家公司非主业资产的拍卖款项、经营现金净额、与重整投资人合作经营期间应由其享有的合作经营收益净额及管理人可通过拍卖、竞价、协议、变价等方式处置的其他资产及股权款项将全部用于清偿盛泰集团等十三家公司的债务、职工债权、税款债权、破产费用和共益债务。

有特定财产担保的债权就该特定财产在清算评估价值范围内将获得全额清偿，未获清偿部分列入普通债权，按照普通债权的清偿方案清偿。职工债权在本重整计划草案获得法院裁定批准之日起 6 个月内以现金方式一次性清偿完毕。税款债权在本重整计划草案获得法院裁定批准之日起 6 个月内以现金方式一次性清偿完毕，税款滞纳金按照普通债权清偿方案予以清偿。普通债权以户为单位，每户普通债权人债权额在 10 万元以下（含 10 万元）的部分全额清偿；超过 10 万元的部分，暂按照 6.40% 的偿债比例清偿。

由于盛泰集团等十三家公司已经严重资不抵债，所有者权益为负，出资人已丧失全部出资人权益，因此，盛泰集团等十三家公司的出资人权益全部调整为零。盛泰集团等十三家公司股东不再享有对盛泰集团等十三家公司的任何股东权益，与营业事务继续运营无关的公司股权，由原出资人配合办理注销手续。根据重整投资人的经营需要，须继续存续的公司，其股权将依法无偿让渡给重整投资人或其指定的第三方，重整投资人或其指定的第三方将持有债务人百分之百的股权或资产所有权（未纳入投资范围的资产除外）。投资人仅接收营业事务及资产所有权的公司，在营业事务及资产所有权完成让渡后，将对其主体依法予以解散并注销。未纳入重整投资人投资范围的公司，在处置完相应资产后，将对其主体依法予以解散并注销。

重整投资人对轮胎业务板块符合用工条件的职工，在职工本人同意的情况下，将全部予以接收，并重新签订劳动合同。重整投资人未承接资产的其他业务板块的相关职工，采取人随资产走的原则，在相关业务板块资产处置过程中，对符合用工条件的职工由该资产的承接主体进行承接与安置。

根据投资人招募情况，浙江物产化工集团有限公司将作为重整投资人指定项目运营公司分区域承接盛泰集团主业板块（轮胎业务）四家公司（盛泰集团有限公司、山东盛世泰来橡胶科技有限公司、山东铸盛华橡胶有限公司、青州市德瑞热力有限公司）的资产并独立运营。

（五）重整结果

本次重整计划达到的经营目标为：满足企业自身的资源条件、能力禀赋和轮胎行业竞争态势，以深耕轮胎主业为战略支点，以“达产、提质、增利”为核心目标，对产品结构、产线配置、工艺流程进行优化，纠正与优势市场的错配，弥补竞争力的差距，并按照“近期止损、中期‘造血’、远期升级”的时间脉络和“采购集约化、产品精细化、销售多元化”的业务流程，分步实施，逐步从根本上重塑企业竞争力。目前，该重整方案处于执行阶段。

二、案例启示与律师建议

（一）轮胎行业的破产重整应对之策

近几年，国内轮胎行业不断有企业破产，据不完全统计，2019 年国内破产以及拍卖的轮胎企业有 36 家，其中不乏一些曾经的大型轮胎企业。2020 年破产或被拍卖的轮胎企业有 38 家，2021 年破产的橡胶轮胎企业有 35 家。通过查找案例，轮胎企业破产重整思路呈现以下几种特点：

（1）投资人分区域承接债务人主业板块资产并独立运营——本案中，物产中大化工计划通过出售式重整方式，由指定项目运营公司取得 4 家公司（盛泰集团有限公司、山东铸盛华橡胶有限公司、山东盛世泰来橡胶科技有限公司、青州市德瑞热力有限公司）资产。其资产包括所属与轮胎生产经营相关的固定资产（含房屋建筑物、构筑物、机器设备、车辆、电子设备等）、在建工程、无形资产（含土地使用权、商标、专利、计算机软件著作权等）。此外，这次交易的资产还包括盛泰集团一部密炼车间、成品仓库消防施工项目、废气处理提升改造项目，以及项目项下的已建和将要建设的全部资产所有权。通过紧密依托重整投资人上市平台和国企资源整合平台，能够积极、稳健参与全县轮胎产业优质资源整合，提升规模效应和行业竞争力。通过以母公司上市平台为蓝本，对标行业龙头企业，可以完善公司法人治理结构，建立健全现代企业制度。

（2）合并式重整——本案中，盛泰集团等十三家公司存在关联关系，属于关联企业，各公司存在资产、财务、经营管理、人员等严重混同事实，已严重丧失法人人格独立性和法人财产独立性，应当进行实质合并破产重整。轮胎行业中，不少企业都进行了合并式重整。2020 年，河南省焦作市中级人民法院裁定爱特驰轮胎有限公司、河南爱特驰轮胎股份有限公司、河南新好友轮胎有限公司、好友轮胎有限公司合并重整。[①] 2021 年 11 月 12 日，杭州市富阳区人民法院裁定浙江富轮橡胶化工集团有限公司与浙江杭廷顿富轮橡胶有限公司、浙江美仑橡胶制品有限公司、浙江富轮投资有限公司合并重整。[②]

（3）国有企业成为投资人——2021 年 2 月 22 日，五莲县人民法院依法裁定森龙橡胶进入破产重整程序，最终选定国贸物产作为投资人。2021 年 9 月 8 日裁定终止重整程序后，宣告森龙橡胶重整项目成功，并进入重整计划的执行期。为确保项目顺利推进，项目在裁定初期，就制定了详细的时间推进表，根据管理人项目经验、破产相关法律规定、当地经济环境、债务人实际情况等，将每一项工作的时间期限、完成节点、事件走向、可能发生的问题、解决途径等进行细化，并对突发性事件及时反应、汇报、解决。重整期间，债务人经营稳定，重整后新增投资 5 亿元，解决了职工的就业问题。同时，整个破产重整程序，获得了绝大多数债权人的理解和支持。[③]

---

① 河北省涞水县人民法院民事裁定书，（2020）冀 0623 破申 1 号。

② 杭州市富阳区人民法院民事裁定书，（2020）浙 0111 破 12、22、23、24 号。

③ 参见《【优化营商环境】五莲县森龙橡胶有限公司破产重整典型案例》，载微信公众号“五莲县人民法院”2021 年 10 月 20 日。

（4）从破产清算转为破产重整——万鑫轮胎是从破产清算转为破产重整而获得新生的轮胎企业之一。万鑫轮胎因互联互保涉及巨额担保债务，以不能清偿到期债务且明显缺乏清偿能力为由，向山东省淄博市中级人民法院提出破产申请。2018 年万鑫轮胎被法院裁定破产清算；2019 年 7 月，法院根据债务人的申请裁定万鑫轮胎由破产清算转为破产重整；2019 年 12 月，法院裁定批准万鑫轮胎破产重整计划草案。根据重整计划，投资人需投入资金 3.25 亿元，重整计划执行时间为 100 日。为有效应对疫情挑战，法院指导管理人针对涉疫情相关法律及政策制定《企业疫情期间相关法律问题的意见》，为重整企业提供法律支持，并指导管理人克服自身停工障碍，协调当地政府于 2 月 25 日办理企业复工手续，使企业顺利完成当月 3.9 万条的订单，维护了企业信誉。目前，万鑫轮胎采购、生产和销售工作已完全正常开展，预计后期月订单量维持在 12 万条左右，全钢胎日产能保持在 4000 条左右。本案是法院在新冠疫情期间积极指导困境企业复产复工，确保重整计划顺利执行的典型案例。企业在重整计划执行过程中遇到新冠肺炎疫情，法院指导管理人制定《企业疫情期间相关法律问题的意见》，协助企业复产复工，保障重整资金到位，依规稳定职工队伍，确保了重整计划的顺利执行。①

进入破产重整的轮胎企业大都有以下共性问题：一是企业缺乏战略规划；二是企业产品单一、盈利较少；三是超出自身能力盲目借贷投资。在供给侧结构性改革背景下，政府鼓励轮胎企业加大兼并重组力度，加快实现落后产能淘汰，促进行业产能总体平衡与结构优化。部分轮胎企业将通过强强联合、兼并重组等方式巩固市场地位。而一些实力较弱，缺乏核心竞争力的企业也可能被淘汰出局，同样，低端落后产能也退出市场。破产不是轮胎企业的终点，其更重要的是整合资源，最大限度利用资源，提高规模效应和行业竞争力。

（二）关联企业实质合并破产重整

关联企业的实质合并破产，是我国企业破产中的一个新问题。在现行破产法中没有明确规定，但在司法实践中，适用实质合并的关联企业合并破产

① 参见《全国法院服务保障疫情防控期间复工复产民商事典型案例（第二批）》。

的案件数量却在不断增加。2018 年 3 月 4 日最高人民法院印发的《全国法院破产审判工作会议纪要》（以下简称《破产会议纪要》），《破产会议纪要》第 32 条和第 33 条为关联企业实质合并重整提供了明确的依据。第 32 条规定了适用标准“三要件”，即关联企业成员之间存在法人人格高度混同、区分各关联企业成员财产的成本过高、严重损害债权人公平清偿利益。第 33 条进一步规定，人民法院在审查实质合并申请过程中，可以综合考虑关联企业之间资产的混同程度及其持续时间、各企业之间的利益关系、债权人整体清偿利益、增加企业重整的可能性等因素。一些地方法院也先后出台了相关工作指引，如 2019 年 9 月《河北省高级人民法院破产案件审理规程（试行）》第 11 条、2019 年 9 月《山东省高级人民法院企业破产案件审理规范指引（试行）》第 199 条、2021 年 10 月 20 日《青岛市中级人民法院关联企业实质合并破产工作操作指引（试行）》第 5 条等。2019 年 3 月《深圳市中级人民法院审理企业重整案件的工作指引（试行）》第 45 条至第 54 条，对实质合并的适用标准、法人人格高度混同的判断标准、举证责任的分配、实质合并的审查等进行了全面规定。

2021 年 9 月，最高人民法院发布第 29 批共 3 件指导性案例，均为企业实质合并破产案例，其中，在江苏省纺织工业（集团）进出口有限公司及其五家子公司实质合并破产重整案中，法院认为：当事人申请对关联企业合并破产的，人民法院应当对合并破产的必要性、正当性进行审查。关联企业成员的破产应当以适用单个破产程序为原则，在关联企业成员之间出现法人人格高度混同、区分各关联企业成员财产成本过高、严重损害债权人公平清偿利益等的情况下，人民法院可依申请适用关联企业实质合并破产方式进行审理。采用实质合并破产方式的，各关联企业成员之间的债权债务归于消灭，各成员的财产作为合并后统一的破产财产，由各成员的债权人作为一个整体在同一程序中按照法定清偿顺位公平受偿。合并重整后，各关联企业原则上应当合并为一个企业，但债权人会议表决各关联企业继续存续，人民法院审查认为确有需要的，可以准许。[①] 该案例对明确关联企业实质合并破产重整的条件及人民法院裁定企业实质合并破产重整后对各关联企业债权债务的处理等法律适用具有积极意义。

本案中，涉案十三家公司存在人格高度混同情形，主要表现在：人员任职高度交叉，未形成完整独立的组织架构；共用财务及审批人员，缺乏独立的财务核算体系；业务高度交叉混同，形成高度混同的经营体，客观上导致十三家公司收益难以正当区分；如前文所述，互联互保是导致这些公司陷入困境的重要原因，由于轮胎企业依靠银行借贷扩大产能，深陷“担保圈”，因为担保被牵连而背上巨额债务，十三家公司之间存在大量关联债务及担保，导致各公司的资产不能完全相互独立，资产混同，债权债务清理极为困难。在此情形下，法院认为，盛泰集团等十三家公司间已严重丧失法人人格独立性和法人财产独立性，区分各关联企业成员财产的成本过高，适用单个企业破产重整方式会严重损害盛泰集团等十三家公司债权人的公平受偿权，符合“适用关联企业实质合并破产方式”的条件，依法应当进行实质合并破产重整。

关于合并重整后的法人资格，《破产会议纪要》第 37 条规定：“实质合并审理后的企业成员存续。适用实质合并规则进行破产清算的，破产程序终结后各关联企业成员均应予以注销。适用实质合并规则进行和解或重整的，各关联企业原则上应当合并为一个企业。根据和解协议或重整计划，确有需要保持个别企业独立的，应当依照企业分立的有关规则单独处理。”在本案中，根据重整投资人的经营需要，须继续存续的公司，其股权将依法无偿让渡给重整投资人或其指定的第三方，重整投资人或其指定的第三方将持有债务人 100% 的股权或资产所有权（未纳入投资范围的资产除外）。投资人仅接收营业事务及资产所有权的公司，在营业事务及资产所有权完成让渡后，将对其主体依法予以解散并注销。未纳入重整投资人投资范围的公司，在处置完相应资产后，将对其主体依法予以解散并注销。

---

① 江苏省纺织工业（集团）进出口有限公司及其五家子公司实质合并破产重整案，最高人民法院指导案例 163 号（2021 年）。

（三）出资人权益调整后股权质押权人的利益如何确保

《企业破产法》第 84 条第 1、2 款将对债权人组的表决规则规定为：“人民法院应当自收到重整计划草案之日起三十日内召开债权人会议，对重整计划草案进行表决。出席会议的同一表决组的债权人过半数同意重整计划草案，并且其所代表的债权额占该组债权总额的三分之二以上的，即为该组通过重整计划草案。”但对于出资人组的表决，《企业破产法》第 85 条第 2 款仅规定了“重整计划草案涉及出资人权益调整事项的，应当设出资人组，对该事项进行表决”。虽然最高人民法院《关于审理上市公司破产重整案件工作座谈会纪要》第 7 条第 1 款规定“出资人组对重整计划草案中涉及出资人权益调整事项的表决，经参与表决的出资人所持表决权三分之二以上通过的，即为该组通过重整计划草案”，但该条款仅适用于上市公司，对于非上市公司在破产重整程序中出资人的表决规则目前在法律层面上仍是空白状态。实践中，各地人民法院在审理的过程中逐步探索相关规则。例如，《四川省高级人民法院关于审理破产案件若干问题的解答》第 6 条第 4 个问题回答中规定，重整计划草案涉及出资人权益调整事项的，应当设出资人组对该事项进行表决。当债务人企业资不抵债时，所有者权益为负，出资人的权益价值为零，对出资人权益的调整由出资人行使表决权，股权价值调整为零，不影响出资人本应向股权负担相关权利人承担的债务偿还责任以及其导致质权人设立股权质押的目的落空所遭受损失的损害赔偿责任；当债务人企业资产大于负债，但又缺乏及时清偿能力的，出资人权益仍具有账面价值，出资人权益调整方案应同时兼顾股权质押权人的权益，股权质押权人对方案有异议的，受理破产重整的人民法院可以组织召开听证会听取各方利害关系人的意见，尽量通过协商解决，若协商不成，重整计划草案中的出资人权益调整方案应确保出资人权益调整后股权质押权人的利益，不低于调整前其就股权质押权可以获得的利益。

法条索引

《企业破产法》

第八十一条 重整计划草案应当包括下列内容：

（一）债务人的经营方案；

（二）债权分类；

（三）债权调整方案；

（四）债权受偿方案；

（五）重整计划的执行期限；

（六）重整计划执行的监督期限；

（七）有利于债务人重整的其他方案。

第八十五条 债务人的出资人代表可以列席讨论重整计划草案的债权人会议。

重整计划草案涉及出资人权益调整事项的，应当设出资人组，对该事项进行表决。

第九十二条 经人民法院裁定批准的重整计划，对债务人和全体债权人均有约束力。

债权人未依照本法规定申报债权的，在重整计划执行期间不得行使权利；在重整计划执行完毕后，可以按照重整计划规定的同类债权的清偿条件行使权利。

债权人对债务人的保证人和其他连带债务人所享有的权利，不受重整计划的影响。

《民法典》

第四百四十三条 以基金份额、股权出质的，质权自办理出质登记时设立。

基金份额、股权出质后，不得转让，但是出质人与质权人协商同意的除外。出质人转让基金份额、股权所得的价款，应当向质权人提前清偿债务或者提存。

《全国法院破产审判工作会议纪要》

32. 关联企业实质合并破产的审慎适用。人民法院在审理企业破产案件时，应当尊重企业法人人格的独立性，以对关联企业成员的破产原因进行单独判断并适用单个破产程序为基本原则。当关联企业成员之间存在法人人格高度混同、区分各关联企业成员财产的成本过高、严重损害债权人公平清偿利益时，可例外适用关联企业实质合并破产方式进行审理。

33. 实质合并申请的审查。人民法院收到实质合并申请后，应当及时通知相关利害关系人并组织听证，听证时间不计入审查时间。人民法院在审查实质合并申请过程中，可以综合考虑关联企业之间资产的混同程序及其持续时间、各企业之间的利益关系、债权人整体清偿利益、增加企业重整的可能性等因素，在收到申请之日起三十日内作出是否实质合并审理的裁定。

37. 实质合并审理后的企业成员存续。适用实质合并规则进行破产清算的，破产程序终结后各关联企业成员均应予以注销。适用实质合并规则进行和解或重整的，各关联企业原则上应当合并为一个企业。根据和解协议或重整计划，确有需要保持个别企业独立的，应当依照企业分立的有关规则单独处理。

《北京市高级人民法院企业破产案件审理规程》

217.（表决通过）出席债权人会议的同一表决组的债权人过半数同意重整计划草案，并且其所代表的债权额占该组债权总额的三分之二以上的，即为该组通过重整计划草案。

出资人组对重整计划草案中涉及出资人权益调整事项进行表决，同意重整计划草案的出资人的出资额占债务人注册资本三分之二以上的，即为该组通过重整计划草案。

各表决组均通过重整计划草案时，重整计划即为通过。

《山东省高级人民法院企业破产案件审理规范指引（试行）》

第一百五十一条 表决出资人权益调整事项的，应当召开出资人组会议并提前十五日通知全体出资人。

债务人的股东会或者股东大会已对出资人权益调整作出决议的，可以不再另行召开出资人组会议进行表决。

有限责任公司的出资人权益调整事项经股东所持表决权的三分之二以上同意，即为通过；股份有限公司的出资人权益调整事项经出席出资人组会议的股东所持表决权的三分之二以上同意，即为通过。

第一百九十九条 人民法院在审理企业破产案件时，应当尊重企业法人人格的独立性，以对关联企业成员的破产原因进行单独判断并适用单个破产程序为基本原则。当关联企业成员之间存在法人人格高度混同、区分各关联企业成员财产的成本过高、严重损害债权人公平清偿利益时，可例外适用关联企业实质合并破产方式进行审理。

《深圳市中级人民法院审理企业重整案件的工作指引（试行）》

第四十五条 关联企业成员之间法人人格高度混同，严重损害债权人公平受偿利益的，或者关联企业实质合并重整有利于增加重整价值，使全体债权人受益的，关联企业成员、关联企业成员的出资人、债权人、已经进入破产程序的关联企业成员的管理人，可以申请对具有重整原因的多个关联企业成员进行合并重整，还可以申请将关联企业成员并入重整程序。

关联企业个别成员已经进入重整程序，没有申请人对其他成员企业提出合并重整申请的，不适用合并重整。

重整计划已经被批准或者已经宣告破产的关联企业成员，不参与其他关联企业的合并重整。

第四十六条 关联企业成员持续、普遍存在下列情形的，可以认定法人人格高度混同：

（一）主要经营性财产难以区分；

（二）财务凭证难以区分或者账户混同使用；

（三）生产经营场所未明确区分；

（四）主营业务相同，交易行为、交易方式、交易价格等受控制企业支配；

（五）相互担保或交叉持股；

（六）董事、监事或高级管理人员交叉兼职；

（七）受同一实际控制人控制，关联企业成员对人事任免、经营管理等重大决策事项不履行必要程序；

（八）其他导致关联企业成员丧失财产独立性且无法体现独立意志的情形。

第九十四条 有限责任公司的出资人权益调整事项经股东所持表决权的三分之二以上同意，即为通过。

股份有限公司的出资人权益调整事项经出席出资人组会议的股东所持表决权的三分之二以上同意，即为通过。

广州市中级人民法院《关于破产重整案件审理指引（试行）》

第七十五条 表决出资人权益调整事项的，应当召开出资人组会议并提前十五日通知全体出资人。出资人组就出资人权益调整事项的表决结果，满足下列条件的即为通过：

（一）有限责任公司代表三分之二以上表决权的股东同意重整计划草案；

（二）股份有限公司出席会议的股东所持表决权的三分之二以上同意重整计划草案。

出资人组会议可以与债权人会议共同或分别召开。债务人的股东会、股东大会或其他权力机构已对重整计划草案中的出资人权益调整事项作出决议的，可以不再召开出资人组会议进行表决。

上市公司等股东人数较多的公众公司出资人组表决重整计划草案的，可以采取网络或者现场方式进行。网络表决权的行使方式，参照适用中国证券监督管理委员会发布的有关规定。

11. 破产重整中如何以共益债方式进行融资

——重庆泽天物业有限公司重整案[①]

诸多房地产企业因为资金链断裂而走向破产，共益债投资作为企业破产重整资金引进的重要方式，能够帮助企业解决资金问题，恢复运营能力，化解风险。如何保障共益债投资的资金安全关系到是否能够重整成功。本案例结合相关实务案例，对共益债投资的优势和信托公司在重整过程中的介入、风险管理等进行分析。

关键词：共益债务　共益债投资　实物清偿

一、重整情况介绍[②]

（一）公司概况

重庆泽天物业有限责任公司（以下简称泽天公司）成立于2009年8月19日，住所地重庆市合川区文峰古街10栋2-1、2-2号，经营范围为：房地产开发，不动产租赁及销售，旅游开发，文化产业开发（法律、行政法规禁止的不得经营，法律、行政法规限制的取得许可后经营）。泽天公司注册资本5000万元，李某春持有100%的股权。泽天公司专注于合川区南

① 案例来源：全国企业破产重整案件信息网（https://pccz.court.gov.cn/pcajxxw/index/xxwsy）。

② 参见重庆泽天物业有限公司重整计划草案，载全国企业破产重整案件信息网2020年11月26日，https://pccz.court.gov.cn/pcajxxw/pcgg/ggxq?id=D09DADD2F5F54A4039333A274487252B。

屏历史文化街区改造项目，即文峰古街项目的开发建设。该项目位于合川区白塔街，由仿古历史文化街区、滨江生态文化公园和住宅区三大区构成，总用地面积约500亩，规划建筑面积25.47万平方米，可售面积24.30万平方米。泽天物业公司现持有合川区文峰古街项目商业不动产面积110,382.69平方米，由于文峰古街项目的土地使用权设立了抵押权，且已被司法保全，无法办理产权证，导致该项目虽已竣工，但商业门面销售困难。文峰古街项目有13,742.50平方米商业门面或车库正处于待修建过程中。

2018年7月2日，泽天公司以其不能清偿到期债务为由向重庆市合川区法院申请重整。2018年10月25日，合川法院依法作出（2018）渝0117破申16号民事裁定书，裁定受理泽天公司重整一案。2018年8月1日，合川法院依法作出（2018）渝0104民破2号决定书，指定大信会计师事务所（特殊普通合伙）重庆分所担任泽天公司管理人。根据初步评估结果，泽天公司评估价值约9.1亿元（以最终评估报告为准）；截至第一次债权人会议，经管理人初步审核认定的负债总额约为14.06亿元。2019年1月21日经泽天公司申请，管理人审核之后，交合川区人民法院裁定同意泽天公司自行管理财产和营业事务，并继续经营。

（二）重整原因

截至2018年10月25日，泽天公司拟破产重整的账面资产总额为59,027.57万元，负债总额为142,129.09万元，所有者权益为－83,101.52万元。2016~2019年，泽天公司一共被列为失信被执行人四次全部未履行三次（见表11－1），泽天公司资金链断裂，陷入经营困境，不能清偿到期债务，文峰商业街逐渐没落，商业业态混乱、形象破旧、工程拖延等问题日益凸显，游客稀少，商业价值大打折扣。经债务人申请，合川法院于2018年10月25日以（2018）渝0117破申16号民事裁定书，裁定受理泽天公司的重整申请。

表 11－1　泽天公司被列为失信被执行人详情

序号	立案日期	案号	执行依据文号	执行法院	失信行为	履行情况	发布日期
1	2018 年 9 月 17 日	(2018)渝 0117 执恢 776 号	(2016)渝 0117 民初 1799 号	重庆市合川区人民法院	有履行能力而拒不履行生效法律文书确定义务	全部未履行	2019 年 2 月 27 日
2	2018 年 4 月 11 日	(2018)渝 05 执 485 号	(2017)渝 05 民初 962 号	重庆市第五中级人民法院	有履行能力而拒不履行生效法律文书确定义务	全部未履行	2018 年 12 月 20 日
3	2017 年 2 月 7 日	(2017)渝 0117 执 731 号	(2015)合法民初字第 00962 号	重庆市合川区人民法院	暂无	—	2017 年 2 月 9 日
4	2016 年 7 月 18 日	(2016)渝 0117 执 4258 号	(2016)渝 0117 民初字第 1799 号	重庆市合川区人民法院	其他有履行能力而拒不履行生效法律文书确定义务	全部未履行	2016 年 11 月 1 日

（三）破产重整动因

泽天公司虽然暂时陷入财务困境，但仍具备破茧重生、恢复正常经营和盈利的条件，其开发的合川文峰古街项目是合川区重点旅游工程，地处三江交汇处，地理位置得天独厚，备受当地政府的重视，具有极高的商业价值。泽天公司开发的文峰古街项目位于合川区白塔街，由仿古历史文化街区、滨江生态文化公园和住宅区三大区构成，总用地面积约 500 亩，规划建筑面积 25.47 万平方米，可售面积 24.30 万平方米。

泽天公司资产中存在未完工的文峰商业街 22～26 号楼（四合院）和待开发的延伸段，已建成的文峰商业街 1～21 号楼和恭州大酒店形象破旧、经营不佳，如以现状评估并进行快速变现处置，则其价值将大打折扣且变现困难；为维护广大债权人的利益，如重整计划最终获得法院裁定批准，则在重整计划执行阶段对延伸段进行开发、对文峰商业街 22～26 号楼（四合院）进行复建、对文峰商业街 1～21 号楼和恭州大酒店进行修缮和提档升级，并对整个文峰古街项目进行一体化打造，以期盘活资产，实现资产价值最大化，为各类债权的清偿打下坚实基础。

破产清算债权受偿率低。如果泽天公司直接进入破产清算，根据测算，假定泽天公司全部资产能够按清算价值 37,353.94 万元予以变现（该清算价值未考虑债务人还需实际承担的实物资产变现的税费），普通债权的清偿率为 0，抵押权人的清偿率也非常低。合川区人民法院认为泽天公司虽然具有不能清偿债务且资产不足以清偿全部债务的情形，但该公司具有比较优质的资产，且提交了重整计划大纲，具备重整价值和重整希望。

（四）重整过程

重整计划方案如下：

（1）投资方案。出资人权益调整为投资人持有泽天公司 100% 股权并办理工商过户登记手续。投资人向泽天公司提供资金支持，总额度最高不超过 8000 万元，按中国人民银行同期贷款利率收取资金利息，投入的资金分期计算。全部投资本金及利息，列为共益债务，在文峰商业街 22 ~ 26 号楼（四合院）、延伸段及未出售未抵押住宅区车位中优先受偿。投资人收回投资本金及利息的，应按先息后本的原则。

（2）经营方案。债务人作为开发建设主体，组建建设、销售、管理的专业团队并引入专业房地产开发公司代建的方式，负责文峰商业街 22 ~ 26 号楼（四合院）和延伸段开发建设、销售变现（含住宅区车位）、招商运营和日常事务管理。由于文峰商业街 22 ~ 26 号楼（四合院）和延伸段是债务人可形成新的资产并进行销售产生偿债资金的重要来源，因此对于该部分的开发建设和招商运营，应充分挖掘、运用规划面积，节约建造成本，与文峰商业街已建成的 1 ~ 21 号楼和恭州大酒店合理搭配并一体化打造，以实现资产价值最大化及去化率最优之间的平衡。

（3）实物清偿。债权人选择以文峰商业街 22 ~ 26 号楼（四合院）、延伸段及未出售未抵押住宅区车位中未变现的实物抵偿的，抵债资产独立选择产权。各类债权人按照共益债权、担保债权、职工债权、税款债权、普通债权的顺序，依次选择抵债资产。同一顺序的债权人就抵债资产选择发生冲突的，应先行协商解决；不能协商一致的，冲突各方应以抵债价格作为底价进行竞价，价高者取得该抵债资产所有权；各方不能协商一致又均不愿意竞价的，则按各自债权金额按份共同取得该抵债资产所有权。抵债资产经营权保留，债权人就以物抵债取得的资产（不含住宅区车位）由债务人或其指定第三方负责统一经营管理和物业管理，在扣除物业管理费和经营管理费后的经营净收益均由该债权人自行享有。

（五）重整结果

泽天公司第二次债权人会议于2020年11月27日在重庆合川区人民法院召开，会议表决通过了重整计划草案。并于2020年12月28日获得法院裁定批准。

重庆信托的管理团队朝着政府希望的方向重新打造文峰古街，一是重新规划布局古街的商业生态。此前的招商仓促，只是为了收租金而出租门面，管理团队按照时尚休闲、美食娱乐、文化艺术、创意主题四大片区的划分重新调整商业布局，经过近半年时间，已形成基本框架。二是此前停工的延伸段工程也已复工修建。三是文峰古街外围交通等基础设施得到了逐步完善。①

本案中，府院联动机制的充分发挥为重庆信托及其团队重新打造文峰古街提供了有力的支撑，合川区政府专门成立了以区常委为组长的文峰古街整体提升专项工作推进组，随时解决推进过程中遇到的困难和问题。重整文峰古街的人气和商业氛围，使之重新成为合川旅游的新名片。

二、案例启示与律师建议

（一）投资人在重整期间投入资金属性及如果重整失败，资金处理

《企业破产法》构建了重整期间借款（融资）的基本制度框架，《企业破产法》第42条第4项规定：为债务人继续营业而应支付的劳动报酬和社会保险费用以及由此产生的其他债务为共益债务。但该规定所述的共益债务并不

① 参见《重庆文峰古街兴衰波折　破产重整注资8000万元重燃生机》，载中国新闻网2021年4月16日，https：//baijiahao. baidu. com/s？ id = 1697194595371419042&wfr = spider&for = pc。

包含破产申请受理后获得新融资所形成的债务。最高人民法院《关于适用〈中华人民共和国企业破产法〉若干问题的规定（三）》第2条进一步明确了为继续营业而发生的借款可参照共益债务优先受偿，即债务人或管理人经人民法院许可或债权人会议同意，为继续营业而借款，借款人可参照共益债务优先受偿；同时也可为该借款设置抵押担保，设置抵押担保的借款可参照担保债权随时清偿。因此，投资人在重整期间投入的资金应属于共益债务，在重整投资协议中应明确该款项为共益债务。如果重整失败，重整投资人的投入按照共益债务的规定优先于普通破产债权，由债务人财产随时清偿、优先清偿。

本案中，投资人的全部投资本金及利息，列为共益债务，在文峰商业街22～26号楼（四合院）、延伸段及未出售未抵押住宅区车位中优先受偿。投资人收回投资本金及利息的，应按先息后本的原则。全部投资本金及利息，应当在文峰商业街22～26号楼（四合院）、延伸段及未出售未抵押住宅区车位实现出租及/或销售收入后，根据项目现金流情况，分期偿付，原则上每月按不低于当月销售金额70%的比例偿付。在文峰商业街22～26号楼（四合院）、延伸段及未出售未抵押住宅区车位的出租及出售收入中，除用于支付破产费用、共益债务外，在清偿完毕全部投资本金及利息前，未经投资人书面同意不用于其他偿债安排。若自投资人发放第一笔贷款资金之日起12个月内，投资人共益债权未获全部清偿，则投资人有权任选文峰商业街22～26号楼（四合院）、延伸段及未出售未抵押住宅区车位中未变现的实物先行抵偿，因此涉及的各项过户税费由交易双方依法承担。

（二）信托公司通过共益债投资介入破产重整

共益债务投资作为企业破产重整资金引进的重要方式，其核心作用在于恢复企业的运营能力，促使企业成功重整，保证债权人的利益。在实践中有部分项目资产质量较高，但因为缺乏资金，导致企业自身资金链断裂而无法正常运行，迫不得已进入破产程序。共益债务投资为这一类型的企业破产带来重整契机，使企业项目短时间内得以启动运转，快速获得投资回报。为确保共益债务投资安全，应当采取相应措施来保护共益债务投资。

《企业破产法》第69条第1款第4项规定了管理人借款需向债权人委员会报告。为了避免产生争议，应当将借款作为共益债务交由债权人会议表决通过，还可以在提交表决前，征求人民法院的意见，将该借款认定为共益债务并优先清偿。这一性质的确定保障了共益债投资利益可以优先偿还。在此基础上，为了进一步确保共益债投资人的投资利益可以优先受偿，应在重整投资计划方案中明确该笔款项为借款，用途为企业的继续经营，投资人可以要求债务人为本次共益债借款提供担保，《企业破产法》第75条第2款规定："在重整期间，债务人或者管理人为继续营业而借款的，可以为该借款设定担保。"

本案中的重整投资人是重庆信托，协助泽天公司及破产管理人制订了重整计划草案，以投资共益债权8000万元的方式为泽天公司提供资金支持，通过对延伸段进行开发，对文峰商业街部分区域进行复建、修缮和提档升级，将项目进行一体化打造并投入运营。根据重整计划内容，重庆信托对泽天公司持有债权达10.32亿元。从2015年开始，重庆信托开始通过司法途径进行追偿。重庆信托还曾向法院申请拍卖、变卖泽天公司位于重庆市合川区文峰商业街项目商业街的土地，最终申请亦被驳回。在文峰商业街22~26号楼（四合院）、延伸段及未出售未抵押住宅区车位的出租及出售收入中，除用于支付破产费用、共益债务外，在清偿完毕全部投资本金及利息前，未经投资人书面同意不用于其他偿债安排。若自投资人发放第一笔贷款资金之日起12个月内，投资人共益债权未获全部清偿，则投资人有权任选文峰商业街22~26号楼（四合院）、延伸段及未出售未抵押住宅区车位中未变现的实物先行抵偿。

文峰商业街的成功继续运营得益于重庆信托的共益债。企业进入破产重整后，其自身的资信受到破产影响难以达到融资资信要求，信托公司可以直接向破产重整企业注入资金，解决重整企业融资难的情况。在共益债融资项目中，信托公司必须加强对共益债融资项目中的风险管理。首先，对债务人的资产情况、贷款的使用情况，如何还款，是否提供担保等方面进行全方位调查。其次，综合企业实际运行情况，就资金的使用、使用的权利和责任分配达成合理的约定和监督，确保资金专款专用。最后，应就用款周期达成合理约定，并要求管理人及时汇报企业重整情况，与管理人加强合作交流。①

（三）破产重整化解旅游景区债务危机

我国旅游资源十分丰富，有许多著名的旅游景区，据文化和旅游部消息，截至2020年年末，全国共有5A级旅游景区302个。景区数量越来越多，市场竞争也越来越激烈，加上新冠肺炎疫情的影响，债务危机导致部分景区陷入困境，有的甚至面临破产。

野三坡景区是国家5A级景区，坐落于河北保定，地处太行山和燕山的接壤区域，临靠北京市场，在占地面积约500平方米的景区内，有壮丽的自然景观和古老的历史文物，享有世外桃源之美誉。野三坡的“景区带村”旅游扶贫模式被列为全国“十大扶贫模式之一”。但让人意想不到的是，这样一个充满竞争力的景区竟然最后走向了破产。2020年5月27日，申请人涞水县安水建筑工程有限公司以被申请人河北野三坡旅游投资有限公司（以下简称野三坡公司）不能清偿到期债务且明显缺乏清偿能力为由，向该法院申请对野三坡公司进行重整。野三坡公司在裁定书中称亏损主要由于基础设施建设资金投入过大，建设资金主要靠银行及金融租赁公司贷款，导致金融负债7亿多元，财务费用支出在所有费用支出中比重大；资产大部分是基础服务设施类资产，折旧费和维护费占比较大；所有投资建设项目的回报，都靠门票收入支撑，而旅投公司的门票收入增长缓慢，不足以支撑所有的费用支出；公司收益性项目少，收入增长仅靠景区门票，短期内公司收入很难快速增长。② 2020年6月15日，野三坡公司正式破产重整。涞水县政府高度重视，联合多个部门共同组成了债权债务清理工作组。野三坡景区管委会表示，会在严格防控疫情、保证人民群众生命安全和身体健康的前提下，保障景区正常运转，维护正常旅游秩序，继续做好景区品牌维护推广，继续扩大旅游产业扶贫带动。同时，依法依规顺利推进企业重整工作，保证债权人合法权益，保障群众和职工合法权益。③

---

① 参见蔺楷毅：《浅析信托公司特资业务中的共益债投资》，载百度百家号“证券时报”2021年11月19日，https：//baijiahao. baidu. com/s? id = 1716830124830753265&wfr = spider&for = pc。

② 涞水县人民法院民事裁定书，（2020）冀0623破1号。

③ 参见林凤斌：《野三坡旅投公司因债务问题开始重整》，载《河北日报》2020年6月21日。

近几年，水上乐园颇受游客喜爱，资料显示，南京水魔方设立于2010年10月20日，主营水上乐园业务，占地面积271亩，位于南京汤山温泉旅游度假区，为首批国家级旅游度假区，引进了近20个主题旅游项目。南京水魔方管理人表示“破产重组的主要原因是南京水魔方最大股东抽调资金转投其他项目，项目直接债权和对外担保也导致债务危机”①。江苏省南京市江宁区人民法院于2018年4月13日裁定受理水魔方公司破产重整，水魔方公司的经营虽然暂时陷入困境，但项目本身仍能有效盈利，具有较高的重整价值。经法院许可，水魔方景区自2018年6月8日起继续营业。2019年4月23日，南京市江宁区人民法院裁定批准重整计划。重整后的南京欢乐水魔方旅游有限公司已于2019年6月28日开园。

（四）商业地产顺利实现重整的有效路径

房地产项目所处的地理位置，往往成为初步判断项目是否有重整价值的关键因素。核心地段的商业地产项目具有较大的重整价值，府院联动机制的发挥也非常重要。本案中文峰商业街因其绝佳的地理位置和独占性，具备极高的商业价值。通过重整可以恢复并增大其真正价值，在解决各项问题的同时维护好广大债权人的利益。合川区政府对重庆信托重新打造文峰古街的行动非常支持，这无疑大大推动了项目的重整成功。

例如，上海破产法庭2020年典型案例之上海明虹投资有限公司（以下简称明虹公司）重整案，属于商业地产重整，是通过整体盘活购物广场，形成周边商圈带动效应、助力消费经济发展的重整成功典型案例。明虹公司名下的主要资产为上海亚新生活广场的一部分，上海亚新生活广场是一座集百货、餐饮、休闲、娱乐于一体的大型社区型购物市场。因资不抵债向上海市第三中级人民法院申请重整。重整期间不停业，管理人委任熟悉广场经营事务的企业专门管理，保障广场正常运转；采用存续式重整模式，整体盘活资产，将维系广场运营的应付租金等认定为共益债务；积极推动表决前充分磋商的“预表决”方式，促成谈判成功；搭建府院联动平台，成立府院联动工作专

① 《惋惜！一年净赚1500万的南京欢乐水魔方破产重整》，载百度百家号“新旅界”2019年4月25日，https：//baijiahao. baidu. com/s？ id = 1631757777797484996&wfr = spider&for = pc。

班，有序推进行政审批、信用修复、租户换签清退等执行事务，稳步推进重整计划执行。此案为商业地产重整及区域营商环境提升提供了可复制的司法样本。①

法条索引

《企业破产法》

第四十二条 人民法院受理破产申请后发生的下列债务，为共益债务：

（一）因管理人或者债务人请求对方当事人履行双方均未履行完毕的合同所产生的债务；

（二）债务人财产受无因管理所产生的债务；

（三）因债务人不当得利所产生的债务；

（四）为债务人继续营业而应支付的劳动报酬和社会保险费用以及由此产生的其他债务；

（五）管理人或者相关人员执行职务致人损害所产生的债务；

（六）债务人财产致人损害所产生的债务。

第四十三条 破产费用和共益债务由债务人财产随时清偿。

债务人财产不足以清偿所有破产费用和共益债务的，先行清偿破产费用。

债务人财产不足以清偿所有破产费用或者共益债务的，按照比例清偿。

债务人财产不足以清偿破产费用的，管理人应当提请人民法院终结破产程序。人民法院应当自收到请求之日起十五日内裁定终结破产程序，并予以公告。

第六十九条 管理人实施下列行为，应当及时报告债权人委员会：

（一）涉及土地、房屋等不动产权益的转让；

（二）探矿权、采矿权、知识产权等财产权的转让；

（三）全部库存或者营业的转让；

---

① 参见《上海破产法庭 | 2021 年度典型案例（重整类）》，载微信公众号“上海破产法庭”2021 年 2 月 3 日，https://mp.weixin.qq.com/s?__biz=MzAxNTI0NDU5NQ==&mid=2650161116&idx=2&sn=1ba8df315c37ea69a497b3fa472417f5&chksm=83859380b4f21a96c67da36b32ee75916ca6288768bb8c9e0af62dcbed843e1e9f4941ed8aec&scene=27。

（四）借款；

（五）设定财产担保；

（六）债权和有价证券的转让；

（七）履行债务人和对方当事人均未履行完毕的合同；

（八）放弃权利；

（九）担保物的取回；

（十）对债权人利益有重大影响的其他财产处分行为。

未设立债权人委员会的，管理人实施前款规定的行为应当及时报告人民法院。

第七十五条 在重整期间，对债务人的特定财产享有的担保权暂停行使。但是，担保物有损坏或者价值明显减少的可能，足以危害担保权人权利的，担保权人可以向人民法院请求恢复行使担保权。

在重整期间，债务人或者管理人为继续营业而借款的，可以为该借款设定担保。

第一百一十三条 破产财产在优先清偿破产费用和共益债务后，依照下列顺序清偿：

（一）破产人所欠职工的工资和医疗、伤残补助、抚恤费用，所欠的应当划入职工个人账户的基本养老保险、基本医疗保险费用，以及法律、行政法规规定应当支付给职工的补偿金；

（二）破产人欠缴的除前项规定以外的社会保险费用和破产人所欠税款；

（三）普通破产债权。

破产财产不足以清偿同一顺序的清偿要求的，按照比例分配。

破产企业的董事、监事和高级管理人员的工资按照该企业职工的平均工资计算。

12. 如何推进“破产审判便利化”

——抚顺特殊钢股份有限公司破产重整案

破产案件一般涉及多个行政管理部门，法律关系非常复杂。推动破产案件繁简分流，优化破产程序，注重协调机制，对处理重大或疑难复杂的破产案件以及提高破产案件审理效率有着重要意义。本部分通过分析上市公司破产重整的风险化解，来阐述政府与法院的联动路径，并以山东法院为例，对“破产审判便利化”的良好效果进行分析。

关键词：破产审判便利化　协同联动

一、重整情况介绍

（一）公司概况

抚顺特殊钢股份有限公司（以下简称抚顺特钢）2000年在上海证券交易所上市交易，总股本为13亿股，东北特殊钢集团有限责任公司（以下简称东北特钢集团）是其第一大股东，持股比例为38.22%。抚顺特钢注册地址为辽宁省抚顺市望花区鞍山路东段8号，注册资本为130,000万元，法定代表人为公司董事长孙某。根据公司现行有效的公司章程，公司主营范围为：经营本企业自产产品及技术的出口业务和本企业所需的机械设备、零配件、原辅材料及技术的进口业务（国家限定公司经营或禁止进出口的商品及技术除外），钢冶炼，压延钢加工，冶金技术服务，工业气体（含液体）制造、销售。（依法须经批准的项目，经相关部门批准后方可开展经营活动）。截至2017年9月30日，公司的总股本为13亿股，流通A股为11.30亿股，共有股东12.41万人，东北特钢集团为抚顺特钢第一大股东，共持有4.97亿股，持股比例为

38.22%。根据东北特钢集团重整计划，宁波梅山保税港区锦程沙洲股权投资有限公司（以下简称锦程沙洲）持有东北特钢集团43%股权从而间接控制公司，公司实际控制人变更为锦程沙洲实际控制人沈某荣先生。

2018年4月8日，债权人上海东震冶金工程技术有限公司以不能清偿到期债务且明显缺乏清偿能力为由向抚顺中院申请对抚顺特钢进行重整，并提交破产重整申请书、有关证据资料（包括债权发生的事实与证据；债权性质、数额、有无担保，并附证据；债务人不能清偿到期债务的证据；其他法院认为需要补充提交的证据）、关于上市公司具有重整可行性的报告、辽宁省人民政府向证券监督管理部门的通报情况材料、证券监督管理部门的意见、抚顺市人民政府出具的维稳预案、其他根据法院要求需要补充的资料。抚顺中院经审查后认为抚顺特钢符合重整条件，于2018年9月20日依法作出（2018）辽04破申1号民事裁定书，裁定受理抚顺特钢重整一案，并于同日作出（2018）辽04破3号决定书，准许抚顺特钢重整期间在管理人的监督下自行管理财产和营业事务。

截至2017年9月30日，抚顺特钢账面的整体资产负债情况如下：资产总额126.18亿元，负债总额104.94亿元，资产负债率83.17%。如果在资产总额中扣除29.3亿元的潜亏，并考虑抚顺特钢为东北特钢集团担保的8亿元金融负债在东北特钢集团重整程序中未获清偿的剩余部分6.72亿元所增加的负债，截至2017年9月30日，抚顺特钢的实际资产负债情况如下：资产总额96.88亿元，负债总额111.66亿元，净资产-14.78亿元，资产负债率115.26%。

由于公司存在存货、在建工程、固定资产账实不符的情况，近年来的实际经营情况难以估计。根据年审会计师预估，将潜亏追溯调整后公司可能出现至少连续3年亏损的情况。

（二）重整原因

2018年1月31日，抚顺特钢发布公告称："经公司自查发现存在存货等实物资产不实问题，可能涉及公司以往年度财务数据重大调整。"根据抚顺特钢及年审会计师的初步自查结果，抚顺特钢存货、在建工程、固定资产存在账实不符的情况，潜亏约29.3亿元。根据年审会计师初步预计的潜亏追溯调整结果和上海证券交易所（以下简称上交所）的相关规则，抚顺特钢将因连续三年亏损而面临暂停上市的风险。此外，根据抚顺特钢2017年三季报，截至2017年9月30日，抚顺特钢的资产总额为126.18亿元，负债总额为104.94亿元，在资产总额中扣除29.3亿元的潜亏，抚顺特钢实际已经资不抵债，公司已经出现大量到期债务不能偿还的情况。

（三）破产重整动因

1. 职工权益得到保障

抚顺特钢濒临破产清算，极易诱发一系列严重的社会问题。根据公司年审会计师的预计，抚顺特钢将潜亏追溯至调整后，实际已经连续多年亏损且已资不抵债。此外，公司目前已经出现大量到期债务无法偿还的情况。根据《企业破产法》的相关规定，抚顺特钢面临破产清算的巨大风险。如果不通过有效措施改善抚顺特钢面临的债务和经营困境，抚顺特钢一旦破产清算将诱发以下一系列严重的社会问题：首先，12.41万户投资者的权益将遭受巨大损失，极有可能引发投资者的集体上访和诉讼等不可控事件。其次，一旦抚顺特钢破产清算，1万余名职工将失去工作岗位，数以千计的经营类债权人将面临血本无归的结局，这都极易引发社会不稳定因素。再次，抚顺特钢涉及大量的金融债务，一旦破产清算极易引发辽宁乃至更大区域范围内的金融风险。最后，作为我国特钢行业中承担军工配套新材料研制生产任务最多且在国防建设中具有不可替代战略地位的企业，抚顺特钢破产清算也将给我国国防建设事业带来巨大的负面影响。

2. 各主体对破产重整程序的满意度较高

重整是化解抚顺特钢债务和经营危机的唯一有效方式。重整作为挽救濒临破产企业的司法程序，能够公平、妥善处理各方诉求，依法保护债权人、债务人、股东、职工等各方利益，因此相比于其他债务危机化解方式，各类群体对于重整程序的满意度和支持度也都较高，这有利于维护社会和谐与稳定。

3. 降低公司财务成本，避免经营亏损局面的进一步恶化

公司资产在重整期间被解除冻结、查封等限制措施及中止执行程序，资

产得以保全，保证正常的生产经营，为公司恢复盈利创造有利条件。因此，在目前的局面下，实施重整是化解抚顺特钢经营危机、债务危机的有效途径，也是唯一途径。

（四）重整过程

1. 重整思路

抚顺特钢重整的基本思路是通过将资本公积转增所得股票抵债分配给债权人或用股票处置变现清偿债务的方式降低公司的债务规模，减轻公司的财务负担；同时，公司将通过扩大产能、优化产品结构、控制成本等方式增加经营收入，恢复和提升公司的持续盈利能力。抚顺特钢重整将通过“股票抵债+现金清偿+留债”的方式解决债务问题，在最大限度保护债权人利益的同时降低抚顺特钢的资产负债率和财务费用。同时借助沙钢集团的优势，提高企业经营管理水平，强化抚顺特钢的持续盈利能力。

2. 重整方案

（1）出资人权益调整方案。

①资本公积转增股本，以抚顺特钢现有 A 股总股本为基数，按每 10 股转增不超过 5.72 股的比例实施资本公积转增股本，共计转增不超过 74,360 万股抚顺特钢 A 股股票，抚顺特钢的总股本将由 130,000 万股最多增加到 204,360 万股（将根据经营类普通债权对债权清偿方式的选择由抚顺中院确认资本公积转增股本的实际数量，并最终以中证登上海分公司登记的数量为准）。

②转增股票全部用于偿付债务、支付有关费用和补充生产经营所需资金，上述转增股票不向股东分配，其中，59,000 万股根据本重整计划的规定直接用于抵偿金融类普通债权，不超过 7360 万股根据本重整计划的规定及债权人的选择直接用于抵偿经营类普通债权，8000 万股根据本重整计划的规定处置变现，所得价款用于偿付债务和支付有关费用，补充抚顺特钢生产经营所需资金。

③控股东北特钢集团向抚顺特钢赠与资金用以补充抚顺特钢的资本公积金。为支持抚顺特钢重整，2018 年 9 月 20 日，东北特钢集团与抚顺特钢签

署了《资金赠与协议》。协议约定东北特钢集团向抚顺特钢赠与资金不超过人民币 9 亿元。首期 3 亿元赠与资金已于 9 月 27 日支付到抚顺特钢的账户。截至 2018 年 9 月 30 日，抚顺特钢财务账面资本公积金余额为 46, 257. 44 万元。东北特钢集团将按照上述协议的约定继续向抚顺特钢赠与资金，确保出资人权益调整方案的实施。

（2）债权调整及受偿方案。

①有财产担保的债权共计 67, 944. 68 万元，在对应的担保财产评估价值范围内，全额保留，由抚顺特钢十年内清偿完毕。前五年只付息不还本，从第六年起每年清偿本金中的 20%，直至清偿完毕；清偿期间由抚顺特钢按照 2. 8% 的年利率支付利息，清偿期间从本重整计划执行完毕之日的次月 1 日起算，每个自然季度最末一月的第 20 日支付本季度产生的利息。上述债权在清偿期间仍然由抚顺特钢以对应的担保财产提供抵押、质押担保。上述债权中原由东北特钢集团提供保证担保的，继续由东北特钢集团提供保证担保。

②普通债权根据偿债能力分析报告，抚顺特钢破产清算状态下的普通债权清偿比例约为 21. 22%。为最大限度地提升债权人的受偿水平，保护债权人的合法权益，根据抚顺特钢的实际情况，本重整计划将对普通债权的清偿比例进行大幅度的提高，具体方案如下：

经营类普通债权以债权人为单位，每家债权人 50 万元以下（含 50 万元）的债权部分，以现金方式一次性全额清偿，由抚顺特钢在本重整计划执行期限内清偿完毕。超过 50 万元的债权部分，经营类普通债权人可以选择以下三种清偿方式之一：第一种是全额保留，由抚顺特钢在七年内清偿完毕，清偿期间从重整计划执行完毕之日的次月 1 日起算，清偿期间起算日所在年份为第一年，前四年不安排清偿，从第五年至第七年，由抚顺特钢在每年的 12 月 31 日前分别清偿 30%、30% 和 40%，清偿期间不计收利息；第二种是按照 7. 92 元/股的抵债价格获得相应数量的转增股票，即每 100 元普通债权分得约 12. 626263 股转增股票；第三种是按照 70% 的清偿率一次性现金清偿，由抚顺特钢在本重整计划执行期限内以现金方式清偿完毕，剩余未获清偿的部分依法豁免，抚顺特钢不再承担清偿责任。债权人可选择以上任一方式进行受偿，逾期未作出选择的，视为接受上述第三种清偿方式，即按照 70% 的清偿率一次性现金清偿。抚顺特钢通过上述任意一种方式向债权人清偿后，均不再承担清偿义务。

金融类普通债权以债权人为单位，每家债权人50万元以下（含50万元）的债权部分，以现金方式一次性全额清偿，由抚顺特钢在本重整计划执行期限内清偿完毕。金融类普通债权人每家超过50万元的债权部分共计649,190.24万元。将分如下两部分进行清偿：

一是超过50万元的债权部分中的182,055.32万元债权将全额保留，由抚顺特钢十年内清偿完毕。前五年只付息不还本，从第六年起每年清偿本金中的20%，直至清偿完毕；在清偿期间，由抚顺特钢按照2.8%的年利率支付利息，清偿期间从本重整计划执行完毕之日的次月1日起算，每个自然季度最末一月的第20日支付本季度产生的利息。上述债权在清偿期间由东北特钢集团提供保证担保。二是超过50万元的债权部分中剩余的467,134.92万元普通债权，每100元普通债权分得12.626263股转增股票，以分得的转增股票抵偿债务，股票的抵债价格按7.92元/股计算，该部分普通债权的清偿比例为100%。

③职工债权共计9.85万元，由抚顺特钢在本重整计划执行期限内以现金方式清偿完毕。对于已申报债权中经管理人审查确定并已提交第一次债权人会议核查及拟提交第二次债权人会议核查的债权，按照债权调整及受偿方案规定的同类债权的受偿标准预留现金及股票，待抚顺中院裁定确认后，依法对其进行清偿；对于已申报但尚未经管理人审查确定的债权，按照债权调整及受偿方案规定的同类债权的受偿标准预留现金及股票，在其债权获得最终确认后依法对其进行清偿。

（3）经营方案。

按照东北特钢集团的整体发展规划和抚顺特钢的自身实际情况，下一步抚顺特钢的发展将定位为“特钢更特”，紧紧围绕“品种、质量、效率、效益”，坚持发展以高温合金、高强钢、高档工模具钢、特种不锈钢（以下简称“三高一特”）为代表的优势特钢品种，在稳定提升产品质量的同时还要围绕中高端产品市场加大开发力度，深入挖潜，降本节支，提升效益。具体而言，将主要从以下四个方面着手改善抚顺特钢的持续盈利能力：

①进一步释放产能、降低成本。2017 年抚顺特钢钢产量 62 万吨，钢材产量 51 万吨，由于市场开发、成本等方面的因素影响，部分产线未真正实现“吃饱开足”，产能还有待进一步释放。未来 3 ~ 5 年，抚顺特钢将在“吃饱开足”的基础上，通过加大技改投入、释放产能等方式实现产量翻番，降低吨钢成本。

②优化品种结构，实现品种升级，增强市场话语权。抚顺特钢将紧紧围绕“三高一特”核心品种，进一步提升产品的国际市场竞争力，巩固航空航天、高端模具、清洁能源等领域国内市场占有率及领先优势地位，提高替代进口比例，打造世界级特殊钢精品材制造中心，形成“高性能、高精度、高效率”的服务模式，成为全球航空航天、能源装备、模具工具、交通运输、舰艇兵器、石油化工、节能环保、工程机械八大领域具有国际重大影响力的特种合金（超合金、钛合金）和特殊钢原材料供应商，进一步增强市场话语权。

③加强人才队伍建设、延长产业链，提高人均产钢量。截至 2017 年年底，抚顺特钢所有员工共计 10, 119 人（含劳务、退养），其中从业人员 9632 人。后续将通过加强人才队伍建设、延长产业链等方式提高人均产钢量，进一步提升抚顺特钢的持续盈利能力。

④优化完善法人治理结构。在重整计划执行完毕之后，金融机构将持有抚顺特钢股票而成为抚顺特钢股东。抚顺特钢将继续优化完善法人治理结构，与金融机构建立稳定的沟通机制，使抚顺特钢的法人治理结构更加规范，具体措施如下：一是与金融机构建立稳定的沟通机制。在抚顺特钢重整计划执行完毕后，金融机构作为抚顺特钢股东将与抚顺特钢建立稳定的沟通机制，并将在法律框架范围内依法享有和行使股东权利。二是金融机构依法享有董（监）事的提名权。在抚顺特钢重整计划执行完毕后，抚顺特钢将依照法定程序，在公司章程的修改、董事会及监事会构成、专业委员会设置及运行、法人治理机构议事规则等方面充分听取金融机构股东的合理建议或意见，切实保障金融机构股东与广大中小股东的合法权益。同时，为进一步增强抚顺特钢决策的科学性，进一步完善抚顺特钢的法人治理结构，金融机构股东享有法律规定的董事（含独立董事）或监事提名权，可提名专业人士作为抚顺

特钢董事（含独立董事）或监事候选人，并提交抚顺特钢股东大会进行审议。

（五）重整结果

2018 年 12 月 27 日晚，抚顺特钢公告，抚顺中院裁定抚顺特钢重整计划执行完毕，公司股票将于 2018 年 12 月 28 日起复牌。至此，抚顺特钢重整顺利完成。

抚顺特钢公告指出，公司因重整产生的重整收益将计入 2018 年度相关财务报表中。经初步测算，本次重整事项产生的重整收益净额预计为 28.5 亿元左右，将对公司 2018 年度的净利润和期末净资产由负转正产生积极的影响。在重整期间，东北特钢作为抚顺特钢的大股东，为帮助抚顺特钢顺利推进重整并改善经营状况提供了大力支持。重整期间，东北特钢累计向抚顺特钢赠与资金 5.1 亿元，并溢价竞拍抚钢 8000 万股资本公积金转增股票，股票竞价成交价格为 3.24 元/股，总成交金额 2.592 亿元。通过本次重整，抚顺特钢避免了近万名职工失去工作岗位、债权人和投资者血本无归的巨大风险，最大限度上保护了各利益相关方的权益，并对公司的资产负债结构进行优化，得以轻装踏上未来征程。抚顺特钢表示，未来 3～5 年将在“吃饱开足”的基础上，释放产能，降低吨钢成本，并围绕“三高一特”核心品种做强主业，打造世界级特殊钢精品材制造中心。

二、案例启示与律师建议

（一）申请上市公司破产重整所需材料

本案中抚顺特钢债权人在提出抚顺特钢的破产申请所提交的所有材料如下：

（1）破产重整申请书。

（2）有关证据资料（债权发生的事实与证据；债权性质、数额、有无担保，并附证据；债务人不能清偿到期债务的证据；其他法院认为需要补充提交的证据）。

（3）关于上市公司具有重整可行性的报告。

（4）辽宁省人民政府向证券监督管理部门的通报情况材料。

（5）证券监督管理部门的意见。

（6）抚顺市人民政府出具的维稳预案。

（7）其他根据法院要求需要补充的资料。

这是根据最高人民法院《关于审理上市公司破产重整案件工作座谈会纪要》（法〔2012〕261 号）中第 3 条“关于上市公司破产重整的申请”的规定，即“会议认为，上市公司不能清偿到期债务，并且资产不足以清偿全部债务或者明显缺乏清偿能力，或者有明显丧失清偿能力可能的，上市公司或者上市公司的债权人、出资额占上市公司注册资本十分之一以上的出资人可以向人民法院申请对上市公司进行破产重整。申请人申请上市公司破产重整的，除提交《企业破产法》第八条规定的材料外，还应当提交关于上市公司具有重整可行性的报告、上市公司住所地省级人民政府向证券监督管理部门的通报情况材料以及证券监督管理部门的意见、上市公司住所地人民政府出具的维稳预案等。上市公司自行申请破产重整的，还应当提交切实可行的职工安置方案”。

抚顺特钢作为上交所的上市公司，公司的重整程序除了受到司法部门的约束，还需接受证券监管部门的监督，交易所亦有着严格的信息披露要求。另外抚顺特钢一旦破产，12.41 万户投资者的权益将遭受巨大损失，极有可能引发投资者的集体上访和诉讼等不可控事件。一万余名职工将失去工作岗位，数以千计的经营类债权人将面临血本无归的结局，这都极易引发社会不稳定因素。另外抚顺特钢涉及大量的金融债务，一旦破产清算极易引发辽宁乃至更大区域范围内的金融风险。因此上述清单中，第（1）、（2）项列明的资料为债权人申请非上市公司破产重整需要提供的资料，第（3）~（6）项列明的资料为申请上市公司破产重整需要进一步提供的资料。实务中一般情况下，债权人提供第（3）~（6）项列明的资料可能存在困难，若提供确实有困难，可以参照本案例［在本破产重整中，债权人向人民法院申请破产重整时，主要提交了第（1）、（2）项列明的材料，后来在管理人的协助下，向法院补充提交了第（3）~（6）项材料］，在申请时先行与法院积极沟通，在提供第（1）、（2）项以及其他可以获取的第（3）~（6）项资料后，根据法院的意见由相关单位协助补充提交其他资料。

（二）如何推进“破产审判便利化”

党的十九届四中全会明确要求健全破产制度、强化依法破产观念，加快“僵尸企业”退出，化解过剩产能，促进市场出清，优化资源要素配置，激发市场活力，加快构建以国内大循环为主体、国内国际双循环相互促进的新发展格局。破产案件涉及多个行政管理部门，法律关系非常复杂。因此，不能仅依靠法院，而需要政府与法院形成强有力的“府院联动”来提高破产案件审理效率。推动破产府院联动向制度化、常态化工作模式转变，着力破解更深层次的体制机制性障碍，不断提升办理破产便利化水平。

自抚顺特钢出现债务和经营危机以来，辽宁省、抚顺市政府高度重视，为抚顺特钢重整提供了大力支持，具体包括组织各方召开会议研究抚顺特钢债务危机的化解办法，提前制定重整预案、协调成立抚顺特钢的金融债委会并开展相关沟通、安抚工作，争取国家发改委等相关部门的支持等。特别是在本案中解决破产长期未结案，以及财产处置、职工安置、社会稳定等问题，都发挥了府院联动机制的作用，因此在重大或疑难复杂的破产案件上，管理人应主动取得党委、政府的支持。同时，在常态化运行的基础上，不断深化破产审判府院联动机制，注重研究解决本地区制约破产审判工作的普遍性问题。

本案通过政府与法院、预重整与重整“两个联动”协调审理模式，最终实现上市公司风险化解，联动重整成功，对上市公司风险化解具有较高的借鉴价值。本案的风险化解及破产程序推进经验如下：

（1）府院常态化联动，风险化解有成效。在案件审理过程中，辽宁省、抚顺市政府和法院建立了常态化协调机制，联动推进抚顺特钢重整。政府和法院分别同步向证监会、最高人民法院报请批准抚顺特钢重整，并根据反馈意见及时会商修改。府院共同研判，合力争取国家发改委和证监会的支持，有效保留抚顺特钢的核心资产价值。府院高频深度沟通，为重整工作的推进创造良好基础和外部环境。

（2）预重整与重整有效衔接，破产程序快速推进。预重整阶段开展债权申报、资产清理、问题梳理等工作，迅速摸清企业基本情况，确定整体处置思路，及时完成上市公司受理报批。提前启动投资人公开招募工作，高效锁定重整投资人，无缝对接司法重整，为化解危机争取了时间。

法条索引

《企业破产法》

第七条 债务人有本法第二条规定的情形，可以向人民法院提出重整、和解或者破产清算申请。

债务人不能清偿到期债务，债权人可以向人民法院提出对债务人进行重整或者破产清算的申请。

企业法人已解散但未清算或者未清算完毕，资产不足以清偿债务的，依法负有清算责任的人应当向人民法院申请破产清算。

第八条 向人民法院提出破产申请，应当提交破产申请书和有关证据。

破产申请书应当载明下列事项：

（一）申请人、被申请人的基本情况；

（二）申请目的；

（三）申请的事实和理由；

（四）人民法院认为应当载明的其他事项。

债务人提出申请的，还应当向人民法院提交财产状况说明、债务清册、债权清册、有关财务会计报告、职工安置预案以及职工工资的支付和社会保险费用的缴纳情况。

第七十五条 在重整期间，对债务人的特定财产享有的担保权暂停行使。但是，担保物有损坏或者价值明显减少的可能，足以危害担保权人权利的，担保权人可以向人民法院请求恢复行使担保权。

在重整期间，债务人或者管理人为继续营业而借款的，可以为该借款设定担保。

第七十九条 债务人或者管理人应当自人民法院裁定债务人重整之日起六个月内，同时向人民法院和债权人会议提交重整计划草案。

前款规定的期限届满，经债务人或者管理人请求，有正当理由的，人民法院可以裁定延期三个月。

债务人或者管理人未按期提出重整计划草案的，人民法院应当裁定终止重整程序，并宣告债务人破产。

最高人民法院《关于审理企业破产案件若干问题的规定》

第七条 债权人申请债务人破产，应当向人民法院提交下列材料：

（一）债权发生的事实与证据；

（二）债权性质、数额、有无担保，并附证据；

（三）债务人不能清偿到期债务的证据。

最高人民法院《关于审理上市公司破产重整案件工作座谈会纪要》

第三条 关于上市公司破产重整的申请

会议认为，上市公司不能清偿到期债务，并且资产不足以清偿全部债务或者明显缺乏清偿能力，或者有明显丧失清偿能力可能的，上市公司或者上市公司的债权人、出资额占上市公司注册资本十分之一以上的出资人可以向人民法院申请对上市公司进行破产重整。

申请人申请上市公司破产重整的，除提交《企业破产法》第八条规定的材料外，还应当提交关于上市公司具有重整可行性的报告、上市公司住所地省级人民政府向证券监督管理部门的通报情况材料以及证券监督管理部门的意见、上市公司住所地人民政府出具的维稳预案等。上市公司自行申请破产重整的，还应当提交切实可行的职工安置方案。

13. 现金清偿和债转股清偿有何区别

——安徽钰鑫电子科技有限公司破产重整案

现金清偿和债转股都是破产重整清偿方案中常见的清偿方式。无论对于债务人还是企业来说，债务清偿方式的选择都与清偿率相互关联。本案例从普通债权人和企业两个角度阐述现金清偿和债转股清偿的区别，并分析两种清偿方式对于不同主体的意义。

关键词：债转股　清偿债务

一、重整情况介绍

（一）公司概况

安徽钰鑫电子科技有限公司（以下简称钰鑫公司）于 2008 年 12 月 9 日成立。法定代表人王某，公司经营范围包括：数字技术产品、电子产品及器材、五金等。公司注册资本 5000 万元，实收资本为 1500 万元，钰鑫公司未设立分公司，对外分别持有安徽玖零捌电子研究所有限公司 100% 的股权，以及大唐国投铁路设备有限公司 20% 的股权。

2019 年 4 月 8 日，范某军与王某飞、钰鑫公司民间借贷纠纷一案，经安徽省合肥市庐阳区人民法院民事判决确认王某飞、钰鑫公司应于判决生效之日起 10 日内偿还范某军借款本金 10,000,000 元并支付利息 2,044,931 元。[①] 该文书生效后，申请人范某军未得到清偿。随后被申请人钰鑫公司不能清偿到期债务，且明显缺乏清偿能力，2020 年 3 月 4 日，债务人钰鑫公司向合肥

① 安徽省合肥市中级人民法院民事裁定书，（2020）皖 01 破申 13 号。

市中级人民法院申请破产清算，合肥市中级人民法院裁定受理并指定清算案件的管理人（以下简称管理人）。2020 年 6 月 3 日债权人安徽万德孚投资有限公司向合肥市中级人民法院申请对钰鑫公司进行破产重整，而后合肥市中级人民法院裁定钰鑫公司转入重整。2020 年 7 月 7 日，通过债权人第二次会议，管理人向合肥市中级人民法院提交重整计划草案。2020 年 7 月 9 日合肥市中级人民法院裁定批准重整计划草案，同时终止钰鑫公司的重整程序。

钰鑫公司的资产包括货币资金、固定资产及无形资产等。经安徽凯吉通会计师事务所审计，以钰鑫公司破产清算受理日即 2020 年 3 月 4 日为审计基准日，钰鑫公司资产审计后净值为 13,404,411.52 元，具体由货币资金 126,624.53 元、应收账款 383,178.28 元、其他应收款 847,168.71 元、长期股权投资 11,000,000.00 元、固定资产 131,840.00 元、无形资产 915,600.00 元构成。经安徽凯吉通资产评估事务所评估，以钰鑫公司破产清算受理日即 2020 年 3 月 4 日为评估基准日，钰鑫公司固定资产（办公设备）评估价值为 131,840.00 元，无形资产（软件著作权和四项军工资质）评估价值为 915,600.00 元，长期股权投资因无法取得安徽玖零捌电子研究所有限公司和大唐国投铁路设备有限公司的财务报表等资料未进行评估，应收账款及其他应收款因管理人正在进行调查和追讨暂未评估，货币资金无须进行评估。

根据合肥市中级人民法院（2020）皖 01 破 7 号关于同意钰鑫公司继续营业的批复以及钰鑫电子第一次债权人会议表决通过的钰鑫公司继续营业及借款的提案，钰鑫公司目前已停止一切不必要的经营活动，只围绕装备承制单位资格证书续审开展相关经营工作。

（二）重整原因

2019 年 4 月 8 日，钰鑫公司、王某飞与范某军民间借贷纠纷一案，经安徽省合肥市庐阳区人民法院民事判决确认王某飞、钰鑫公司应于判决生效之日起 10 内偿还范某军借款本金 10,000,000 元并支付利息 2,044,931 元。该文书生效后，申请人范某军未得到清偿。被申请人钰鑫公司不能清偿到期债务，且明显缺乏清偿能力，导致严重资不抵债。

（三）破产重整动因

1. 保护破产出资人合法权益

根据安徽凯吉通会计师事务所和安徽凯吉通资产评估事务所分别出具的专项审计报告和评估报告可知，钰鑫公司已经严重资不抵债，所有者权益为 -33,356,079.18 元，如钰鑫公司进入破产清算程序，钰鑫公司出资人不存在可获分配的出资人权益。按照重整计划草案，将钰鑫公司出资人的权益调整为零，由选择债转股清偿方式的债权人按规定的比例享有，但其同时承担所有选择现金清偿方式债权人的清偿资金、公益债务和破产费用。对出资人权益的调整，有利于钰鑫公司出资人的合法权益，符合《企业破产法》第 87 条第 2 款第 4 项规定的条件。

2. 债务人的经营方案具有可行性

钰鑫公司系具有军工产品生产资质的民营企业。重整计划中钰鑫公司的法人主体资格和用人单位资格不变，原则上仍根据其工商登记的经营范围运营。同时，由选择债转股的股东及时报批相关许可资质，以维持钰鑫公司的企业价值，钰鑫公司通过重整程序可以最大化发挥其无形资产的市场价值，经营方案具有可行性。

（四）重整过程

1. 重整思路

本重整方案为普通债权，通过债转股及现金两种方式进行清偿，并依法调整债务人的出资人权益为零，将债务人的 100% 股权以零对价转让于同意债转股的债权人，并保持原债务人出资人注册资本不变，同意选择债转股债权人取得债务人 100% 的股权，债务人股东未出资到位的 35,000,000.00 元款项由同意债转股的债权人按照股权比例及法律规定期限进行出资。不同意选择债转股债权人的债权，按照管理人认定的债权额按照现金清偿方案进行清偿。

2. 重整方案

（1）债权清偿方案。

截至重整计划草案提交之日，经管理人审查确认无申报税务债权、无申报担保债权、职工债权金额255,883.05元一次性现金清偿、普通债权19笔，债权金额合计为22,219,511.2元。上述普通债权，经合肥中院裁定确认后，将按照如下方式予以调整和清偿：一是以钰鑫公司股权进行清偿，选择以钰鑫公司股权清偿债权的债权人，按照其债权金额占选择债权转股权清偿方式的债权人债权总额的比例，确定其对钰鑫公司持有的股权比例，以钰鑫公司的股权清偿其债权。二是以现金进行清偿，每家普通债权人所持普通债权20万元（含20万元）以下部分，全额现金清偿。对于每家普通债权人所持普通债权20万元（含20万元）以下的部分，按照100%的清偿比例，在选择债转股的债权人办理完毕相关股权工商登记手续后10日内一次性现金清偿。每家普通债权人所持普通债权20万元（含20万元）以上部分，按0.33%的比例进行现金清偿。对于每家普通债权人所持普通债权20万元（含20万元）以上的部分，按照0.33%的清偿比例，在选择债转股的债权人办理完毕相关股权工商登记手续后10日内一次性现金清偿。每家普通债权人所持普通债权20万元（含20万元）以上部分的99.67%全部豁免，钰鑫公司不再承担清偿责任。本次债权人会议前已申报债权在第一次债权人会议后未根据其通过的债权核查程序提出复核或诉讼程序的，根据管理人审查确认的债权金额参与分配。

（2）出资人权益调整方案。

王某飞、中国风险投资有限公司、曲水汇鑫茂通高新技术合伙企业（有限合伙）、中国宝安集团控股有限公司、辽宁联盟中资创业投资企业（有限合伙）、包某娣分别持有钰鑫公司95.23%、1.50%、1.35%、1.05%、0.60%、0.27%的股权，根据本出资人权益调整方案，王某飞、中国风险投资有限公司、曲水汇鑫茂通高新技术合伙企业（有限合伙）、中国宝安集团控股有限公司、辽宁联盟中资创业投资企业（有限合伙）、包某娣所持股权权益调整为零。公司全体股东将所持债务人的全部股权以零元对价方式转让于选择债转股债权人。法院批准重整计划后，债务人全部股权上设置的质押、查封、冻结及其他权利受限制的情形应当解除，股权转让时涉及有关部门协助执行的，管理人可申请法院向有关部门出具协助执行的法律文书。如因非选择债转股债权人的原因，债务人股权无法过户至上述债权人名下的，视为本重整计划执行不能，合肥中院有权应管理人或者利害关系人的请求裁定终止重整计划的执行，并宣告钰鑫公司破产。管理人已收取的选择债转股债权人的清偿资金，予以无息退回。上述债权人取得受让股权的条件为全额承担破产费用、共益债务、职工债权以及选择现金清偿方式债权人的清偿资金。本重整方案经合肥中院裁定批准后，钰鑫公司名下的全部资产包括但不限于固定资产、长期股权投资、对外未收回的应收账款、其他应收款等，均归属重整后的钰鑫公司所有。

（3）企业经营方案。

同意债转股的债权人作为新股东，召开股东会，选举董事会成员、包括法定代表人在内的管理层成员等，组建新的经营团队。重整后的经营方向原则上仍为债务人工商登记的经营范围，但具体依据新股东的股东会会议决议内容执行。钰鑫公司继续存续，其法人主体资格及用人单位资格不变，继续履行与职工签订的劳动合同，继续按照国家规定缴纳职工社会保险费用。职工的具体岗位将根据经营情况统筹安排。对于不愿意接受钰鑫公司所安排岗位的职工，公司与其解除劳动合同。因债务人四项资质许可证书于 2020 年 7 月进行续期，若本重整方案在 2020 年 7 月 10 日前通过表决或法院裁定批准，续期事项由重整后的钰鑫公司及新股东进行报批，续期与否的责任由重整后的钰鑫公司及新股东自行承担。

（五）重整结果

根据本重整计划应当支付的破产费用、共益债务已经支付完毕，选择以钰鑫公司股权进行清偿的债权人已办理相关股东身份登记手续，选择以现金方式清偿的债权人所应分配到的清偿款项已经分配完毕，本重整计划执行完毕。按照重整计划豁免的债务，自重整计划执行完毕时起，钰鑫公司不再承担清偿责任；债权人对钰鑫公司的保证人或其他连带债务人所享有的权利，不受重整计划的影响，但根据重整计划已经获得清偿的部分，债权人不得再向保证人或其他连带债务人主张。债权人会议主席终止履行职务。

二、案例启示与律师建议

（一）破产清算转重整的程序与实体要件

破产清算是指企业被宣告破产后依破产程序所进行的清算，目的在于债务人企业消亡时公平分配债务人的财产。而破产重整是为了债务人企业继续存续，通过重整从而有能力清偿债务，使债权人、出资人、其他利害关系人与债务人企业的利益得到保障。我国《企业破产法》规定了破产清算、破产重整可以在程序进行过程中依法转换。根据《企业破产法》第 70 条第 2 款的规定，债权人申请对债务人进行破产清算的，在人民法院受理破产案件后、宣告债务人破产之前，债务人或者出资额占债务人注册资本 1/10 以上的出资人，可以向人民法院申请重整。因此，破产清算程序转入重整程序的适用条件应当包括程序要件、实体要件。

1. 程序要件

（1）申请时间为人民法院受理破产申请到宣告债务人破产前。

债权人提起破产清算申请，如果人民法院不予受理，债务人、出资人不得提起重整转换的申请。因债权人申请对债务人进行破产清算且为人民法院受理，此时，相关法律措施已经实施，如管理人已经产生、财产已经被接管等，在已经进入破产程序的情形下，债务人、出资人才有权提出重整申请。重整申请具有优先的排他效力，重整申请一经法院裁定认可，正在进行的破产清算程序即告中止。在债务人不执行或不能执行重整计划时，人民法院将裁定破产重整程序转为破产清算程序。破产重整程序转入破产清算程序后，不能再转回破产重整程序，因为，已经宣告开始的破产清算程序是不可逆转的。

（2）申请人限于债务人或者出资人。

在债权人申请债务人破产后，要给予债务人或者出资人救助企业的机会。债务人和出资人与债权人相比，对企业的价值文化更加熟悉，更愿意为企业的重生作出努力，而债权人更关注自身利益的实现，无须顾及企业的长远发展。因而，给予债务人或者出资人申请权，便于其通过重整救助企业。

（3）人民法院已经受理的债权人提出的破产申请，以适用破产清算程序为内容。

债务人、出资人必须在债权人申请对债务人进行破产清算的情况下，才可以提出重整申请。根据我国《企业破产法》的规定，债权人提出重整申请仅限于债务人尚未进入破产程序时。若债权人提出的是重整申请，债务人或出资人此时已无另行申请的必要。

2. 实体要件

在破产清算程序向重整程序转换中，无论是债务人申请重整还是出资人申请重整，实体上的适用条件都应当是债务人重整必须具有可行性和企业存在挽救的可能性。《企业破产法》对于重整可行性的标准没有规定。本案中，合肥市中级人民法院认为，若通过清算程序对钰鑫公司资产进行拍卖处置，变现价格很有可能大大低于评估值，清偿率较低，且钰鑫公司出资人不存在可获分配的出资人权益，普通债权人的清偿率无法得到保障。通过清算程序进行处置不利于社会稳定。另外，债务人该类资产可以通过后期引进投资人开展重整工作。在管理人组织的债委会会议中，各债委会成员均支持启动重整工作。因此，法院裁定转入重整程序。由此可以看出，破产清算程序向重整程序转换的实体条件包括两方面：一是债务人确有挽救希望，破产清算评估值较低，清偿率低且可能会引起群体性事件。因为从重整的目的是债权人通过放弃部分权利以换取更大利益的角度来说，债务人、出资人要证明债务人具有重整可能性，就必须将债务人具备重整希望作为要件，说明债务人目前遇到的无法清偿到期债务的困境，不是债务人已丧失盈利能力，而是因为债务人遇到了暂时困难。如果债权人给予债务人一定的宽限，债务人可以在一定期限内扭亏为盈，直至最后清偿全部债务。一般认为，破产清算程序向重整程序转换的前提条件是债务人必须有重建的希望和价值。二是债务人和投资人均赞成重整，《企业破产法》第 87 条第 1 款规定：“部分表决组未通过重整计划草案的，债务人或者管理人可以同未通过重整计划草案的表决组协商。该表决组可以在协商后再表决一次。双方协商的结果不得损害其他表决组的利益。”该规定是指对于部分表决组表决未通过的重整计划草案，人民法院在企业有重整希望，重整计划草案又符合一定条件时，裁定批准重整计划草案的制度，又称为重整计划草案的强制批准。适用本条规定的前提是至少有一个表决组通过了重整计划草案，如果所有的表决组都没有通过重整计划，则应由人民法院裁定终止重整程序并宣告债务人破产。

（二）现金清偿和债转股的区别

现金清偿是破产重整清偿方案中比较常见的清偿方式之一，现金的来源往往是变现部分非经营所需资产所得，如战略投资者提供的现金，或企业以借款形式筹措的现金等。债转股清偿是指在重整程序中通过将部分或全部债务转换成股权，来降低破产企业的债务规模。在实际的重整方案中，通过应用债转股，能够提高清偿率，减少普通债权人尤其是大额金融债权人的损失。

（1）对普通债权人的影响。

从普通债权人的角度来看，如果是现金清偿，说明负债累累的企业除了清偿职工债权、税务债权，还需要额外拿出现金对普通债权中的小额债权人进行清偿。因此，现金清偿方案对于金融债权人的清偿程度往往较低，导致普通债权人当前债权价值明显低于其余方案。不过在法院裁定的重整方案中对于清偿数额有明确的现金支付数值，债权人能够准确计算当前能够回收的资金，并且通常为一次性清偿，或者分期清偿，有明确的时间计划，整体上时间效率高。

债转股清偿方式不直接削减债务，而是让转股债权人通过股权转让市场等渠道实现退出，间接偿付转股债权的重整模式。股权方式折算得到的清偿率相对较高，价值较高。普通债权人转化为企业的股东，享受企业剩余收益的分配权。但是重整后的企业能否良好运营，为股东创造利润，这与企业管理、市场运行状况息息相关，存在较大的不确定性。而且时间效率相当低，因为需要较长时间才能等到企业经营改善，权益增加。

（2）对企业重整后的影响。

对于重整后的债务人而言，现金清偿不利于减轻自身的负债压力，还将带来一定的资金负担，尤其是通过借款形式获取清偿资金的债务人，更不利于改善资金状况。企业自身资金链较为紧张，用于清偿债权人的现金越多，对自身运营资金的挤占越大。但好在现金清偿方式有利于维护股东的地位，维护股东地位主要表现在原股东与重整进入方之间股权的让渡，股权并没有分摊至债务人。

债转股对企业来说是降低负债率的最直接手段，这也是其被推广的主要原因。但该方式使股权份额摊薄，直接影响原股东地位，尤其是对于大股东的影响较大，债转股方式往往需要大股东让渡部分乃至全部的权益。虽说债转股清偿方式降低了股东地位，但好在普通债权人转化为股东，在降低负债的同时增加了企业净资产，能够有效降低企业的负债，并且不需要将资金用于清偿普通债权人，资金可以全部用于自身运营，一定程度上能够改善资金状况。

法条索引

《企业破产法》

第七十条 债务人或者债权人可以依照本法规定，直接向人民法院申请对债务人进行重整。

债权人申请对债务人进行破产清算的，在人民法院受理破产申请后、宣告债务人破产前，债务人或者出资额占债务人注册资本十分之一以上的出资人，可以向人民法院申请重整。

第八十一条 重整计划草案应当包括下列内容：

（一）债务人的经营方案；

（二）债权分类；

（三）债权调整方案；

（四）债权受偿方案；

（五）重整计划的执行期限；

（六）重整计划执行的监督期限；

（七）有利于债务人重整的其他方案。

第八十二条 下列各类债权的债权人参加讨论重整计划草案的债权人会议，依照下列债权分类，分组对重整计划草案进行表决：

（一）对债务人的特定财产享有担保权的债权；

（二）债务人所欠职工的工资和医疗、伤残补助、抚恤费用，所欠的应当划入职工个人账户的基本养老保险、基本医疗保险费用，以及法律、行政法规规定应当支付给职工的补偿金；

（三）债务人所欠税款；

（四）普通债权。

人民法院在必要时可以决定在普通债权组中设小额债权组对重整计划草案进行表决。

第八十七条 部分表决组未通过重整计划草案的，债务人或者管理人可以同未通过重整计划草案的表决组协商。该表决组可以在协商后再表决一次。双方协商的结果不得损害其他表决组的利益。

未通过重整计划草案的表决组拒绝再次表决或者再次表决仍未通过重整计划草案，但重整计划草案符合下列条件的，债务人或者管理人可以申请人民法院批准重整计划草案：

（一）按照重整计划草案，本法第八十二条第一款第一项所列债权就该特定财产将获得全额清偿，其因延期清偿所受的损失将得到公平补偿，并且其担保权未受到实质性损害，或者该表决组已经通过重整计划草案；

（二）按照重整计划草案，本法第八十二条第一款第二项、第三项所列债权将获得全额清偿，或者相应表决组已经通过重整计划草案；

（三）按照重整计划草案，普通债权所获得的清偿比例，不低于其在重整计划草案被提请批准时依照破产清算程序所能获得的清偿比例，或者该表决组已经通过重整计划草案；

（四）重整计划草案对出资人权益的调整公平、公正，或者出资人组已经通过重整计划草案；

（五）重整计划草案公平对待同一表决组的成员，并且所规定的债权清偿顺序不违反本法第一百一十三条的规定；

（六）债务人的经营方案具有可行性。

人民法院经审查认为重整计划草案符合前款规定的，应当自收到申请之日起三十日内裁定批准，终止重整程序，并予以公告。

国务院《关于积极稳妥降低企业杠杆率的意见》附件：《关于市场化银行债权转股权的指导意见》

三、实施方式

（一）明确适用企业和债权范围。

市场化债转股对象企业由各相关市场主体依据国家政策导向自主协商确定。

市场化债转股对象企业应当具备以下条件：发展前景较好，具有可行的企业改革计划和脱困安排；主要生产装备、产品、能力符合国家产业发展方向，技术先进，产品有市场，环保和安全生产达标；信用状况较好，无故意违约、转移资产等不良信用记录。

鼓励面向发展前景良好但遇到暂时困难的优质企业开展市场化债转股，包括：因行业周期性波动导致困难但仍有望逆转的企业；因高负债而财务负担过重的成长型企业，特别是战略性新兴产业领域的成长型企业；高负债居于产能过剩行业前列的关键性企业以及关系国家安全的战略性企业。

禁止将下列情形的企业作为市场化债转股对象：扭亏无望、已失去生存发展前景的"僵尸企业"；有恶意逃废债行为的企业；债权债务关系复杂且不明晰的企业；有可能助长过剩产能扩张和增加库存的企业。

转股债权范围以银行对企业发放贷款形成的债权为主，适当考虑其他类型债权。转股债权质量类型由债权人、企业和实施机构自主协商确定。

14. 公司合并重整需要哪些条件

——建瓯市群升置业有限公司建瓯市和成房地产开发有限公司合并重整案

合并破产、合并重整规则是破产管辖法院所采用以推进破产案件的进程，有助于解决债权人重复申报债权、各合并债务人之间互负债务等的问题，节约重整成本和费用，提高效率。本案例主要以企业之间关联关系及企业之间法人人格高度混同两方面，对合并重整规则要件进行分析。

关键词：合并重整　关联关系　人格混同

一、重整情况介绍

（一）公司概况

群升置业有限公司（以下简称群升公司）设立于2012年6月19日，系有限责任公司（自然人投资或控股），住所地位于建瓯市（县级市）中山东路中环广场，法定代表人为游某和，注册资本达15,000万元人民币，群升公司股东出资及现有股权结构为：法定代表人游某和认缴出资9501万元，持有63.34%的公司股份，游某认缴出资5499万元，持有36.66%的公司股份；实收资本11,000万元（其中新增注册资本中游某和出资5001万元，游某出资4999万元已全部到位）。股东游某和尚有4000万元股本金未缴足。经营范围包括一般经营项目：房地产开发、销售，物业管理，园林绿化工程设计、施工，对商业的投资。和成房地产开发有限公司（以下简称和成公司）设立于2011年3月28日，系有限责任公司（自然人投资或控股），住所地位于建瓯市中山东路中环广场，法定代表人为游某和，注册资本达6000万元人民币，和成公司股东出资及现有股权结构为：游某和认缴出资 5700 万元，持有 95% 的公司股份，游某认缴出资 300 万元，持有 5% 的公司股份；实收资本 4000 万元。股东游某和尚有股本金 2000 万元未缴足。经营范围包括一般经营项目：房地产开发、销售，物业管理，园林绿化，房产中介服务（依法须经批准的项目，经相关部门批准后方可开展经营活动）。①

群升公司、和成公司开发建设的建州商贸城、中环广场项目因项目资金断裂、公司无法清偿到期债务。2019 年 2 月 19 日，建瓯市人民政府根据群升公司、和成公司申请，成立“中环山水”“中环广场”问题楼盘工作协调领导小组，下设清算组协同解决该问题楼盘的续建与验收及相关工作，组织专业法律顾问团队、财务顾问团队对该项目开展重组工作。2020 年 4 月 29 日，建瓯市人民法院根据债权人丁某涵的申请，分别裁定受理群升公司、和成公司破产重整，并指定两公司清算组担任管理人。2020 年 9 月 22 日，管理人以两公司存在高度的关联性且账务严重混同为由向本院申请对两公司实质合并重整，2020 年 10 月 25 日建瓯市人民法院以（2020）闽 0783 破 1、2 号民事裁定书裁定群升公司、和成公司实质合并重整。

群升公司经管理人委托福建安信有限责任会计师事务所出具的清产核资专项审计报告显示：至基准日 2020 年 10 月 25 日止清查时点的资产财务状况为：资产总额 1,051,123,760.39 元，负债总额 956,133,367.20 元，净资产总额 94,990,393.19 元。经审计调整后清查时点的资产财务状况为：资产总额 164,090,372.56 元，负债总额 2,185,062,297.58 元，净资产总额 -2,020,971,925.02元。具体包括：（1）股东游某和尚有 4000 万元注册资本金未缴足。但游某和因刑事犯罪，被羁押于监狱服刑，其作为相关债权的连带保证人，名下相应资产均被司法查封、拍卖，未发现有资产可追索。（2）中环广场房屋建筑共规划建设 5 幢高层住宅、2 幢酒店式公寓、2 幢商业综合体、1 幢售楼部（临时建筑）。其中高层住宅已交房，但尚未完成竣工验收，酒店式公寓及商业综合体尚处于在建状态。（3）土地合计 2 宗，证载

① 载企查查，https://www.qcc.com/firm/a6da381b14b2117e923c333a6dc6b8f2.html，2022 年 6 月 1 日最后访问。

土地面积合计 63,991 平方米，容积率 2.62%，性质为商住用地。其中，用于抵押的商业用地 1 宗（288 号），面积为 47,553 平方米。银行存款共计 2,578,863.49 元，其中保证金共计 2,576,000 元。（4）银行存款主要为债务人为购房户办理按揭贷款进行担保所缴纳的保证金。管理人已就该保证金向银行诉讼追回，尚在诉讼过程中。

和成公司经管理人委托福建安信有限责任会计师事务所出具的清产核资专项审计报告显示：至基准日 2020 年 10 月 25 日止清查时点的资产财务状况为：资产总额 564,107,034.77 元，负债总额 537,485,615.37 元，净资产总额 26,621,419.40 元。经审计调整后清查时点的资产财务状况为：资产总额 221,600,692.29 元，负债总额 2,013,813,602.72 元，净资产总额 -1,792,212,910.43元。具体包括：（1）股东游某和尚有 2000 万元注册资本金未缴足。但游某和因刑事犯罪，处于监狱服刑，其作为相关债权的连带保证人，名下相应资产均被司法查封、拍卖，未发现有资产可追索。（2）中环山水房屋建筑物共规划建设 30 幢房屋，包括 9 幢高层住宅及 21 幢低层住宅。截至目前，高层住宅在建 5 幢（其中 3 幢为 28 层、2 幢为 29 层），尚未开工建设的有 4 幢（其中 3 幢为 28 层，1 幢为 29 层）；低层住宅在建的 8 幢（其中 2 幢为 4 层，6 幢为 5 层），尚未开工建设的有 13 幢（均为 4 层）。高层住宅规划有配套底商。（3）土地合计 4 宗，证载土地面积合计 65,027 平方米，容积率 2.94%。（4）银行存款根据审计机构初步审计结果，债务人银行存款共计 1,469,399.86 元，其中保证金共计 1,442,064.39 元，主要为债务人为购房户办理按揭贷款进行担保所缴纳的保证金。管理人已就该保证金向银行诉讼追回，尚在诉讼过程中。[①]

（二）重整原因

群升公司、和成公司开发建设的建州商贸城、中环广场项目因项目资金断裂、原经营管理者涉嫌刑事犯罪，建设项目烂尾停工、购房者围堵、债权人催讨、诉讼激增、公司资产被查封、冻结等，公司无法清偿到期债务。

① 参见建瓯市群升系合并重整计划草案及补充草案——20210420 群升公司、和成公司重整计划草案［（2020）闽 0783 破 2 号实质合并重整裁定书］。

（三）破产重整动因

清算期间，清算组委托评估、审计机构对群升公司、和成公司的全部资产进行全面的客观评估、审计，根据评估、审计机构提供之数据，作出的财务数据测算出普通债权受偿率仅约为 2.504%，且实际破产清算的受偿比例可能低于模拟清算结果。重整比破产清算更有利。

（1）破产清算状态下，按现有的状态进行多轮次的降价拍卖资产，又要保障国有土地出让合同条件得到满足，难以吸引有意向的竞买人参与竞拍，竞买人也将考虑各种政策因素与条件要求最终也以极低的价格参与拍卖。重整状态下，可以保障受偿率大幅高于清算状态下的受偿率。

（2）因破产清算，导致群升公司、和成公司主体消灭，原建设项目的验收、初始登记将久久难以完成，甚至存在无法完成的巨大风险。而重整状态下，沿用原主体可以继续完成验收、办证工作。

（3）清算拍卖资产的转移变更，以新的受让主体重新报规划、施工、设计、审批等漫长的流程，恢复工程建设周期存在无法确定的因素。而重整状态下，在重整计划获得人民法院裁定批准后，即可马上恢复建设。

（四）重整过程

1. 重整思路

群升公司、和成公司的重整工作得到了建瓯法院及建瓯市政府的高度重视和大力支持。重整工作坚持市场化、法治化的原则，严格执行《企业破产法》等相关法律法规的规定，充分保障债权人的知情权、参与权和监督权，对债权人、购房者开放、透明，力争实现债权人利益最大化和企业脱困重生。因两公司存在高度的关联性且账务严重混同对两公司进行实质合并重整，通过发布公告公开招募重整投资人，以注入资金的方式使中环广场、中环山水项目重整续建。

2. 重整方案

为使普通债权人债权得以部分受偿，购房者得以交房、办证，需对中环广场、中环山水项目通过重整续建、销售的方式盘活。管理人通过全国企业破产重整案件信息网、福州市破产管理人协会微信公众号等媒体发布公告公开招募重整投资人。仅有新沂飞强置业有限公司向管理人提交重整投资方案，并缴纳重整投资保证金。针对债务人的目前状况，重整方为债务人重整作出下述规划：

（1）重整投资总资金、项目重整资金总投入约20亿元，自重整计划经人民法院裁定批准通过后36个月内完成A1（未竣工）地块全面开发建设工作；优先开展对A2（未竣工）地块已售房产复工建设工作，自重整计划经人民法院裁定批准通过后36个月内全面完成A2地块的开发建设工作。

（2）根据建瓯市人民政府《关于研究“中环广场、中环山水”问题楼盘处置有关问题的纪要》，为支持问题楼盘拯救工作，依法保障购房业主、债权人、政府的权益，维护社会稳定，对中环广场A1地块在总容积率不变、土地用途不变的前提下，商业建设占比调整为不高于30%建设。

（3）针对土地出让合同约定的建设保障性住房，在A1、A2地块住宅销售达总建筑面积的60%起动工建设A4地块保障性住房，在A1、A2地块住宅销售达总建筑面积的80%时完成A4地块保障性住房竣工工作，根据《建州商贸城A4地块保障房配建合同》约定，群升公司、和成公司应负责建设的保障房总面积为29,883.57平方米，不因其他因素调整增加保障房的建设面积。

（4）针对土地出让合同中关于修建黄华路片区内道路、供电供排水等管网和水利泄洪道建设的约定，根据A1、A2地块后续开发建设销售情况，重整方应于项目销售达总建筑面积的80%时且土地征收工作完成具备建设条件后完成建设工作。对于建瓯二中的建设应待项目土地划拨确定并符合建设条件的情况下另行确定，或由建瓯二中与重整方另行协商建设或以货币补偿。

（5）对调整后的商业综合体采取统一委托商业运营的形式，与商铺业主协商通过重整方成立的商管公司聘请专业的运营团队进行统一经营，完善商业体形态。

（6）完成一期已交房产的综合验收工作，自重整计划经人民法院裁定批准通过后12个月内完成对一期已售房产业主不动产权属证书的办理工作。快速实现对二期中环山水已销售部分房产的复工建设工作，自重整计划经人民法院裁定批准通过后24个月内完成已销售部分房产的交房工作，交房后12

个月内完成办证工作。

（7）完善物业全方位服务。

①引进或完善物业管理服务中心，引进物业专业人才参与物业服务管理，为项目楼盘小区提供优质的物业服务。

②小区安防设施：封闭式管理，24 小时保安巡逻，小区设立监控设施，门禁管理，多重安防措施保障业主人身、财产安全。

（8）组建专业管理团队，构建科学组织体系（组织构架及各部职能职责），制定严格的管理制度和运作流程。

（9）组织专业团队，协助管理人清理对外债务。

（10）强化资金管理，接受管理人、法院的监督，按重整计划按期清偿债务，确保企业正常运转。

（11）重整过程中，认真甄选建筑商、销售公司、监理公司等，加大销售宣传力度，加快项目建设进度，力争早日执行完毕重整计划。

（12）为保障后续建设需求，重整方应于法院裁定批准重整计划之日起 30 日内向管理人账户支付 3000 万元履约保证金（其中 1000 万元已于重整投资方案提交时缴纳转化），履约保证金根据工程进度分批解除，并用于清偿债务。

（五）重整结果

自开展群升公司、和成公司重整工作以来，管理人即全面对债务人进行了调查摸底和清产核资，兼顾各方面债权人的利益，在充分考虑听取各方主体意见，并尊重群升公司、和成公司资产负债这一基本事实的基础上，在法律、法规、司法解释允许的范围内，作了周密的财务分析与法律论证，与各相关利益主体进行了充分的沟通和协调，最终根据重整计划应当支付的破产费用和共益债务已经支付完毕，应当向债权人支付的清偿款项已经分配完毕；债权人未领受的清偿款项已按照本重整计划全额提存至管理人指定的银行账户；应当以现金或抵房方式清偿的各类债权已按照本重整计划的规定获得清偿，或者重整方已经与债权人另行达成协议，并于 2021 年 12 月 28 日由建瓯市人民法院裁定终止重整程序。

二、案例启示与律师建议

（一）公司合并重整要件

本案中，管理人以两公司存在高度关联性且账务严重混同为由向建瓯市人民法院申请对两公司实质合并重整。《全国法院破产审判工作会议纪要》中提到关联企业破产的适用标准为“当关联企业成员之间存在法人人格高度混同、区分各关联企业成员财产的成本过高、严重损害债权人公平清偿利益时”，由此企业之间具有关联关系及企业之间法人人格高度混同等两方面要件，是合并重整规则的首要要件。判定两公司存在高度的关联性且账务严重混同应从以下入手：

（1）企业之间具有关联关系。

一般而言，企业之间没有关联关系并不能适用合并重整规则。具有关联关系的企业，称为关联企业，因此合并重整也称为关联企业合并重整，但关联关系认定极其复杂。

《公司法》第216条第4项规定，“关联关系”是指公司控股股东、实际控制人、董事、监事、高级管理人员与其直接或者间接控制的企业之间的关系，以及可能导致公司利益转移的其他关系。然而，该条规定过于笼统，内涵过于抽象，很难将此作为认定合并重整中关联关系的依据。但《上海证券交易所上市公司关联交易实施指引》以及深圳证券交易所制定和发布的《深圳证券交易所股票上市规则》等，即对“关联人”及关联关系作了极为详细的规定，如《上海证券交易所股票上市规则》第六章明确规定，上市公司的关联人包括关联法人和关联自然人。其中关联法人为：

①直接或者间接控制上市公司的法人或其他组织；

②由①项直接或者间接控制的除上市公司、控股子公司及控制的其他主体以外的法人或其他组织；

③关联自然人直接或者间接控制的，或者担任董事、高级管理人员的，除上市公司、控股子公司及控制的其他主体以外的法人或其他组织；

④持有上市公司5%以上股份的法人或其他组织及其一致行动人；

中国证监会、本所或者上市公司根据实质重于形式原则认定的其他与上市公司有特殊关系，可能导致上市公司利益对其倾斜的法人或其他组织为上市公司的关联人。

相比《公司法》的规定而言，《证券法》及证券监管方面，对关联关系、关联企业的规定已经非常精细和具体，可以作为合并重整中关联关系认定的参考依据。另外《税收征收管理法实施细则》第51条第1款规定："税收征管法第三十六条所称关联企业，是指有下列关系之一的公司、企业和其他经济组织：（一）在资金、经营、购销等方面，存在直接或者间接的拥有或者控制关系；（二）直接或者间接地同为第三者所拥有或者控制；（三）在利益上具有相关联的其他关系。"该规定同样在《企业所得税法实施条例》第109条中体现。而在破产实务中，不仅从出资导致的股权控制、特定自然人（包括实际控制人、董事、监事、高级管理人员）与企业之间的职务控制两方面来界定关联人、关联方或关联关系，还需要在更多、更具体的层面对关联关系进行综合认定，如对企业之间的人员（不仅仅是实际控制人、董事、监事、高级管理人员）、财产、实物、运营、管理、业务、资金、债权债务、担保等各种方面的联系或牵连进行综合核查和认定。破产实务中的关联企业、"关联关系"须结合企业之间的股权控制、职务控制与企业之间的人格混同情形来共同考察和认定。假如存在股权控制或职务控制关系的企业之间不存在人格混同的情形，则并不一定具有破产意义上的"关联关系"；同样，表面上不存在股权控制或职务控制关系的企业之间，如存在人格高度混同的情形，则可以认定具有破产意义上的"关联关系"。

（2）企业之间法人人格高度混同导致区分成本过高，严重损害债权人公平清偿利益。

《全国法院破产审判工作会议纪要》第32条表述，人民法院在审理企业破产案件时，应当尊重企业法人人格的独立性，以对关联企业成员的破产原因进行单独判断并适用单个破产程序为基本原则。当"关联企业成员之间存在法人人格高度混同""区分各关联企业成员财产的成本过高""严重损害债权人公平清偿利益"时，可例外适用关联企业实质合并破产方式进行审理。企业之间法人人格高度混同导致区分成本过高、严重损害债权人公平清偿利益为合并重整的标准和要件之一。

①企业之间法人人格高度混同。

在公司法上，企业之间法人人格混同可能会导致“刺破公司面纱”规则的适用，股东须为公司债务承担连带责任。《公司法》第20条第3款规定，公司股东滥用公司法人独立地位和股东有限责任，逃避债务，严重损害公司债权人利益的，应当对公司债务承担连带责任。《公司法》第63条规定，一人有限责任公司的股东不能证明公司财产独立于股东自己的财产的，应当对公司债务承担连带责任。而企业之间法人人格混同导致的“刺破公司面纱”规则，为关联企业合并重整提供了坚实的法律依据。不过，在破产实务中，对关联企业合并重整所要求的企业法人人格高度混同情形在具体实务中会要求达到“高度混同”的标准，所谓“高度混同”，则需要对关联企业之间人、财、物、运营、管理、业务、资金、债权债务、担保等各方面的联系或牵连进行深入核查和综合判断，企业之间须在诸多方面存在紧密的联系或牵连，才能认定存在法人人格高度混同的情形。

《上海市高级人民法院民事审判第二庭关于审理公司法人人格否认案件的若干意见》第8条对人格高度混同的认定进行了具体细化，即“下列情形持续、广泛存在的，可以综合认定股东与公司人格高度混同：（一）（财产混同情形）存在股东与公司资金混同、财务管理不作清晰区分等财产混同情形的；（二）（业务混同情形）存在股东与公司业务范围重合或大部分交叉等业务混同情形的；（三）（人事混同情形）存在股东与公司法定代表人、董事、监事或其他高管人员相互兼任，员工大量重合等人事混同情形的；（四）（场所混同情形）存在股东与公司使用同一营业场所等情形的”。

②区分各关联企业成员财产的成本过高或者严重损害债权人公平清偿利益。

如果在法人人格高度混同的情况下关联企业之间有较多的债权债务、资金拆借、往来等，区分难度较大，区分的成本也较高，同时即便真的进行了区分，区分的效果也可能并不尽如人意，因此区分结果意义不大。

另外，合并重整最核心的要件是关联企业之间法人人格高度混同导致了严重损害债权人公平清偿利益。如果坚持关联企业各自的法人人格独立性，可能会导致全部债权人清偿利益受损，也可能导致部分债权人清偿利益受损，即合并重整状态下全部财产对全部债权人利益要明显优于关联企业各自对各自债权人的清偿利益。

（二）货币补偿方式

货币补偿，是指在拆迁补偿中，经拆迁人与被拆迁人协商，被拆迁人放弃产权，由拆迁人以市场评估价为标准，对被拆除的房屋所有人进行货币形式的补偿。货币补偿是我国城市房屋拆迁补偿的主要方式，其主要优点是操作简单方便，被拆迁人选择住房可以不受地点等的限制，同时不会产生延长过渡期限、被拆迁人不能及时回迁等后续问题。

本案中对于建瓯二中的建设应待项目土地划拨确定后由建瓯二中与重整方另行协商建设或货币补偿方式。若建瓯二中与重整方采用货币补偿方式，关于货币补偿的金额，根据《城市房屋拆迁管理条例》（已失效）第24条的规定，应当根据被拆迁房屋的区位、用途、建筑面积等因素，以房地产市场评估价格确定。包括以下三种法定评估依据：

（1）市场评估价：指被拆迁房屋的房地产市场价格是由符合规定的专业估价机构，根据估价目的，遵循估价原则，按照估价程序，选用适宜的估价方法，并在综合分析影响房地产价格因素的基础上，对房地产在估价时点的客观合理价格或价值进行估算和判定的。

（2）商品房交易均价：指同区域、同类型普通住宅商品房交易平均价格，由相关部门每季度定期汇总测定并公布。

（3）重置价：指由估价机构采用估价时点的建筑材料和建筑技术，按估价时点的价格水平，判定出重新建造与估价对象具有同等功能效用的全新状态的建筑物的正常价格。

法条索引

《企业破产法》

第八十七条 部分表决组未通过重整计划草案的，债务人或者管理人可以同未通过重整计划草案的表决组协商。该表决组可以在协商后再表决一次。

双方协商的结果不得损害其他表决组的利益。

未通过重整计划草案的表决组拒绝再次表决或者再次表决仍未通过重整计划草案，但重整计划草案符合下列条件的，债务人或者管理人可以申请人民法院批准重整计划草案：

（一）按照重整计划草案，本法第八十二条第一款第一项所列债权就该特定财产将获得全额清偿，其因延期清偿所受的损失将得到公平补偿，并且其担保权未受到实质性损害，或者该表决组已经通过重整计划草案；

（二）按照重整计划草案，本法第八十二条第一款第二项、第三项所列债权将获得全额清偿，或者相应表决组已经通过重整计划草案；

（三）按照重整计划草案，普通债权所获得的清偿比例，不低于其在重整计划草案被提请批准时依照破产清算程序所能获得的清偿比例，或者该表决组已经通过重整计划草案；

（四）重整计划草案对出资人权益的调整公平、公正，或者出资人组已经通过重整计划草案；

（五）重整计划草案公平对待同一表决组的成员，并且所规定的债权清偿顺序不违反本法第一百一十三条的规定；

（六）债务人的经营方案具有可行性。

人民法院经审查认为重整计划草案符合前款规定的，应当自收到申请之日起三十日内裁定批准，终止重整程序，并予以公告。

《公司法》

第二十条 公司股东应当遵守法律、行政法规和公司章程，依法行使股东权利，不得滥用股东权利损害公司或者其他股东的利益；不得滥用公司法人独立地位和股东有限责任损害公司债权人的利益。

公司股东滥用股东权利给公司或者其他股东造成损失的，应当依法承担赔偿责任。

公司股东滥用公司法人独立地位和股东有限责任，逃避债务，严重损害公司债权人利益的，应当对公司债务承担连带责任。

第六十三条 一人有限责任公司的股东不能证明公司财产独立于股东自己的财产的，应当对公司债务承担连带责任。

第二百一十六条 本法下列用语的含义：

（一）高级管理人员，是指公司的经理、副经理、财务负责人，上市公司董事会秘书和公司章程规定的其他人员。

（二）控股股东，是指其出资额占有限责任公司资本总额百分之五十以上或者其持有的股份占股份有限公司股本总额百分之五十以上的股东；出资额或者持有股份的比例虽然不足百分之五十，但依其出资额或者持有的股份所享有的表决权已足以对股东会、股东大会的决议产生重大影响的股东。

（三）实际控制人，是指虽不是公司的股东，但通过投资关系、协议或者其他安排，能够实际支配公司行为的人。

（四）关联关系，是指公司控股股东、实际控制人、董事、监事、高级管理人员与其直接或者间接控制的企业之间的关系，以及可能导致公司利益转移的其他关系。但是，国家控股的企业之间不仅因为同受国家控股而具有关联关系。

《税收征收管理法》

第三十六条 企业或者外国企业在中国境内设立的从事生产、经营的机构、场所与其关联企业之间的业务往来，应当按照独立企业之间的业务往来收取或者支付价款、费用；不按照独立企业之间的业务往来收取或者支付价款、费用，而减少其应纳税的收入或者所得额的，税务机关有权进行合理调整。

《税收征收管理法实施细则》

第五十一条 税收征管法第三十六条所称关联企业，是指有下列关系之一的公司、企业和其他经济组织：

（一）在资金、经营、购销等方面，存在直接或者间接的拥有或者控制关系；

（二）直接或者间接地同为第三者所拥有或者控制；

（三）在利益上具有相关联的其他关系。

纳税人有义务就其与关联企业之间的业务往来，向当地税务机关提供有关的价格、费用标准等资料。具体办法由国家税务总局制定。

《企业所得税法实施条例》

第一百零九条 企业所得税法第四十一条所称关联方，是指与企业有下列关联关系之一的企业、其他组织或者个人：

（一）在资金、经营、购销等方面存在直接或者间接的控制关系；

（二）直接或者间接地同为第三者控制；

（三）在利益上具有相关联的其他关系。

《国有土地上房屋征收与补偿条例》

第十七条 作出房屋征收决定的市、县级人民政府对被征收人给予的补偿包括：

（一）被征收房屋价值的补偿；

（二）因征收房屋造成的搬迁、临时安置的补偿；

（三）因征收房屋造成的停产停业损失的补偿。

市、县级人民政府应当制定补助和奖励办法，对被征收人给予补助和奖励。

第十八条 征收个人住宅，被征收人符合住房保障条件的，作出房屋征收决定的市、县级人民政府应当优先给予住房保障。具体办法由省、自治区、直辖市制定。

第十九条 对被征收房屋价值的补偿，不得低于房屋征收决定公告之日被征收房屋类似房地产的市场价格。被征收房屋的价值，由具有相应资质的房地产价格评估机构按照房屋征收评估办法评估确定。

对评估确定的被征收房屋价值有异议的，可以向房地产价格评估机构申请复核评估。对复核结果有异议的，可以向房地产价格评估专家委员会申请鉴定。

房屋征收评估办法由国务院住房城乡建设主管部门制定，制定过程中，应当向社会公开征求意见。

第二十条 房地产价格评估机构由被征收人协商选定；协商不成的，通过多数决定、随机选定等方式确定，具体办法由省、自治区、直辖市制定。

房地产价格评估机构应当独立、客观、公正地开展房屋征收评估工作，任何单位和个人不得干预。

第二十一条 被征收人可以选择货币补偿，也可以选择房屋产权调换。

被征收人选择房屋产权调换的，市、县级人民政府应当提供用于产权调换的房屋，并与被征收人计算、结清被征收房屋价值与用于产权调换房屋价值的差价。

因旧城区改建征收个人住宅，被征收人选择在改建地段进行房屋产权调换的，作出房屋征收决定的市、县级人民政府应当提供改建地段或者就近地段的房屋。

第二十二条 因征收房屋造成搬迁的，房屋征收部门应当向被征收人支付搬迁费；选择房屋产权调换的，产权调换房屋交付前，房屋征收部门应当向被征收人支付临时安置费或者提供周转用房。

第二十三条 对因征收房屋造成停产停业损失的补偿，根据房屋被征收前的效益、停产停业期限等因素确定。具体办法由省、自治区、直辖市制定。

15. 破产重整中如何进行有效的债权审查

——繁峙县平型关铁矿有限公司破产重整案①

破产债权的审查与核实环节是破产重整过程中最为复杂、烦琐的内容之一，而破产债权的申报和审核作为管理人的主要工作，其要求的合法性、审慎度、合理性一直很高。实践中，管理人在破产债权审查中一般分门别类就债权情况做出专业的法律审核，本案例就债权审核中主体、真实性、合法性、时效性等要点进行了归纳。

关键词：债权审核　主体　时效

一、重整情况介绍

（一）公司概况

繁峙县平型关铁矿有限公司（以下简称繁峙县铁矿）于 2001 年 5 月 30 日在山西省繁峙县工商行政管理局登记成立。经营范围包括铁、精粉、钢材、建材经销、机械加工等。后由于经营不善，于 2015 年 2 月起停产。根据忻州市矿产资源储量报告评审专家组出具的 2014 年度矿山储量年度审查意见书［忻年报审字（2015）006 号］，繁峙县铁矿矿区范围内探明储量 3797. 93 万吨，累计动用资源储量 1062. 68 万吨，现保有储量 2735. 25 万吨。采矿权价款 22, 292. 9930 万元，共分三期缴纳。第一期 5292. 99 万元于 2013 年 2 月 13 日已缴纳，第二期 8500 万元于 2014 年 2 月 13 日已缴纳，第三期 8500 万元因资金困难只缴纳了 100 万元，目前拖欠 11, 639. 6 万元（其中 8400 万元本

① 案例来源：全国企业破产重整案件信息网（https：//pccz. court. gov. cn/pcajxxw/index/xxwsy）。

金，滞纳金510万元、资金占用费2729.5万元）尚未缴纳。由于公司严重资不抵债，由债权人殷某祥申请，2018年9月22日，山西省忻州市中级人民法院以（2018）晋09破申2号民事裁定书裁定受理申请繁峙县铁矿破产清算一案。①

（二）破产重整动因

1. 避免整体资产价值贬损

在破产重整条件下，通过设定重整对价，能够有效避免债务人整体资产价值的贬损，降低资产变现的不确定性和流拍风险，有效缩短了处置变现时间。重整投资人支付偿债资金，能够有效提高债务人清偿能力。如果走向清算，企业无法保持营运价值，资产大幅减值，资产变现能力较弱，处置周期长，处置难度大大提高。

2. 节省资产交易税费，增加可分配财产

破产重整条件下，鉴于债务人已资不抵债，股权价值归零，该交易模式下不产生资产过户交易税费，明显增加了可供债权人分配的财产。

3. 清算状态下普通债权清偿率可能为零

债务人资产评估清算价值为150,213,202.68元，在破产清算状态下，考虑支付拖欠资源价款11,639.5713万元（其中本金8400万元、滞纳金510万元、资金占用费2729.5713万元），用于清偿债务的资金为33,817,489.68元，且首先支付破产费用6,746,294.21元、共益债务2,458,100元、职工债权41,694,780元、税收债权13,800,269.5元，将不足支付劳动债权、税费债权，本次参与分配的普通债权总额为428,372,040.11元，在不考虑资产变现额、处置交易税费等的前提下，破产清算状态下普通债权的清偿率可能为0。

（三）重整过程

繁峙县铁矿因经营不善，资金链断裂，于2016年2月1日停产。2018年9月22日，山西省忻州市中级人民法院以（2018）晋09破申2号民事裁定书裁定受理殷某祥申请繁峙县铁矿破产清算一案。2018年11月20日，山西

① 山西省忻州地区（市）中级人民法院民事裁定书，（2018）晋09破申2号。

忻州市中级人民法院以（2018）晋09破申2号决定书指定管理人开展工作。2019年1月7日，管理人通过公开招标选定山西华强会计师事务所为审计机构对债务人繁峙县铁矿实施审计。2019年1月7日，管理人通过公开招标选定北京中企华资产评估有限责任公司为评估机构，对债务人繁峙县铁矿实施评估。2019年3月9日，召开第一次债权人会议，通过了《关于决定是否向人民法院申请债务人破产重整、恢复基础建设的议案》等议案。管理人在对债务人资产盘点、债权债务清理、经营现状调查了解后认为，债务人陷入危机是因为企业资金链断裂、企业管理不善等致使长期处于停产状态并最终导致本次破产重整，停产期间，债务人在维护企业资产价值等方面作了诸多努力和尝试，为恢复生产经营和本次破产重整奠定了基础。2020年1月21日，管理人向法院提交重整申请书，2020年1月22日，法院作出（2018）晋09破3号民事裁定书，对繁峙县铁矿进行重整。

管理人依法勤勉尽责地履行各项管理人职责，开展了债权申报和审核、职工债权清查、清产核资、审计评估、重整投资人招募和引进以及对债务人恢复生产、继续营业事项的监督管理等一系列工作使重整程序顺利有序推进，为维护债务人的资产价值、引进重整投资人创造了良好的条件和机会。2020年1月22日，管理人向社会公开发布繁峙县铁矿重整招募公告，明确招募的原则、条件、规则、流程等事项。山西中兴铸业集团有限公司未在招募期限报名，于2020年11月16日向管理人账户打款人民币2000万元，于2020年11月18日向债权人委员会提交了重整投资计划。其主要内容如下：（1）在引入重整投资人出资1.9亿元偿债资金的条件下，债务人财产价值得以保值、升值，债权人将快速实现债权，普通债权人凡是参加会议并投票表决的，在重整方案通过后，每户清偿1万元（不足1万元的，按照管理人确定的金额计算），剩余清偿率为28.2%、普通债权综合清偿率明显高于破产清算状态下的清偿率。（2）重整费用、共益债职债权、税收债权等依法优先受偿的债权，按照本重整计划确定的清偿方案100%受偿。（3）不设因提起诉讼可能确认的债权（冼某平申报债权20,047,686元）、正在通过诉讼确认的债权（深圳市新海能投资有限公司申报债权20,699,372元）的预留资金，投资人已出具承诺函承诺对于上述债权一经法院出具有效文书确认为普通债权，由投资人按照普通债权予以清偿。①

（四）重整结果

2020 年 12 月 27 日，第二次债权人会议召开，所有表决组表决通过重整计划草案。2021 年 11 月 13 日，法院裁定终止繁峙县铁矿破产重整案。本案中，重整投资金额达 3.3 亿元，清偿债务金额 1.9 亿元，债务清偿率达 28.2%。

二、案例启示与律师建议

（一）“府院联动”在破产重整中的功能及作用

“府院联动”是指在破产程序中政府与法院“互联互通、信息共享、协调配合、协同处置”的常态化联动工作机制，是由政府负责行政事务协调，法院主导司法程序推进的破产案件一体化处理模式，是贯彻落实国务院《优化营商环境条例》《加快完善市场主体退出制度改革方案》的具体实践。

首先，“府院联动”法院在破产程序中居于主导地位，《企业破产法》明确了法院在破产重整中的决定性权力，如审查破产重整申请并决定是否受理破产重整案件、指定破产管理人、指定债权人会议主席、召集首次债权人会议、重整计划强制批准权等，由此形成了破产重整案件中法院的主导地位。此外，《企业破产法》规定的法院对重整计划的强制裁决权，赋予法院对重整计划的强制干预力，也成为法院提高重整效率的重要依据。而且，根据破产法有关规定法院可以对相关人员处以罚款、训诫、拘留、监督管理人依法履职等。法院监督管理人的工作并且具有强裁的权力，所以，法院在整个破产程序中负有重要的决策与监督职能，整个程序由法院依法推进。

其次，“府院联动”中政府主要提供辅助功用，政府可以为地方上市公司重整提供维稳保障，妥善解决职工安置问题。根据最高人民法院《关于审理上市公司破产重整案件工作座谈会纪要》的要求，地方政府须向人民法院出具重整维稳工作预案，分析重整过程中引发不稳定的因素，并制定应急方

① 山西省忻州地区（市）中级人民法院民事裁定书，（2018）晋 09 破申 2 号。

案。所以，政府在上市公司重整中需对重整情形整体把握，对重整过程做好防控工作。而后，地方政府配合法院协助重整。虽然上市公司重整中地方政府权力过度干预严重影响了重整的市场化进程，但不可否认其在重整中确具有其他主体所难以取代之优势。尤其在与其他行政机关的沟通协调上，地方政府享有的平等话语权能促进其他行政机关对重整的协助，并缩短重整时间。因此，地方政府在上市公司重整中仍需发挥其协助作用，只是其协助作用需以法院为主导。在需要政府配合协助的情形下，法院可以向政府提出协助请求。①

最后，从《企业破产法》的功能价值角度来看，管理人应当具备中立性、独立性、专业性三大特征。② 正是因为具备以上三个方面的优势，破产管理人在维护社会稳定和经济发展，由法院、公安、财政、市场监管、税务、社保等部门参加的企业破产协调机制中，也承担多方位的工作：（1）厘清各种法律关系。在依法妥善处理职工劳动关系中，对于合理处置企业职工社保关系的转出，对破产企业职工安置提供法律意见。此外，对破产企业正在进行的诉讼直接接管，代表进行起诉或应诉。对于存在争议的债权债务关系进行调查、核实，依据情况考虑诉讼手段或非诉手段。（2）重整参与方的协调与统筹管理人是接触一线工作最多的一方，是了解破产企业债权债务法律关系、资产情况最多的一方，也是突发情况处理的第一责任人。从这个角度上看，法院不具备这种天然优势，政府只是对于一些行政法律关系的疏导更加有利，由此，管理人居中参与协调的作用就不言而喻。而这种协调往往是以工作汇报、会议讨论的形式展开，通过管理人专业的技能及知识储备让法院、政府充分了解破产工作的进度以及存在的问题。（3）在破产案件处理过程中，管理人根据企业的实际情况、资源条件科学制定债务人财产的保全方案，科学制定企业的日常经营方案，采取公开选聘的方式将债务人财产交由同行业的优秀企业或专业管理团队托管。经过一系列工作的展开，形成基本的财

① 参见王毓莹：《论我国上市公司重整中的“府院失衡现象”及其协调》，载《法学评论》2022 年第 2 期。

② 参见张军：《论破产管理人的法律地位》，载《武汉大学学报（哲学社会科学版）》2012 年第 4 期。

务数据、资产信息，而这些底层数据也为“府院联动”决策的形成奠定基础。

然而，“府院联动”机制作为基于实际情况和经验创建出来的工作机制，其在各级府院处理破产重整工作中经常遇到联动机制不能常态化、因为事后应对不能有效识别风险等难题。譬如，具体工作中“府院联动”协调破产工作的制度化机制仍不完善，未将司法裁判与行政执法之间的职权联动——将司法引导与行政配套很好地相衔接，基本处于解决遇到的具体问题的工作模式。由此，在破产程序中所处理的事项较为片段，不具有较多的连续性，这些弊端时刻影响着破产的整体进程和社会效果。这些问题具体体现在以下几个方面：

（1）实质性解决问题能力弱。实践中许多破产重整案件，政府、法院也相应成立了“府院联动”机制，但由于联动协调小组建构非常简单，人员组成单一，很多时候不能发挥协调处理企业破产重整案件的职责。对于案件处理过程中所遇到的一些税务问题、信访问题很难有效解决，没有发挥司法资源以及行政资源的效能。

（2）部门职能交叉。由于破产案件牵涉利益主体多、影响范围大，所以涉及政府多个部门的工作内容。但部分案件“府院联动”过程中并未明晰各自的职责，后果就是导致一些部门失位，无法履行破产重整的相关职责，同时也会导致一些部门在破产重整中越位，严重干扰管理人正常推进破产重整程序。

（3）协调机制不能持续。很多破产重整案件中未形成重整过程中可持续化的联动机制，法院与政府部门之间仅在处理部分案件时与个别部门就事论事、简单沟通。而且，因承办法官普遍行政级别不高，没有足够的话语权与政府部门进行有效沟通，遇到问题时只能请示领导，后由法院领导进行沟通，大大影响案件的审理效率。

本案中，“府院联动”机制优势主要体现在职工安置保障部分，但案件处理过程中同样存在以上问题，“府院联动”停留在一事一议，也存在问题再议的情况。但是，为进一步减少协调机制不稳定所带来的影响，忻州市中级人民法院高度重视本案，院领导在与政府机关主要领导对离职职工以及留守人员等情况进行充分了解、掌握的同时，明确要为职工安置提供稳定的保障，在与战略投资人就重整计划草案的修订以及与主要债权人进行磋商时充分考虑该要素。法院以及政府工作人员在疫情期间克服疫情带来的不利影响，多次深入公司实地调研，对破产企业的涉诉、保全、执行，以及资产状况、留守人员等情况进行充分了解和掌握。通过法院、政府、投资人等多方协调，加上对案件的持续关注，结果也充分彰显了“府院联动”带来的优势。此外，破产管理人履职缺乏物质保障，面临无报酬可支付报酬过低的问题，影响履职积极性，政府法院的兜底能有效促进管理人履职的积极性。

（二）如何进行有效的债权审查

破产债权的审查与核实环节是破产重整过程中最为复杂、烦琐的内容之一，而破产债权的申报和审核作为管理人的主要工作，其要求的合法性、审慎度、合理性一直很高。实践中，管理人在破产债权审查中一般分门别类地就债权情况做出专业的法律审核，主要包括主体、真实性、合法性、时效性等审查流程。[①]

1. 主体审查

破产案件中，多数债权发生时间比较长，债权内容复杂，甚至于部分债权人在此过程中发生变更、合并、分立等情况，此外，还存在一些挂靠的法律关系，所以第一步应当对债权人的主体进行审查。主要审查以下内容：

（1）债权人名称变更、分立、合并等情形。

最高人民法院《关于审理企业破产案件若干问题的规定》第 21 条规定，债权人申报债权应当提交债权证明和合法有效的身份证明；代理申报人应当提交委托人的有效身份证明、授权委托书和债权证明。因此，对于债权人出现名称变更、分立、合并的情形，债权人在申报债权时除提交现有的营业执照复印件加盖公章外，还应提交债权人注册所在地工商部门出具的工商变更登记信息。管理人在审核债权人身份材料时也可以通过“国家企业信用信息公示系统”查询企业变更历史。

① 部分内容参见徐凌虹：《关于破产债权审查规则的实务解析》，载无讼阅读，https：//victory.itslaw.com/victory/api/v1/articles/article，2022 年 6 月 1 日最后访问。

（2）债权人营业执照吊销、注销等情形。

最高人民法院《关于企业法人营业执照被吊销后，其民事诉讼地位如何确定的复函》规定，企业法人被吊销营业执照后至被注销登记前，该企业法人仍应视为存续，可以自己的名义进行诉讼活动。因此，只要在注销登记之前，法人仍存续，被吊销营业执照并不影响其诉讼地位的合法性。但是，企业营业执照被吊销，此间产生的债权转让无效。

（3）存在挂靠情形。

根据合同相对性原理，合同名义方与履行方不一致，应以合同名义方为准。履行方与名义方之间的法律关系，应由二者协商，不及于第三方。因此，如果在工程合同中存在挂靠情形，应以合同签订方为准，当然，合同签订方也可以授权实际履行方进行债权申报。

2. 真实性、合法性审查

债权实质审核过程中，真实性、合法性的审查是决定是否对债权予以确认的基础。因此，管理人应当仔细、全面、客观对待，而债权人应该提供真实、客观的证据材料。实务中，破产案件存在大量自然人债权人，而个人由于法律意识和法律知识的不充分，常常会遗漏某些证据材料，有些证据材料的缺失直接导致债权依法不能予以确认，一方面其个人利益无法得到保障，另一方面对于社会纠纷化解也会产生负面效应。首先，对于真实性的审查，一般而言，双方交易应当存在交易合同。实务中，因为时间久，部分债权人提供不了合同原件或者提供的合同复印件由于形式要件的缺失不能有效证明合同真实存在。此时，管理人可以结合双方签署的结算单、发票、银行流水、验收单等证据综合判明。其次，就合同履行而言，其直接关系着债权审核的数额。一般情况下，审核债权数额即合同总金额减去债务人已付款金额。在此过程中，应当充分与债务人进行沟通，如果存在交易惯例比如存在没有对公转账等情况时应当进行了解并将其纳入考量。最后，如果案件中存在法律文书所确认的债权一般可以确认其真实性，此后就是考量时效的问题。

3. 债权数额的审查

审查债权人申报债权的计算方法是否符合合同约定和法律规定，利息、违约金、滞纳金等截止日是否超过破产受理日。在进行债权数额审查时，通常还会涉及未到期债权、附条件债权或者受让债权的债权数额的核定问题。

（1）未到期债权：申报人应以破产案件受理之日为到期之日，提供申报债权的相关材料以供债权人审查。

（2）附条件的债权：申报人应当说明所附条件是否成就，条件尚未成就的，暂缓认定。

（3）受让债权：债权人申报的债权是受让而来的，应当提交已经通知债务人的证据。符合规定的金融资产管理公司受让或转让国有银行债权，金融资产管理公司或国有银行在全国或者省级有影响的报纸上公布有催收内容的债权转让公告或者通知的，视为已经通知债务人。债权转让未履行通知义务的，债权转让对债务人不发生效力。债权发生多次转让的，债权转让和通知债务人的证据应当连续。

4. 债权的诉讼时效审查

诉讼时效是指权利人于一定的期间内不行使请求人民法院保护其民事权利的权利时即丧失该权利，人民法院对其民事权利不再予以保护的法律制度。债权的诉讼时效是管理人在债权审查时的重点。同时，在实务中也存在大量超过诉讼时效而未能确认的债权。按照《民法典》第 180 条第 1 款的规定，向人民法院请求保护民事权利的诉讼时效期间为 3 年。法律另有规定的，依照其规定。但是，如果债权持续时间比较久，由于《民法总则》（已失效）所规定的 3 年于 2017 年 10 月 1 日生效，该日期之前的诉讼时效是 2 年。因此，2015 年 10 月 1 日到 2017 年 10 月 1 日到期的债务横跨两个时间段，按照“从旧兼从长”的原则适用 3 年的诉讼时效期间，而 2015 年 10 月 1 日以前的到期债务则适用 2 年的诉讼时效期间。

实践中，情况往往比较复杂，比如在管理人受理申报债权工作之前，债务人往往已停产较长时间，企业陷入僵局，职工纷纷离职，债权人找人无果，催讨无门的情况也确实存在，而且很多债权人特别是外地的债权人多采用电话催讨，年复一年，即便债权人经办员工没离职，几年下来的通话记录查询工作量也较大。此时，对于债权诉讼时效的审查如何判定存在很多问题。对于按批结款、滚动结款的问题，可考虑以债务人最后出具的对账单、结算单落款时间，银行流水中债务人最后的付款时间，入库单、验收凭据落款时间等中较迟的时间为诉讼时效期间的起算时间，而不以合同签订时间为诉讼时效期间的起算时间，最大限度地保护债权人利益；对于债权人提交诉讼时效中断证明的问题，管理人应当及时与债务人确认，债权人可提交经债务人签收的催款函、律师函等，如债权人已起诉，可提交立案受理通知书或生效的裁判文书，但实务中有起诉证明的债权人往往很少，因为缺乏固定证据的意识，保留催款函等诉讼时效中断证据的债权人也在少数。此时，对于缺乏诉讼时效中断证明的债权人，可提交催讨情况说明书，列明债权形成之后，债权人采取过哪些方式催讨，最后一次催讨时间是何时，向债务人方哪些经办人催讨过，经办人姓名、联系电话等。同时管理人建立与债务人及时沟通对话原则，对于未有诉讼时效证明或仅有催讨情况说明书的债权人要与债务人沟通确认债权人是否有过催讨，凡经债务人确认诉讼时效中断的债权，由债务人签字确认或制作问询笔录放入卷宗留档。

法条索引

《企业破产法》

第二十二条　管理人由人民法院指定。债权人会议认为管理人不能依法、公正执行职务或者有其他不能胜任职务情形的，可以申请人民法院予以更换。指定管理人和确定管理人报酬的办法，由最高人民法院规定。

第二十三条　管理人依照本法规定执行职务，向人民法院报告工作，并接受债权人会议和债权人委员会的监督。管理人应当列席债权人会议，向债权人会议报告职务执行情况，并回答询问。

《民法典》

第一百八十八条第一款　向人民法院请求保护民事权利的诉讼时效期间为三年。法律另有规定的，依照其规定。

最高人民法院《关于企业法人营业执照被吊销后，其民事诉讼地位如何确定的复函》

吊销企业法人营业执照，是工商行政管理机关依据国家工商行政法规对违法的企业法人作出的一种行政处罚。企业法人被吊销营业执照后，应当依法进行清算，清算程序结束并办理工商注销登记后，该企业法人才归于消灭。因此，企业法人被吊销营业执照后至被注销登记前，该企业法人仍应视为存续，可以自己的名义进行诉讼活动。如果该企业法人组成人员下落不明，无法通知参加诉讼，债权人以被吊销营业执照企业的开办单位为被告起诉的，人民法院也应予以准许。

关于“府院联动”机制的地方规范性文件及司法文件示例

贵州省人民政府办公厅《关于建立企业破产处置府院联动机制进一步优化营商环境的通知》

一、主要目标

建立政府与法院“互联互通、信息共享、协调配合、协同处置”常态化联动工作机制，统筹解决企业破产处置工作中的民生保障、社会稳定、财产接管、税收申报、资产处置、信用修复、变更注销、费用保障等问题，防范化解重大风险，为营造一流营商环境，服务高质量发展创造良好条件。

二、组织机构

建立省企业破产处置府院联动机制（以下简称省府院联动机制），由省政府相关副省长担任总召集人，省法院和省发展改革委相关负责人担任副总召集人，省有关单位负责人为成员，统筹省府院联动机制相关工作。省府院联动机制下设办公室在省法院和省发展改革委，负责处理日常事务。

三、工作机制

（一）会议机制。省府院联动机制可召开联席会议及专题会议。联席会议每年至少召开一次，由总召集人或副总召集人召集，办公室具体承办，负责听取企业破产处置情况报告、研究解决企业破产处置有关重大事项。专题会议根据工作需要不定期召开，由办公室根据议题召集相关成员单位参加，研究解决企业破产案件处置具体问题。联席会议和专题会议视情况形成会议纪要，由办公室跟踪督促落实。

（二）联合调研机制。由办公室会同有关成员单位对破产处置中的共性问题开展联合调研，共同起草调研报告或规范性意见，经相关单位共同审定同意后联合发文。

（三）重点案件专班机制。对部分社会影响重大的疑难复杂破产案件，由破产案件受理法院与属地政府联合成立工作专班，协调配合，专项推进解决。

四、主要任务

（一）探索建立破产经费补助和筹集机制。鼓励有条件的地方探索建立破产经费筹措机制，对破产财产不足以支付破产费用的市场主体，可多渠道筹措经费，帮助解决破产费用、管理人报酬无法支付等难题，确保资金使用合理、公开、透明，并接受审计监督。（责任单位：省财政厅、各市〔州〕政府、省法院）

（二）依法解除对破产企业财产采取的强制措施。有关单位在法院受理破产案件后，应及时解除对破产企业财产采取的强制措施，将财产移交破产管理人接管。在非法集资类破产案件审理中，法院应与侦查、检察机关沟通协商，研究解决解除不属于刑事案件处理财产的刑事查封、冻结措施等相关问题，并做好解除刑事查封、冻结措施后破产财产的接收、管理和处分事务。（责任单位：省法院、省检察院、省公安厅、省住房城乡建设厅、省市场监管局、省税务局、贵阳海关、人行贵阳中心支行）

（三）妥善解决破产企业职工问题。根据国有破产企业和“僵尸企业”职工安置相关政策，指导国有破产企业和“僵尸企业”落实主体责任，做好职工劳动关系处理和就业安置工作，切实保障职工权益。协调运用失业保险、最低生活保障等制度政策保障职工基本权益，对因破产清算而解除劳动合同的职工及时进行失业登记，符合享受失业保险金条件的，按规定发放失业保险金；鼓励失业人员自主创业或灵活就业，落实各项培训就业帮扶政策；符合低保条件的，由民政部门纳入低保范围。协调解决破产企业职工社会保险关系转移接续、社会保险欠费缴费、工资及社保待遇拖欠、经济补偿金支付等问题。（责任单位：省人力资源社会保障厅、省民政厅、省财政厅、省国资委、省医保局、省税务局）

（四）依法解决破产企业涉税问题。落实国家针对破产企业税收政策，对符合条件的破产企业依法调整破产企业征税方式，在破产债权申报期内及时申报税收债权。解决企业破产程序中发票领用、税务注销、税收滞纳金核销、税收优惠政策落实、重整企业税收信用修复等问题。将清算期间（含重整、和解期间）作为独立的纳税年度计算破产企业清算所得。协调做好破产企业土地增值税政策适用和应纳税额计算。（责任单位：省税务局、贵阳海关、省法院）

（五）灵活多样处置破产财产。将破产财产处置、重整投资招募纳入招商引资范围，给予相应政策支持。利用招商引资资源和市场，有针对性地推介破产企业和破产财产。盘活整合利用闲置资产，解决破产企业财产处置难、重整投资人招募难问题。（责任单位：省投资促进局、省商务厅、省法院、省发展改革委、各市〔州〕政府）

（六）积极解决破产企业遗留问题。依法简化破产企业遗留工程竣工验收、消防验收程序，对破产企业的“烂尾楼”项目，建设单位或其他申请主体在确保工程质量合格和达到消防安全标准前提下，可通过购买服务方式落实相关建设单位主体责任，作为申请竣工备案和消防验收的依据。允许适当调整、放宽原批准的规划指标以实现产权登记，为破产企业不动产及时办理权属登记手续，加快破产企业财产处置。制订和落实通过有偿使用和市场交易取得的排污指标继承使用政策。（责任单位：省住房城乡建设厅、省自然资源厅、省生态环境厅、各市〔州〕政府）

（七）协调做好破产企业产权处置。加大对国有建设用地使用权及地上房屋等资产处置的支持力度，解决不动产处置中的过户办证问题。对具备独立分宗条件的土地、房产，经自然资源、住房城乡建设等相关部门审核，符合条件的及时批准，允许分割转让。切实简化破产财产过户手续，提高破产财产处置效率。（责任单位：省自然资源厅、省住房城乡建设厅、各市〔州〕政府）

（八）强化破产企业公共服务。企业进入破产程序后，供电、供水、供气等单位对符合条件的破产企业应恢复供电、供水、供气，破产申请受理前企业结欠的水、电、燃气费，依法及时申报债权；进入破产程序后发生

的水、电、燃气费，属于破产费用，由管理人以破产企业财产随时予以清偿。（责任单位：各市〔州〕政府）

（九）积极修复信用及便利账户管理。对重整、和解企业的欠贷、纳税信用、惩戒等不良征信信息及时采取措施修复信用。配合破产管理人接管破产企业账户。依法办理破产企业账户资金划转，非正常户激活或注销，司法冻结状态等账户信息、交易明细、征信信息查询等业务，优化账户展期手续办理流程，允许重整企业在撤销原有基本账户后重新开立基本户。（责任单位：省发展改革委、人行贵阳中心支行、贵州银保监局、省市场监管局、省税务局、省法院）

（十）加大政策及金融支持。简化重整程序中银行债权人减免破产企业债务所需履行手续。支持私募股权投资基金、产业投资基金、不良资产处置基金等各类基金向符合国家产业政策方向的重整企业提供融资支持，支持资产管理公司等非银行金融机构合法参与企业破产重整。涉及破产重整企业产业布局和结构调整的，按规定予以支持。涉及上市公司破产的，积极协调证监会办理相关审批手续。推动庭外重组与庭内重整衔接，提高破产重整成功率。（责任单位：省地方金融监管局、人行贵阳中心支行、省工业和信息化厅、省国资委、贵州银保监局、贵州证监局、省法院）

（十一）妥善解决煤矿企业破产问题。对煤矿破产企业兼并重组方案报送、采矿权等相关手续办理方面给予相应时间宽限。研究解决集团公司与挂靠煤矿的财产权属问题，配合办理相关手续。解决煤矿兼并重组转型升级过程中的办证问题，对符合独立法人条件的煤矿简化办理程序。及时处理煤矿破产后遗留的地质灾害、环境恢复治理问题。（责任单位：省能源局、省自然资源厅、省生态环境厅、省市场监管局、各有关市〔州〕政府）

（十二）严厉打击逃废债。加大逃废债打击力度，加大对挪用资金、职务侵占、虚假诉讼、隐匿或故意销毁会计凭证和会计账簿、妨害清算等侵害破产企业及债权人利益犯罪的立案侦查力度。支持和协助做好破产债权核查及破产企业流失资产追查工作。对非法占有破产企业资产、非法挪用破产企业资金的，公安机关要积极协助管理人追回。（责任单位：省公安

厅、省法院、省检察院、人行贵阳中心支行、省地方金融监管局)

(十三)简化破产企业工商变更、注销手续。支持破产管理人通过简易注销登记程序,持破产终结裁定书直接申请办理企业注销登记。对因歇业等原因导致吊销营业执照的重整企业,简化相关撤销程序。破产重整中涉及包括股权变更在内的相关登记事项,破产管理人可持法院协助执行通知书办理相关变更手续,涉及行政许可的,按行政许可相关规定办理。(责任单位:省市场监管局)

(十四)推动破产信息化建设。统筹推进破产处置府院联动机制信息化建设,推动实现破产程序中的数据共享、业务协调,切实为跨行业跨部门信息互联互通提供技术支撑,提高各相关利益主体信息知晓便利度。(责任单位:省大数据局、省法院)

(十五)妥善做好破产企业档案保管。建立企业破产档案管理和处置工作责任制度,管理人要同步做好涉及破产企业档案建立管理相关工作,结合实际或按其隶属关系,向原企业主管部门或同级国家综合档案馆移交。探索解决非国有破产企业的档案保管问题。(责任单位:省档案局、各市〔州〕政府)

(十六)支持管理人依法履职。管理人接管破产企业后,凭人民法院受理破产案件裁定书及指定管理人决定书依法行使管理人职权。各有关单位应充分认识管理人职责定位,保障管理人依法履行调查债务人财产状况、管理处分债务人财产法定职责。(责任单位:各成员单位)

(十七)加强破产管理人培育和监督管理。推动建立管理人行业协会,加强规范管理,实现管理人队伍良性发展。对破产管理人名册进行动态管理,加强履职管理,对管理人履职情况进行个案评价并建立履职档案。(责任单位:省司法厅、省民政厅、省法院)

(十八)积极引导困境企业寻求破产保护。加强法律法规宣传,提高各级政府对破产处置工作的认识,扩大公众对破产处置工作知晓面,引导困境企业及时寻求破产保护。(责任单位:各成员单位、各市〔州〕政府)

(十九)加大维稳工作力度。积极做好破产企业财产接管、债权人会议、财产处置风险评估、维稳预案和秩序管理工作，扎实做好信访职工政策解释等相关工作，协调做好舆情跟踪工作，及时出警处置涉及破产企业相关人员的抢控财产、人身伤害、散布谣言等事件。认真做好破产企业安全生产监管工作，编制应急预案并组织实施。（责任单位：省公安厅、省信访局、省人力资源社会保障厅、省应急厅、省医保局）

北京市高级人民法院等部门《关于建立企业破产工作府院联动统一协调机制的实施意见》

一、主要任务

（一）贯彻落实中央关于供给侧结构性改革的决策部署，贯彻落实市委市政府关于进一步优化营商环境行动计划的决策部署，协调推动企业破产处置工作顺利进行，使破产重整后的企业尽快盘活重生、破产清算后的企业尽快市场出清。

（二）建立制度化沟通协调机制，发挥政府各职能部门和法院的职能作用，协调解决政府和法院提交的破产处置涉及的破产费用保障、产权瑕疵、存续资产运营、职工安置、税收政策、信用修复、企业注销、金融机构参与，以及刑民交叉、打击逃废债等重点难点问题。

（三）积极防范化解重大风险特别是金融风险，建立重点领域和企业敏感案（事）件信息共享机制，定期监测、评估、通报破产企业和“僵尸企业”相关信息，依法惩治恶意逃废债违法行为。

（四）建立跨部门联合调研机制，对破产处置中出现的问题共同研究，会签会议纪要等文件，下发各相关单位执行。

二、府院联动机制成员单位及任务分工

府院联动机制由市高级人民法院、市民政局、市财政局、市人力资源和社会保障局、市规划和自然资源委员会、市住房和城乡建设委员会、市市场监督管理局、市国有资产监督管理委员会、市地方金融监督管理局、市税务局、中国人民银行营业管理部、中国银行保险监督管理委员会北京监管局、市工商业联合会13个单位组成。根据工作需要，可增加其他单位参加。

（一）市高院：统筹汇总提出法院系统在企业破产处置中需要政府部门

协调解决的问题，统筹研究政府有关部门提出的与破产相关的法律问题。

（二）市民政局：为北京市管理人协会的成立提供咨询服务，依法登记审批，推进本市管理人协会的成立。

（三）市财政局：按照现行法律法规及预算管理有关规定，做好企业破产工作相关经费保障。

（四）市人力社保局：研究制订破产企业参保人员社保关系转移、退休人员社会化管理、职工人事档案接转等破产企业处置中相关业务的政策和流程，指导破产企业做好职工劳动关系的处理和就业安置服务工作。

（五）市规自委：根据城市总体规划对破产企业土地处置问题提出意见建议。

（六）市住建委：研究制订和落实破产企业处置中涉及的有关房屋交易等政策。

（七）市市场监管局：进一步落实简易注销政策，提高破产企业退出市场的效能。研究解决企业破产涉及的市场主体登记、档案查询、信息公示等方面的问题，为管理人履职和破产程序顺利进行提供保障。

（八）市国资委：对涉及市属国有全资和国有控股企业破产处置中的维稳方案、职工安置、破产费用保障等工作，进行协调处理。

（九）市金融局：配合开展打击破产逃废债行动，加强对可存续资产运营和破产企业处置的金融协调。

（十）市税务局：落实破产企业处置的相关税收优惠政策，依法依规办理破产企业税务注销，促进企业破产重整和依法退市。

（十一）人行营管部：研究制定破产企业在引入战略投资人后人民银行征信系统修复政策，支持企业破产重整。配合开展打击逃废债行动。

（十二）北京银保监局：配合打击逃废金融债务行为，配合开展对破产企业处置的金融协调。

（十三）市工商联：作为中小微企业与法院的桥梁，宣传、引导企业及时申请破产，就相关企业破产中遇到的问题统一与法院及其他成员单位进行沟通。

16. 破产重整中如何对待债转股中的评估作价问题

——亿阳集团股份有限公司破产重整案①

债转股是否需要履行评估程序随着《公司注册资本登记管理规定》的出台愈发模糊，该规定取消了《公司债转股登记管理办法》中规定的评估程序。然而，结合《公司法》及其司法解释的内容，应有条件适用债转股评估的相关条文。本案例列举了非必须履行评估程序的具体适用情形。

关键词：债转股　评估　公司法

一、重整情况介绍

（一）公司概况

亿阳集团股份有限公司（以下简称亿阳集团）前身为哈尔滨现代电子应用技术研究所，于1994年9月23日在哈尔滨市登记设立。公司的主要业务包括IT、石油、医疗健康、新材料、矿产和国内外贸易等。经营范围为：(1) 许可经营项目，即按危险化学品经营许可证核定的经营范围从事经营活动；(2) 一般经营项目，包括对外投资、控股经营，石油、矿产资源投资开发，机电系统工程，生物医药产品技术开发等。同时，其子公司亿阳信通是国家科技部首批认定的全国重点高新技术企业和全国创新型企业，主要为电信与广电网络管理系统、企业IT运营支撑系统、信息安全、电信及互联网增值业务等提供解决方案和技术服务。亿阳信通是首批被科技部、国务院国资

① 案例来源：全国企业破产重整案件信息网（https://pccz.court.gov.cn/pcajxxw/index/xxwsy）。

委、中华全国总工会认定的“全国 91 家创新型企业”之一。亿阳集团主要的收入和利润来源是商品贸易业务和 IT 应用服务。[①]

2014 年，亿阳集团已经发展为销售额和总资产皆过百亿、控股和投资的公司累计纳税过百亿、拥有石油及矿产储量价值过千亿的集团公司。近十年来，亿阳集团及其控股公司上缴税金累计超过人民币 27 亿元，社会公益事业捐赠累计超过人民币 1.9 亿元。然而，在流动性减缩以及经济减缓的宏观经济形势下，亿阳集团营收受到影响。2015 ~ 2016 年及 2017 年上半年，亿阳集团营业总收入分别为 119.35 亿元、172.24 亿元和 122.18 亿元，营业总成本分别为 123.27 亿元、179.09 亿元、123.31 亿元。归属母公司股东的净利润分别为 5.6 亿元、6.15 亿元和 1.31 亿元，同期的毛利率分别为 9.49%、7.82% 和 4.68%，呈持续下滑趋势。而且，公司近三年营业总收入一直高于营业总成本，利润仅由投资收益支撑，抗风险能力持续减弱。此外，2015 年至 2017 上半年，资产负债率从 52.93% 升至 59.29%，负债率逐年升高且近两年保持在 60% 左右。而作为亿阳集团的主营业务，营收占比在 90% 左右的商品销售业务，其毛利率下滑同样迅速，同期分别为 2.28%、2.24% 及 0.68%。因受市场持续低迷、融资环境恶化等各种不利因素影响，且公司未能及时调整经营、投资策略，加之法定代表人在 2017 年 5 月至 2019 年 12 月不能正常履职导致资金链断裂，亿阳集团不能清偿到期债务，陷入严峻的债务和经营危机。而后，由亿阳集团申请，2019 年 3 月 21 日，哈尔滨中级人民法院（以下简称哈尔滨中院）作出（2019）黑 01 破申 6 号民事裁定书，裁定受理亿阳集团的重整申请。[②]

（二）破产重整动因

1. 基于自身资产发展潜力

亿阳集团的核心资产之一为亿阳集团所持有的亿阳信通股票，亿阳信通为高科技领域上市公司，目前行业仍然具有较大发展潜力。此外，香港亿阳

---

① 参见亿阳集团官网简介，载亿阳集团官网，http：//www.boco.com.cn/boco/cn/index1.asp?comp = 1&curl = /boco/cn/news_0.asp? id = 1869 * itype = 2，2022 年 6 月 1 日最后访问。

② 部分内容摘自（华图方案）亿阳集团重整计划草案，载全国企业破产重整案件信息网 2020 年 1 月 21 日，https：//pccz.court.gov.cn/pcajxxw/pcgg/ggxq? id = 64916BE2958E6909344883DA7B75328F。

为亿阳集团石油板块业务的运营公司，属于公司核心资产之一，同样具有营运能力。公司核心业务在市场中的资源配置优势仍然存在，如果剥离一些低效资产和业务转而进行重整公司或能转危为安。

2. 基于庞大债务清偿需要

截至2017年6月，据不完全统计，亿阳集团负债接近100亿元。亿阳集团资产评估价值仅为几十亿元。债权数量庞大且涉及债权人数众多，如果直接进入破产清算状态，一方面，有担保的债权人无法得到全部清偿，普通债权人所得到的清偿比率也很低；另一方面，直接破产清算所造成的社会影响巨大，职工、债权人异议等都会给亿阳集团、政府造成较大压力，直接清算达不到要求的社会效果。

3. 基于自身融资需求

由于亿阳集团的债务问题，亿阳信通被法院申请冻结30多亿元资金。根据亿阳信通11月18日的公告，公司被大同证券等13家公司推上了被告席，涉案金额高达17.2亿元。而亿阳集团核心资产是所持有亿阳信通的股份，亿阳集团的债务已经严重影响亿阳信通的市场表现。因此，公司急需注入资金，解除司法诉累，避免影响亿阳信通的正常经营。

（三）重整过程

因亿阳集团不能清偿到期债务且明显缺乏清偿能力，根据亿阳集团申请，哈尔滨中院于2019年3月21日作出（2019）黑01破申6号民事裁定书，裁定受理亿阳集团的重整申请，并于2019年3月22日作出（2019）黑01破5号决定书，指定黑龙江新时达律师事务所担任管理人。2019年6月4日，哈尔滨中院作出（2019）黑01破5－3号决定书，准许亿阳集团在管理人的监督下自行管理财产和营业事务。

随后，亿阳集团重整得到黑龙江省委省政府、哈尔滨市委市政府、哈尔滨中院和相关部门的高度重视和大力支持。在哈尔滨中院领导、债权人会议和债权人委员会监督下，管理人依法履职，组织召开债权人会议。

在法院、债委会和管理人的监督和指导以及充分尊重评估机构的专业评估结论和偿债能力分析意见的前提下，根据《企业破产法》的相关规定，亿阳集团结合投资人大连万怡投资有限公司的投资意愿制定重整计划，提请债权人会议审议并分组表决，草案主要内容如下：（1）出资债权人提供不低于7.5亿元借款，借款为共益债务，用以清偿债务（包括亿阳信通被占用的4.77亿元）和补充公司后续发展所需的流动资金。（2）有财产担保债权的清偿分两类，担保财产处置变现的，处置所得价款优先清偿对应的有财产担保的债权；担保财产不予处置变现的，有财产担保的债权将以其对应担保财产的评估值予以留债。（3）破产费用、共益债务、职工债权和税收债权一次性现金清偿。（4）普通债权通过“现金+债转股”方式全额清偿：每家债权人10万元以下（含本数）部分债权100%现金清偿；超过10万元部分的债权转为对亿阳集团的股份。（5）全体出资人无偿让渡其持有亿阳集团100%的股份。（6）根据管理人提供的关于部分债权人既有亿阳集团物保又有亿阳信通保证的债权人情况说明，经管理人审定的债权金额总计914,618,942.02元，可以进行案外和解。（7）除上述第（4）项现金偿付互助理财职工债外，提议重组后的亿阳集团募集3.3亿元资金，收购职工持有的中亚锡公司65%的股权，归重组后的亿阳集团所有。以上第（6）、（7）项所示内容，出资债权人作出承诺，在亿阳集团重组成功后，出资债权人向董事会、股东会提出该两项议案，并承诺投赞成票。（8）亿阳集团重整后将继续寻找战略投资人，未来以其持有的上市公司（包括但不限于亿阳信通、大健康板块、新材料板块和农业板块）股票与全体转股债权人持有亿阳集团的股份进行等值置换，实现转股债权人的债转股退出。（9）新亿阳股东按比例让渡一定股权作为管理层激励，具体条件由新亿阳集团股东会确定。（10）上市公司违规担保于2月18日前的完全解除是自救方案出资债权人出资的前提条件。（11）亿阳集团原股东和经营团队，须对职工队伍在一年内的稳定负有义务。维持亿阳信通的上市公司地位，提升亿阳集团的股权价值，从而最大限度保护债权人权益，是本重整计划的重要基础。为此，重整计划对部分债权的特殊安排系基于维持亿阳信通上市公司地位的优化安排。①

① 参见（华图方案）亿阳集团重整计划草案，载全国企业破产重整案件信息网2020年1月21日，https：//pccz.court.gov.cn/pcajxxw/pcgg/ggxq？id=64916BE2958E6909344883DA7B75328F。

（四）重整结果

2020 年 5 月 29 日，哈尔滨中院作出（2019）黑 01 破 5－4 号民事裁定书，批准亿阳集团公司提交的重整计划草案，并终止亿阳集团公司重整程序。

2020 年 12 月 25 日，根据亿阳集团公司管理人提交的关于亿阳集团重整计划执行情况的监督报告，重整计划草案执行情况如下：（1）现金清偿部分。①职工债权。职工债权人数 269 人，已清偿 233 人，剩余金额已提存至管理人账户。②10 万元现金清偿。应清偿 10 万元现金的债权人为 1381 家，剩余 54 家已提存至管理人账户。③税款债权已全部清偿完毕。（2）有财产担保的债权。分别向 21 家有财产担保的债权人送达了留债展期安排告知书。（3）债转股部分。亿阳集团涉及转股债权人共计 1263 家，其中已转股债权人 1240 家，因涉诉讼未结而临时确认债权以及涉民 114 油井 23 家债权人，预留转股已预留至哈尔滨亿阳嘉合商务服务企业（有限合伙）。（4）投资款支付部分。投资人大连万怡投资有限公司已将 7 亿元投资款转入亿阳信通股份有限公司全资子公司北京现代天龙通讯技术有限公司账户；2 亿元有息借款，重整计划未规定具体出借期限，2020 年 12 月 25 日，阜新银行股份有限公司大连中山支行向亿阳集团公司出具不可撤销承诺函。（5）资产处置部分。①亿阳集团公司持有的南京长江第三大桥有限责任公司 25% 的股份，流拍后根据重整计划规定，已对其债权暂作留债处理。②亿阳集团公司持有的北京产权交易所有限公司 10.53% 的股权，首轮竞拍成交后竞买资金已支付完毕并优先清偿了质权人的债权。③亿阳集团公司持有的光大证券股份有限公司 500 万股股票，出售后所得价款优先清偿了质权人债权。④亿阳集团公司全资子公司亿阳集团阜新工贸有限公司，正在进行清算处理。（6）股权让渡部分。已按照重整计划规定，完成了亿阳集团公司的增资扩股。哈尔滨中院认为，亿阳集团公司重整计划执行情况已达到重整计划规定的执行完毕标准，确认该重整计划执行完毕。

二、案例启示与律师建议

（一）合理确定债转股的分配价格是清偿方案能够得到批准、执行的基础

依据《公司注册资本登记管理规定》（已失效）的相关规定，债转股是指债权人将其享有的有限责任公司或是股份有限公司债权，转换成公司股权，增加注册资本的法律行为。重整程序当中，基于出资及经营的风险，债权往往不可能与股权1∶1兑换。应当对重整企业的负债进行客观评价，经过清产核资，若重整企业资本大于企业负债，在除去出资人保留的股权比例后，按照各个债权人的债权金额确定持股比例进行剩余股权分割。经过清产核资，重整企业如果资不抵债，则出资人的股权价值就是零，债权人便可零对价获得股权，然后依据每个债权人债权金额来确定受让股权比例。这一原则不排斥债权人为了企业的稳定发展，自愿给原股东保留一定比例的债转股股份。债转股过程中，根据特别法优于一般法的效力原则，重整企业出资人也不再享有公司法关于股东对股份的优先购买权。①

本案中，亿阳集团按现账面价值已经资不抵债，出资人权益为零。为挽救亿阳集团，出资人和债权人需共同努力，共同分担公司重生的成本，因此将超过10万元的债权部分全部转为对亿阳集团的股份，转股比例约为每16.43元债权转为亿阳集团1元注册资本（为行文方便，以下简称1股）。转股完成后，视为该部分债权已100%清偿。另外需要注意的是，重整计划对亿阳集团的出资人权益进行调整，转股价格根据评估机构出具的业务板块市场价值咨询报告、亿阳集团重整后的发展以及用以清偿债权的股份总数和转股债权总额综合确定。而重整计划规定的债转股属于债权清偿方式，自完成偿债股份的工商变更登记后，相应债权清偿完毕，亿阳集团及其保证人、连带债务人对该部分债权不再承担清偿义务。

① 参见周海岭：《破产重整中债转股法律问题思考》，载《华北水利水电大学学报（社会科学版）》2020年第3期。

（二）债转股过程中的涉税问题处理

债转股作为一种重要的债务重组方式，被许多国家和地区用来应对债务危机。根据财政部、国家税务总局《关于企业重组业务企业所得税处理若干问题的通知》（财税〔2009〕59号，已修改，以下简称59号文）第1条之规定，“债务重组，是指在债务人发生财务困难的情况下，债权人按照其与债务人达成的书面协议或者法院裁定书，就其债务人的债务作出让步的事项”。同时第4条明确，发生债权转股权的，应当分解为债务清偿和股权投资两项业务，确认有关债务清偿所得或损失。

1. 一般性税务处理

根据59号文的规定，一般性税务处理时，债务人应当按照支付的债务清偿额低于债务计税基础的差额，确认债务重组所得；债权人应当按照收到的债务清偿额低于债权计税基础的差额，确认债务重组损失。

2. 特殊性税务处理

59号文第6条规定，企业发生债权转股权业务，选择特殊性税务处理时，对债务清偿和股权投资两项业务暂不确认有关债务清偿所得或损失，股权投资的计税基础以原债权的计税基础确定。企业的其他相关所得税事项保持不变。

根据59号文的规定，同一重组业务的当事各方应遵循一致性税务处理原则，即统一按一般性或特殊性税务处理，债务人如果不想确认债务重组收益，则债权人就不能确认债务重组损失。因此，债务重组双方应协商一致，采取一致性的税务处理方式。需要注意的是，根据国家税务总局《关于贯彻落实企业所得税法若干税收问题的通知》的规定，企业发生债务重组，应在债务重组合同或协议生效时确认收入的实现。但现行税收法规对债务重组合同或协议生效时间并没有详细规定，导致实务中存在一定的争议。在企业破产重整中，企业重整计划的生效一般以相关法院的裁定为准，但此时企业重整计划才开始执行，破产重整企业的重整损失往往还得不到确认，如果此时企业确认债务重组收入的实现，需要进一步缴纳企业所得税，从而会对企业的重整计划带来极为不利的影响。此外，有些债务重组是“一揽子”重组计划，同时包括货币资金偿还债务、非货币性资产抵债、债转股等多种形式，此时，支付的货币资金属于正常的债务清偿，双方都不需要确认所得或者损失；对支付的非货币性资产按照一般性税务处理；对债转股的部分可以选择按一般性税务处理，也可以选择按特殊性税务处理。

（三）债转股是否需要评估

《公司法》第 27 条规定："股东可以用货币出资，也可以用实物、知识产权、土地使用权等可以用货币估价并可以依法转让的非货币财产作价出资；但是，法律、行政法规规定不得作为出资的财产除外。对作为出资的非货币财产应当评估作价，核实财产，不得高估或者低估作价。法律、行政法规对评估作价有规定的，从其规定。"以债权出资的，应履行评估程序。《公司债权转股权登记管理办法》（已失效）第 7 条规定："用以转为股权的债权，应当经依法设立的资产评估机构评估。债权转股权的作价出资金额不得高于该债权的评估值。"而且，该办法规定股东（大）会决议应当确认债权作价出资金额。但是，2014 年颁布的《公司注册资本登记管理规定》（已失效）未对出资债权进行评估，完成工商部门的变更登记。由此可以确认，工商部门对债转股的出资方式在变更登记时，无须提交评估报告。同时，2005 年《公司法》第 27 条第 1、2 款规定股东可以用货币出资，也可以用实物、知识产权、土地使用权等可以用货币估价并可以依法转让的非货币财产作价出资；但是，法律、行政法规规定不得作为出资的财产除外。对作为出资的非货币财产应当评估作价，核实财产，不得高估或者低估作价。法律、行政法规对评估作价有规定的，从其规定。所以从 2005 年《公司法》施行至 2014 年《公司注册资本登记管理规定》，将债转股视为非货币方式出资的一种形式，故应当履行评估程序。若行为时未经评估，则应当于现时补评估；若行为时未经股东会决议，应由现有股东对公司目前注册资本实缴情况进行确认。同时根据各地工商局制定的具体办法，需要出具专项审计报告的，应查阅当地工商部门的相关文件。2014 年 3 月起发生的债转股，只有符合"投资方将其对被投资企业的债权作为出资投入被投资企业"和"以货币给付方式形成的债权转为股权的"两个条件可以不经评估，虽然上述规定会引起一定混淆，但是在实务操作中一般也需要股东大会在评估后对评估价格进行确认，并形成决议。

（四）公司股东是否能以债转股的方式履行剩余未实缴义务

一般认为，《公司注册资本登记管理规定》（已失效）第7条第2款规定了三种公司债权人可以将其依法享有的公司债权转为公司股权的法定情形，而且，《公司注册资本登记管理规定》第7条第4款同时明确，债权转为公司股权的，公司应当增加注册资本。按照公司法规定，有限责任公司实行法定资本制，亦应遵循资本确定、资本维持、资本不变的资本三原则，维持法定资本与实缴资本之间的一致性。如果原始股东按照公司章程及股东会决议负有实际缴纳认缴金额的出资义务，即使《公司注册资本登记管理规定》第7条不禁止其作为债权人，可以将其对公司合法具有的债权通过债转股的方式增加公司注册资本，但该债转股行为不得直接替代和免除原始股东本应通过认缴或实缴方式向公司履行的基本出资义务，否则将导致公司注册资本的实质性减少，继而损害其他债权人的利益。此外，债转股的出资方式属于非货币出资，根据《公司法》第27条第2款的规定，对作为出资的非货币财产应当评估作价，核实财产。如果未就增资事宜召开股东会并作出相应决议，增加公司的注册资本，亦未履行评估作价、验资等法定程序，此后股东会通过公司章程修正案，未对增加注册资本、实收资本等办理相应变更登记，仅通过协议约定补足剩余未认缴资本，既违反了有限责任公司法定资本制的原则，又不符合《公司注册资本登记管理规定》第7条的规定，故以债转股的方式履行剩余未实际缴纳出资义务的行为不应得到支持。

法条索引

《公司法》

第二十七条第二款 对作为出资的非货币财产应当评估作价，核实财产，不得高估或者低估作价。法律、行政法规对评估作价有规定的，从其规定。

第三十条 有限责任公司成立后，发现作为设立公司出资的非货币财产的实际价额显著低于公司章程所定价额的，应当由交付该出资的股东补足其差额；公司设立时的其他股东承担连带责任。

《企业破产法》

第九十二条 经人民法院裁定批准的重整计划，对债务人和全体债权人均有约束力。

债权人未依照本法规定申报债权的，在重整计划执行期间不得行使权利；在重整计划执行完毕后，可以按照重整计划规定的同类债权的清偿条件行使权利。

债权人对债务人的保证人和其他连带债务人所享有的权利，不受重整计划的影响。

财政部、国家税务总局《关于企业重组业务企业所得税处理若干问题的通知》

第一条第（二）项 债务重组，是指在债务人发生财务困难的情况下，债权人按照其与债务人达成的书面协议或者法院裁定书，就其债务人的债务作出让步的事项。

第四条第（二）项 企业债务重组，相关交易应按以下规定处理：

1. 以非货币资产清偿债务，应当分解为转让相关非货币性资产、按非货币性资产公允价值清偿债务两项业务，确认相关资产的所得或损失。

2. 发生债权转股权的，应当分解为债务清偿和股权投资两项业务，确认有关债务清偿所得或损失。

3. 债务人应当按照支付的债务清偿额低于债务计税基础的差额，确认债务重组所得；债权人应当按照收到的债务清偿额低于债权计税基础的差额，确认债务重组损失。

4. 债务人的相关所得税纳税事项原则上保持不变。

17. 破产重整中应如何处理土地使用权的相关问题

——安徽达益服饰有限公司破产重整案

重整程序当中对于土地使用权的取得应当符合合法、优先、有偿等原则，然而，在国有划拨土地使用权是否应被列入破产财产这个问题上一直存在争议。本案例基于理论及实务上的观点，结合新旧司法解释的修改内容，总结了国有划拨土地使用权及其相关问题的该当处置方式。

关键词：国有划拨土地使用权　破产财产

一、重整情况介绍

（一）公司概况

安徽达益服饰有限公司（以下简称达益服饰）于2009年1月13日登记设立，注册资金为1000万元，主要经营服装制造、加工、销售、进出口贸易（国家限制或禁止的商品和技术除外）。自达益服饰设立之日起，公司已取得两块国有土地使用权，总面积为120,022平方米，开发建设8幢工业厂房，均已完工，总面积53,636.4平方米。然而，根据其财务及其他材料信息，达益服饰并未按照其经营范围开展实际经营活动，其所开发建设的达益产业园的厂房均对外出租使用。在其经营过程中，达益服饰将其取得的国用土地使用权分别为安徽中盈盛达担保投资有限公司、合肥经济技术开发区华元小额贷款有限责任公司、安徽肥西农村商业银行股份有限公司馆驿支行设置抵押，抵押方式为一般抵押，抵押金额高达1.24亿元。之后，由于陷入债务纠纷，其所取得的国有土地使用权以及建有的房产相继被安徽省合肥市高新技术产业开发区人民法院、合肥市中级人民法院查封。由于经营过程中负债过高，其固定资产 1.4 亿元，负债高达 2.56 亿元，案涉 1.8 亿元仍在法院执行阶段，达益服饰明显丧失清偿到期债务能力。2019 年 5 月 22 日，因达益服饰无法清偿到期债务，安徽省肥西县人民法院依法裁定受理债权人安徽民众投资担保有限公司对安徽达益服饰有限公司提出的破产清算申请，并指定北京金诚同达（合肥）律师事务所（以下简称管理人）担任破产管理人。

（二）破产重整动因

（1）不动产资产占比高、收益低、可利用度高。

债务人已取得两块国有土地使用权，并且开发建设的 8 幢工业厂房均已完工。根据管理人接管的财务及其他材料，债务人并未按照其经营范围开展实际经营活动，其所开发建设的达益产业园的厂房均对外出租使用，不动产利用率低，但其所取得的国有土地使用权等不动产资产仍有较大经营空间，在市场经济活动中可利用度高。

（2）直接清算导致普通债权得不到保障。

若按照破产清算模式，假设债务人现有固定资产按照评估价值均能全额变现，加上管理人收取的租金，同时扣除在交易过程中产生的各项税费，此状态下普通债权的模拟清偿率将会极低。因此，亟须引入新的投资人，通过注入新进资金进一步保障审核确认的普通债权，这不仅能够促进达益服饰的品牌建立，也能够舒缓达益服饰与债权人之间的矛盾，缓解社会纠纷。

（三）重整过程

2019 年 8 月 9 日，安徽省肥西县人民法院组织召开了达益服饰第一次债权人会议，就管理人履职情况、达益服饰资产情况、负债情况、财务审计情况向各债权人作出通报。2020 年 10 月 12 日，安徽省肥西县人民法院组织召开了达益服饰第二次债权人会议，管理人针对本项目的特点及重整难点，结合该项目的具体情况，向法院提出采用清算式重整的方式，获得各方的一致认可。首先，整体出售的价格远远高于有效资产的评估价格，其次，投资人的投资款必须是刚性支付，不与本项目后期的运营相衔接，有效防止重整过程中出现的不可控因素导致的重整不能、二次烂尾的情形。按照本重整方案，不仅优先类各项债权能够100%清偿，更为重要的是普通债权人的清偿率得以提高，为债权人尽可能挽回了经济损失。在将重整计划草案提交债权人会议表决的过程中，管理人将破产工作所面临的难点向债权人作详细阐述，并将清算模式下的清偿率与重整模式下的清偿率作充分对比。

（四）重整结果

经过释明，该重整计划草案获得了各债权人的认同，最终获得抵押债权组、税款债权组、普通债权组、出资人组的表决通过，其中普通债权人的同意率达77%、债权额比例达78%，债权人会议一致同意通过该重整计划草案。

基于债权人会议的表决，安徽省肥西县人民法院于2021年4月16日裁定批准重整计划草案并终止破产重整程序，该案正式进入重整计划执行阶段。

二、案例启示与律师建议

（一）国有划拨土地使用权在破产重整中如何处置

对于破产企业所占有的国有划拨土地使用权是否应被列入破产财产一直存在争议，也是法院审理破产案件的难点。关于划拨土地使用权是否属于破产财产，理论与实务界历来存在争议，实践中存在两种观点。

第一种观点认为，视国有划拨土地使用权非属于破产财产，由出资人收回，如果出资人用国有土地使用权对债务人出资则视为出资不到位，不到位的部分为债务人的破产债权，由破产清算组负责向出资人清收。

第二种观点认为，如果履行了法定手续并经具有审批权限的人民政府或土地行政管理部门批准，在以国有划拨土地使用权对外出资成立的公司破产时，该国有划拨土地使用权也可被列入破产财产。

叶健强法官认为，划拨土地使用者仅是以直接代行者的身份使用土地，若超出直接代行之范围，则国家作为所有者，有权回收划拨土地。因此，划拨土地使用权一般仅被视为企业的生产经营场所和全民所有的生产资料，而不作为企业财产或财产权利看待。[①] 王欣新教授认为，第一，如果划拨土地使用权在国有企业设立时，经政府有关部门批准已经被作为企业的注册资本予以登记，即作为股东投资投入（不管出于何种原因），则应当属于企业破产财产，地方政府不得再收回。因为对出资财产包括土地使用权进行的注册资本登记，表明它已经公开宣示被纳入对债权人承担责任的财产范围之内。这时对企业而言，土地使用权虽在名义上是划拨性质，但不应再视为无偿取得，因为出资人将凭借土地使用权取得相应的权利与收益。第二，以划拨土地使用权为标的物设定抵押时对抵押权的认定与处理。根据《城市房地产管理法》等法律规定，虽然划拨土地使用权不属于企业财产，但是可以对之设定抵押。以划拨土地使用权为标的物设定抵押时，其变卖所得中相当于土地使用权出让金的款额属于国有财产，其他部分抵押权人可优先受偿。[②]

为妥善处理划拨土地应否被列入破产财产的问题，2003 年 4 月 16 日，最高人民法院发布《关于破产企业国有划拨土地使用权应否列入破产财产等问题的批复》（已修改），其中第 1 条明确规定："破产企业以划拨方式取得的国有土地使用权不属于破产财产，在企业破产时，有关人民政府可以予以收回，并依法处置。"第 2 条规定："企业对其以划拨方式取得的国有土地使用权无处分权，以该土地使用权为标的物设定抵押，除依法办理抵押登记手续外，还应经具有审批权限的人民政府或土地行政管理部门批准。否则，应认定抵押无效。如果企业对以划拨方式取得的国有土地使用权设定抵押时，履行了法定的审批手续，并依法办理了抵押登记，应认定抵押有效。"之后，2020 年 12 月 23 日，最高人民法院审判委员会第 1823 次会议通过最高人民法院《关于修改〈最高人民法院关于破产企业国有划拨土地使用权应否列入破产财产等问题的批复〉等二十九件商事类司法解释的决定》，把第 1 条修改为"根据《中华人民共和国土地管理法》第五十八条第一款第（三）项及《城镇国有土地使用权出让和转让暂行条例》第四十七条的规定，破产企业以划拨方式取得的国有土地使用权不属于破产财产，在企业破产时，有关人

① 参见叶健强：《破产企业划拨土地使用权的处置》，载《人民司法》1997 年第 10 期。

② 参见王欣新：《论破产案件中土地使用权的处理原则》，载《甘肃政法学院学报》2005 年第 5 期。

民政府可以予以收回，并依法处置。纳入国家兼并破产计划的国有企业，其依法取得的国有土地使用权，应依据国务院有关文件规定办理”。把第2条修改为“企业对其以划拨方式取得的国有土地使用权无处分权，以该土地使用权设定抵押，未经有审批权限的人民政府或土地行政管理部门批准的，不影响抵押合同效力；履行了法定的审批手续，并依法办理抵押登记的，抵押权自登记时设立。根据《中华人民共和国城市房地产管理法》第五十一条的规定，抵押权人只有在以抵押标的物折价或拍卖、变卖所得价款缴纳相当于土地使用权出让金的款项后，对剩余部分方可享有优先受偿权。但纳入国家兼并破产计划的国有企业，其用以划拨方式取得的国有土地使用权设定抵押的，应依据国务院有关文件规定办理”。因此，该批复认为，划拨方式取得的国有土地使用权不属于破产财产，依该方式取得又设立抵押的，抵押权人对扣除土地出让金剩余的部分享有优先受偿权。

（二）破产重整中土地使用权的处理原则

1. 合法取得原则

土地使用权是土地使用者通过各种合法方式，以有偿或者无偿方式取得的，当企业面临破产时，也需要以合法的方式进行转移的权利。在破产案件中，要取得破产企业的土地使用权，不仅要按法律规定办理，而且受让的权利主体、转让的形式和转让手续都要合法。合法原则是破产企业土地使用权在处置过程中最为基础的一个原则，在该原则之上才能适用其他原则。

2. 优先取得原则

根据《城镇国有土地使用权出让和转让暂行条例》第33条之规定，土地使用权抵押时，其地上建筑物、其他附着物随之抵押。地上建筑物、其他附着物抵押时，其使用范围内的土地使用权随之抵押。同时，根据《企业破产法》的相关规定，抵押权人对破产财产享有优先受偿权，由于破产企业的土地使用权可能是破产财产的组成部分，如果以转让等方式处理，首先也必须满足全体债权人的需要。因此所有债权人也享有优先于非债权人的优先取得权。

3. 有偿取得原则

破产企业土地使用权是否有偿取得在理论以及实务中都存在大量争议，

一般认为，除以划拨形式取得的国有土地使用权不属于破产财产，不宜进行股价转让外，其他不论破产企业的土地使用权以何种形式取得，都应交有评估资质的土地评估机构依法进行评估，然后以评估价为低价，通过公开拍卖的方式，对破产企业的土地使用权进行公开竞买。

4. 国家干预原则

人民法院依法独立行使审判权，这是人民法院的基本审判原则。破产财产分配方案需要法院批准也是法院行使审判权的具体方式，依法裁定是在代表国家处分土地所有权时的部分处分权。此外，政府在破产程序中也应发挥其联动作用，为防止国有资产流失，在破产企业土地使用权转让时，可以对转让期限进行限制；如果转让价格明显低于市场，政府就进行优先购买。

（三）清算式重整的基本思路

1. 重整整体思路

清算式重整是将清算式的理念放在重整程序当中，以最大限度保障债权人的清偿为目的，通过优于破产清算式的破产财产变价与分配方案，完成企业主体资格的保留。一般适用于：（1）具备某种行业资质的企业；（2）固定资产多的企业，如房产、无形资产、土地使用权等与经营资质高度匹配的企业。

本案中，债务人名下主要资产为位于安徽省肥西县桃花镇飞虎路两地块的国有土地使用权，以及分别附着于该两地块上的三处厂房。达益服饰主体资格仍然需要存续，投资人再出资1500万元受让公司相关证照、资质等无形资产。管理人结合意向投资人递交的重整投资方案、债务人公司特点、债务人营业情况，依据破产法相关规定，编制重整计划草案。重整计划草案保留“安徽达益服饰有限公司”法人主体资格，通过买断式重整投入资金用于分期清偿债务等方式在确定范围内按比例清偿债务。

2. 重整路径之让渡股权

按照公司法的规定，有限责任公司的股东以其出资额为限对公司债务承担责任。本案中，目前债务人已严重资不抵债，管理人依法将出资人权益调整为零。因此，将债务人100%股权零对价转让于重整人，由重整后的债务人继续存续运营。

3. 重整路径之支付现金

首先，关于资金来源，本案中法院裁定批准重整计划草案后，重整人以自有资金按照重整方案投资进度支付，管理人按照本重整计划草案用以定向清偿对外债务。其次，关于支付期限，以本案为例，投资人的重整投资款按照时间节点进行支付。

（四）破产重整中表决权异议的正确处置方式

表决权问题是破产重整中较为重要且容易被忽视的一个问题，主要原因在于现行《企业破产法》及相关法律对该问题的规定并不太明确。实务中对于各类表决权的主体以及行使等方面的认定也存在差异，如职工债权的表决主体中存在由职工代表或工会代表行使表决权的，如重庆来去源商贸有限公司申请重庆钢铁股份有限公司破产重整案。① 也存在由职工债权人每人一票方式，行使重整计划草案表决权进行表决的，如宁波市唐鹰服饰有限公司破产重整案②。下面重点讨论关于表决权主体、行使规则以及临时表决权等的问题。

1. 主体问题

首先，《企业破产法》第 59 条第 1、2 款规定，依法申报债权的债权人为债权人会议的成员，有权参加债权人会议，享有表决权。债权尚未确定的债权人，除人民法院能够为其行使表决权而临时确定债权额的外，不得行使表决权。这是破产法对破产程序中享有表决权主体的一般规定。其次，对于有担保的债权，第 59 条第 3 款规定，对债务人的特定财产享有担保权的债权人，未放弃优先受偿权利的，对于该法第 61 条第 1 款第 7、10 项规定的事项不享有表决权，即对于通过和解协议、通过破产财产的分配方案不享有表决权。同时，该法第 64 条第 1 款规定，债权人会议需要出席会议有表决权半数以上且所代表的债权额占无财产担保债权总额的 1/2 以上通过，问题在于如果出现担保物变现不足的情况，担保债权人的表决权则并不能得到保障。有

① 重庆市第一中级人民法院民事裁定书，（2017）渝 01 破 3 号之二。
② 宁波市奉化区人民法院民事裁定书，（2011）甬奉商破字第 1 号。

实务观点认为可以通过申请法院给予其临时表决权来解决，债权金额可以担保物评估值与担保债权总额的差额作为参考标准。[①] 也有学者认为，可以通过赋予担保债权人参与重整计划执行的监督权利比如知情权与异议权的方式进行保障和介入。[②] 最后，关于职工债权，第 59 条第 5 款规定，债权人会议应当有债务人的职工和工会的代表参加，对有关事项发表意见。且根据第 82 条第 1 款第 2 项规定，职工债权组可以参加“讨论重整计划草案的债权人会议”，表决重整计划草案。而该法第 48 条第 2 款规定，债务人所欠职工的工资和医疗、伤残补助、抚恤费用，所欠的应划入职工个人账户的基本养老保险、基本医疗保险费用，及法律、行政法规规定应当支付给职工的补偿金，不必申报，由管理人调查后列出清单并予以公示。由于规定的模糊，导致出现上述实务中出现的职工债权表决权主体问题。

2. 行使规则

破产程序的表决权规则主要规定在《企业破产法》第 64 条第 1 款、第 84 条第 2 款及第 97 条。主要内容如下：

（1）在破产清算程序下，债权人会议的决议，由出席会议的有表决权的债权人过半数通过，并且其所代表的债权额占无财产担保债权总额的 1/2 以上。

（2）在重整程序下，通过重整计划草案的决议由出席会议的同一表决组的债权人过半数同意重整计划草案，并且其所代表的债权额占该组债权总额的 2/3 以上。

（3）在和解程序下，通过和解协议的决议，由出席会议的有表决权的债权人过半数同意，并且其所代表的债权额占无财产担保债权总额的 2/3 以上。

3. 临时表决权

关于临时表决权的安排位于《企业破产法》第 59 条第 2 款，即债权尚未确定的债权人，除人民法院能够为其行使表决权而临时确定债权额的外，

---

① 参见叶文帧：《破产案件债权人之表决权的探讨》，载光大律师事务所官网 2021 年 12 月 20 日，https://www.everbrightlaw.com/CN/07/126c205da8154cfa.aspx。

② 参见杨姝玲：《论破产重整中对有财产担保债权的限制与保护》，载《河北法学》2015 年第 2 期。

不得行使表决权。这是确定临时表决权的直接法律依据。从该规定可以看出，享有临时表决权的要件有三：一是属于债权人；二是债权数额尚未确定；三是由人民法院确认。我国破产法对临时表决权直接以法律规定予以明确，并由人民法院确认，既保障了暂时无法确定债权数额债权人的权益，同时也可以在一定程度上避免出现临时表决权债权数额确定主体的混乱。但是，由于该条规定原则性过强，且这一规则仅仅在第59条进行了规定，在司法解释、最高人民法院批复等其他规定中均未涉及，这就造成这一规则涉及的相关主体的权利义务范围与内容并不十分明确，对于如何启动临时表决权程序、由谁来启动、启动后会按何种程序进行等均没有作出规定。而这也导致产生一个问题。即行使“临时表决权”的法律后果未知，如果临时债权经管理人进一步核实后不予确认，那其在先前债权人会议中投出的同意票是否还有效？这些不确定的法律后果也充分考验着管理人，这些问题的解决也正有待于相关细则的出台。

法条索引

最高人民法院《关于破产企业国有划拨土地使用权应否列入破产财产等问题的批复》

第一条 根据《中华人民共和国土地管理法》第五十八条第一款第（三）项及《城镇国有土地使用权出让和转让暂行条例》第四十七条的规定，破产企业以划拨方式取得的国有土地使用权不属于破产财产，在企业破产时，有关人民政府可以予以收回，并依法处置。纳入国家兼并破产计划的国有企业，其依法取得的国有土地使用权，应依据国务院有关文件规定办理。

第二条 企业对其以划拨方式取得的国有土地使用权无处分权，以该土地使用权设定抵押，未经有审批权限的人民政府或土地行政管理部门批准的，不影响抵押合同效力；履行了法定的审批手续，并依法办理抵押登记的，抵押权自登记时设立。根据《中华人民共和国城市房地产管理法》第五十一条的规定，抵押权人只有在以抵押标的物折价或拍卖、变卖所得价款缴纳相当于土地使用权出让金的款项后，对剩余部分方可享有优先受偿权。但纳入国家兼并破产计划的国有企业，其用以划拨方式取得的国有土地使用权设定抵押的，应依据国务院有关文件规定办理。

第三条 国有企业以关键设备、成套设备、建筑物设定抵押的，如无其他法定的无效情形，不应当仅以未经政府主管部门批准为由认定抵押合同无效。

《企业破产法》

第四十八条 债权人应当在人民法院确定的债权申报期限内向管理人申报债权。

债务人所欠职工的工资和医疗、伤残补助、抚恤费用，所欠的应当划入职工个人账户的基本养老保险、基本医疗保险费用，以及法律、行政法规规定应当支付给职工的补偿金，不必申报，由管理人调查后列出清单并予以公示。职工对清单记载有异议的，可以要求管理人更正；管理人不予更正的，职工可以向人民法院提起诉讼。

第五十九条 依法申报债权的债权人为债权人会议的成员，有权参加债权人会议，享有表决权。

债权尚未确定的债权人，除人民法院能够为其行使表决权而临时确定债权额的外，不得行使表决权。

对债务人的特定财产享有担保权的债权人，未放弃优先受偿权利的，对于本法第六十一条第一款第七项、第十项规定的事项不享有表决权。

债权人可以委托代理人出席债权人会议，行使表决权。代理人出席债权人会议，应当向人民法院或者债权人会议主席提交债权人的授权委托书。

债权人会议应当有债务人的职工和工会的代表参加，对有关事项发表意见。

第六十二条 第一次债权人会议由人民法院召集，自债权申报期限届满之日起十五日内召开。

以后的债权人会议，在人民法院认为必要时，或者管理人、债权人委员会、占债权总额四分之一以上的债权人向债权人会议主席提议时召开。

第八十四条 人民法院应当自收到重整计划草案之日起三十日内召开债权人会议，对重整计划草案进行表决。

出席会议的同一表决组的债权人过半数同意重整计划草案，并且其所代表的债权额占该组债权总额的三分之二以上的，即为该组通过重整计划草案。

债务人或者管理人应当向债权人会议就重整计划草案作出说明，并回答询问。

第九十七条 债权人会议通过和解协议的决议，由出席会议的有表决权的债权人过半数同意，并且其所代表的债权额占无财产担保债权总额的三分之二以上。

18. 重整应如何处理留债清偿问题

——哈尔滨轴承集团有限公司、哈尔滨轴承制造有限公司、哈尔滨轴承股份有限公司合并重整案①

“留债清偿”是实践中企业缓解偿债资金压力、提升重整成功率的一种手段。留债清偿问题首先要从其法律属性入手，分析留债清偿期限长于重整计划执行、监督期限导致的监督缺位和相应期间的保证问题。“留债清偿”存在多种潜在法律风险，本书回应了部分实践中的风险及制作重整协议时应约定的相应救济条款。

关键词：留债清偿　监督　救济

一、重整情况介绍②

（一）公司概况

1. 哈尔滨轴承集团有限公司基本信息

哈尔滨轴承集团有限公司（以下简称哈轴集团）经当时的哈尔滨市经济委员会批复同意，并经哈尔滨市市场监督管理局依法注册登记，1993 年 12 月 20 日哈轴集团公司注册成立，注册资金 32,725 万元，哈尔滨市机械工业局为上级主管单位，法定代表人为马某波。截至 2019 年 7 月 26 日重整受理日，哈轴集团法定代表人为庞某，企业性质为全民所有制，出资人为哈工投公司，注册资金 28,040 万元，无固定经营期限。住所地哈尔滨市香坊区红旗大街 14 号。经营范围为：轴承及配件制造；经营本企业所生产产品及相关技术的出口业务，生产所需原辅材料，设备的进口业务，中外合资、合作生产

---

① 案例来源：全国企业破产案件信息网（https：//pccz. court. gov. cn/pcajxxw/index/xxwsy）。

② 参见黑龙江省哈尔滨市中级人民法院民事裁判书，（2019）黑 01 破 15 号之四。

业务；开展本企业“三来一补”业务（依法须经批准的项目，经相关部门批准后方可开展经营活动）。

2. 哈尔滨轴承制造有限公司基本信息

哈尔滨轴承制造有限公司（以下简称哈轴制造）公司系由哈尔滨明达工业发展有限公司与哈尔滨工业资产经营有限公司于 2007 年 8 月 28 日共同设立。法定代表人毕某，注册资金 40, 000 万元。截至 2019 年 7 月 26 日重整受理日，哈轴制造法定代表人薛某朋，企业类型为有限责任公司（非自然人投资或控股的法人独资），哈轴集团为哈轴制造唯一股东，持有哈轴制造 100% 的股权。注册资金 62, 244 万元，营业期限 2007 年 8 月 28 日至无固定期限。住所地哈尔滨市呼兰区利民镇孙花屯。经营范围为：轴承、轴承配件及轴承专用设备，工具的生产、销售；轴承技术咨询、技术服务、技术转让；从事进出口贸易（国家限定的除外）。

3. 哈尔滨轴承股份有限公司基本信息

哈尔滨轴承股份有限公司（以下简称哈轴股份）系经当时的哈尔滨市经济体制改革委员会（哈体改发〔1993〕118 号文）批准，由哈尔滨轴承总厂、哈尔滨新恒基发展有限公司、哈尔滨新大地机电设备总公司及部分社会法人、内部职工作为发起人于 1993 年 12 月 28 日登记设立的股份有限公司。截至 2019 年 9 月 6 日重整受理日，哈轴股份法定代表人芦某新。企业类型为股份有限公司（非上市、国有控股），哈轴集团实际持股或实际控股 78.4%、哈尔滨新大地机电设备总公司持股 0.1%、社会法人持股 6.5%、内部员工合计持股 15%。注册资本 30, 000 万元，营业期限 1998 年 12 月 28 日至无限期。住所地哈尔滨市香坊区红旗大街 14 号。经营范围生产销售各类滚动轴承及零件（依法须经批准的项目，经相关部门批准后方可开展经营活动）。

哈轴集团 100% 控股哈轴制造并持有 78.4% 哈轴股份的股权。在经营管理方面，哈轴集团、哈轴制造、哈轴股份三家公司业务相同，均从事轴承制造、销售相关的业务，业务领导关系上哈轴集团通过总经理办公室直接决定哈轴制造、哈轴股份生产经营事项，且哈轴股份公司公章、证照由哈轴集团保管。在资产管理方面，三家公司的资产均由哈轴集团统一监督管理，哈轴制造、哈轴股份无偿使用哈轴集团名下的注册商标及实用新型专利等，哈轴制造大量生产设施位于哈轴集团名下的土地使用权上且未支付租赁费用，并且三家公司之间存在大量资产相互使用和互相负担成本的情况。在财务管理方面，三家公司由同一财务管理中心进行集中统一管理。在人员方面，三家公司董事、高管具有高度的重合性和交叉性，“三个牌子，一套人马”。三家公司员工均与哈轴集团签署劳动合同，哈轴股份员工工资、社保均由哈轴集团承担，三家公司公积金账户均设在哈轴集团名下，且三家公司一直作为一个整体共同召开职工代表大会。①

（二）重整原因

哈轴集团、哈轴制造、哈轴股份陷入困境的主要原因在于轴承市场行情变化。从轴承产量看2015年起轴承行业便不景气，虽然2017～2018年有所回暖，但随后市场行情又趋于下降，并且设备陈旧、生产成本及人工成本沉重，以及哈南、松北两个厂区建设挤占企业大量流动资金，致使企业财务成本负担过重等，导致哈轴公司经营成本增加，利润减少。造成企业偿债压力增大，无法及时清偿到期债务，陷入财务危机。

根据前述公司经营情况，哈轴集团、哈轴股份、哈轴制造三家公司存在资产和业务混同、工作人员交叉任职、资金共同使用的情况，法人人格高度混同。且三家公司财产难以区分，存在相互担保、互负债务的情形。根据《全国法院破产审判工作会议纪要》第32、33、36、37条的规定②，三家公司法人人格高度混同，财产难以区分，实质合并重整有助于提升债权人整体

① 黑龙江省高级人民法院民事裁定书，（2020）黑民他2号。

② 《全国法院破产审判工作会议纪要》第32条规定：“关联企业实质合并破产的审慎适用。人民法院在审理企业破产案件时，应当尊重企业法人人格的独立性，以对关联企业成员的破产原因进行单独判断并适用单个破产程序为基本原则。当关联企业成员之间存在法人人格高度混同、区分各关联企业成员财产的成本过高、严重损害债权人公平清偿利益时，可例外适用关联企业实质合并破产方式进行审理。”第33条规定：“实质合并申请的审查。人民法院收到实质合并申请后，应当及时通知相关利害关系人并组织听证，听证时间不计入审查时间。人民法院在审查实质合并申请过程中，可以综合考虑关联企业之间资产的混同程序及其持续时间、各企业之间的利益关系、债权人整体清偿利益、增加企业重整的可能性等因素，在收到申请之日起三十日内作出是否实质合并审理的裁定。”第36条规定：“实质合并审理的法律后果。人民法院裁定采用实质合并方式审理破产案件的，各关联企业成员之间的债权债务归于消灭，各成员的财产作为合并后统一的破产财产，由各成员的债权人在同一程序中按照法定顺序公平受偿。采用实质合并方式进行重整的，重整计划草案中应当制定统一的债权分类、债权调整和债权受偿方案。”第37条规定：“实质合并审理后的企业成员存续。适用实质合并规则进行破产清算的，破产程序终结后各关联企业成员均应予以注销。适用实质合并规则进行和解或重整的，各关联企业原则上应当合并为一个企业。根据和解协议或重整计划，确有需要保持个别企业独立的，应当依照企业分立的有关规则单独处理。”

清偿水平、增加重整成功率。并经管理人申请，黑龙江省哈尔滨市中级人民法院（以下简称哈尔滨市中院）作出（2019）黑01破14号、（2019）黑01破15号、（2019）黑01破16号民事裁定书，裁定准予哈轴集团、哈轴制造、哈轴股份实质合并重整。①

（三）破产重整动因

（1）重整计划将有利于债务人财产保值。

根据哈轴公司产业行业特点和机器、设备、存货的通用性、专门用于工业生产用途且未竣工的建筑工程的可交易性，以及破产财产处置的实践经验，在破产清算条件下，这些资产将被迫进行快速打折变现，实际交易价格将大概率降低。哈轴公司进行重整相较于直接进行破产清算，将更有利于财产变现不低于其评估价。

（2）重整计划将有利于普通债权人。

如哈轴公司破产清算，假定其财产均能按评估价值变现，按照《企业破产法》的清偿顺序，担保财产变现所得优先用于偿还有财产担保的债权，剩余其他财产的变现所得在支付破产相关费用、全额清偿职工债权、税款债权后，剩余财产用于向普通债权人分配，普通债权清偿率为0。若进入破产清算程序，破产清算状态下需要对现有2278名职工予以安置，重整条件下因哈轴公司继续生产经营须留用部分职工，仅需对1278名职工进行补偿安置，所以重整条件下哈轴公司须承担的补偿安置费用低于破产清算条件下的补偿安置费。综合各因素，重整计划将最大限度提升普通债权的清偿率，普通债权的清偿率调整为11.08%。

综上所述，如债务人能够顺利进行破产重整、通过此重整计划，相较于破产清算而言，各方利益都将获得更有力的保障，债务人将重获新生，普通债权人将获得更高的清偿率。

（四）重整过程介绍

1. 重整时间线

2019年7月8日，哈尔滨市中院就哈轴集团申请哈轴股份破产重整案、

① 前瞻经济学人：《预见2022：〈2022年中国轴承制造行业全景图谱〉（附市场规模、竞争格局和发展趋势等）》，载前瞻网，https：//www.qianzhan.com/analyst/detail/220/211112-6a1cbffc.html。

哈尔滨中润房产经营物业管理有限公司申请哈轴集团破产重整案、哈尔滨轴承集团铁力轴承有限公司申请哈轴制造破产清算案召开听证会。

2019 年 7 月 26 日，哈尔滨市中院根据哈尔滨中润房产经营物业管理有限公司的申请，裁定受理哈承集团破产重整一案，并指定清算组担任哈轴集团破产管理人。根据哈尔滨轴承集团铁力轴承有限公司的申请，裁定受理哈轴制造破产重整一案。并指定清算组担任哈轴制造破产管理人。

2019 年 8 月 9 日，根据哈轴集团、哈轴制造申请，哈尔滨市中院准许哈轴集团、哈轴制造在管理人监督下自行管理营业事务。

2019 年 9 月 6 日，根据哈轴集团的申请，裁定受理哈轴股份破产重整一案。并指定清算组担任哈尔滨轴承股份有限公司破产管理人。

2019 年 9 月 13 日，根据哈轴股份申请，哈尔滨市中院准许哈轴股份在管理人监督下自行管理营业事务。

2019 年 9 月 20 日，哈轴股份公开招募重整投资人。

2019 年 10 月 28 日，经哈尔滨市中院召集，三家公司第一次债权人会议召开，会议中，管理人于现场放置了哈轴集团、哈轴制造、哈轴股份合并重整的相关证据并宣读了关于哈轴集团、哈轴制造、哈轴股份实质合并重整申请书，合议庭征求了债权人、出资人等利害关系人意见，现场确认三家公司符合实质合并重整条件，并现场告知全体债权人。会议还通过了设立债权人委员会的议案和债权人委员会议事规则。

2019 年 10 月 28 日，经哈尔滨市中院裁定，三家公司实质合并重整。

2020 年 1 月 10 日，哈尔滨市中院因三家公司系实质合并重整，债权人人数众多，债权债务关系复杂，部分建设工程债权需要鉴定，职工人数众多，涉及土地问题需要与主管部门沟通等因素，经三家公司申请，哈尔滨市中院裁定延长重整计划草案提交期限至 2020 年 4 月 26 日。

2020 年 4 月 13 日，经三家公司 2020 年 3 月 20 日申请，依据黑龙江省高级人民法院《关于充分发挥司法职能支持企业应对疫情服务保障企业健康发展的意见》，哈尔滨市中院认为因新冠疫情影响三家公司无法按期提交重整计划草案，在征询债权人委员会意见后，裁定重整计划草案提交期限延长至 2020 年 7 月 26 日。

2020 年 5 月 26 日，三家公司发布债务清收公告。

2020 年 6 月 28 日，管理人向哈尔滨市中院申请召开第二次债权人会议。

2020 年 7 月 16 日，形成了重整计划草案。

2020 年 7 月 20 日召开第二次债权人会议，参与表决的财产担保债权组、普通债权组、出资人组均通过重整计划草案。

2020 年 7 月 30 日，哈尔滨市中院裁定批准三家公司重整计划，裁定终止三家公司重整程序。

2. 重整计划

重整计划草案主要内容由三部分构成：

（1）出资人权益调整。

哈轴集团、哈轴制造、哈轴股份已经资不抵债，现有资产在清偿各类债权后已无剩余财产向出资人分配，出资人权益为零。

①哈轴集团。

哈轴集团出资人让渡其对哈轴集团的全部出资，由重整投资人有条件受让。重整投资人受让出资人让渡的条件为：哈轴集团的注册资本调整为零，由重整投资人向哈轴集团现金出资 135,000 万元，其中 65,000 万元用于注册资本。哈轴集团性质发生变化，由全民所有制企业变更为有限责任公司。

②哈轴制造。

鉴于哈轴制造持有核心生产经营资质和机器设备，因此将哈轴制造主体保留。哈轴集团仍然 100% 持有哈轴制造股权。

③哈轴股份。

哈轴股份除哈轴集团以外的其他股东均无偿让渡其持有的哈轴股份给哈轴集团公司，内部职工股由哈工投公司委托哈尔滨新大地机电设备总公司按照 1.5 元/股的价格进行收购。哈轴集团自收到重整投资人支付的第一期投资款次日起 6 个月后办理哈轴股份工商注销登记。

（2）清偿方案。

对于有财产担保的债权，如担保财产实际处置变现，在实际处置变现所得价款范围内优先受偿的部分予以留债清偿（留债期限 5 年）；如担保财产未进行实际处置变现，在担保财产评估价值范围内优先受偿的部分予以留债清偿；担保财产实际处置变现或/和评估价值范围内不能优先受偿转为普通债权的部分，按照普通债权调整与受偿方案受偿。经管理人审查确定的建设工程价款优先债权，自法院批准重整计划之日起 12 个月内 100% 获得现金清偿。

对于职工债权，一次性现金清偿。

对于税款债权，由哈轴公司自法院批准重整计划之日起 12 个月内一次性现金清偿。

对于普通债权，债权人 30 万元以下（含 30 万元）的部分，自法院批准重整计划之日起 12 个月内，由哈轴集团、哈轴股份、哈轴制造一次性现金清偿完毕。一家债权人同时有普通债权和有财产担保债权按普通债权受偿的部分，予以合并计算，30 万元以下（含 30 万元）的部分一次性现金清偿完毕，超过 30 万元的部分，以及金融类普通债权人每家超过 30 万元的部分，以重整条件下普通债权的清偿率计算的最终可受偿金额为基础，以留债方式清偿。非金融类普通债权人，每家债权人超过 30 万元的部分，以重整条件下普通债权清偿率计算的最终可受偿金额为基础，自法院批准重整计划之日起 12 个月内，由哈轴集团、哈轴制造、哈轴股份一次性现金支付。普通债权中社保债权的滞纳金全额豁免，不予清偿。已经申报但暂缓确定的债权，按照其申报的债权金额进行预留，待其债权经管理人审查确定后，按照本重整计划规定的同类债权清偿条件受偿。为支持哈轴公司重整，哈工投同意将哈轴集团、哈轴股份、哈轴制造发放拖欠职工工资、改制人员补偿金、解除劳动关系补偿金等垫付的职工债权 29, 532. 33 万元，按照普通债权进行调整和受偿。

（3）未来经营方案。

哈轴公司重整符合国家相关产业政策以及黑龙江省、哈尔滨市政府的整体战略发展方向。重整投资人所处行业与哈轴公司主营业务密切相关，有利于把握市场机遇，有利于恢复新哈轴的竞争力和可持续经营发展能力，恢复新哈轴行业地位，提升盈利水平，开拓新的空间。将通过技术改造、搬迁改造、设备优化升级、调整经营模式、改变销售模式、完善生产模式、突破人力资源管理模式等方法引导新哈轴的发展。

二、案例启示与律师建议

《企业破产法》及相关法律法规尚未有对留债清偿予以界定的相关规定。作为清偿的一种方式，留债清偿主要是将原债权转为贷款、放弃即时清偿权利，属于新的权利义务的设定。[①] 例如，四川省高级人民法院在天华富邦公司案中认为，“天华富邦公司重整计划关于……剩余部分则由债务人分期进行清偿的安排，是重整计划对于依法已到期债务的一种偿还安排，是关于债务偿还的一种具体履行方式，并非一般意义上的当事人对主合同履行期限的变更”[②]。说理部分中提及的“分期进行清偿的安排”所指即为“留债清偿”。

本案中，在涉及有财产担保的债权清偿方案时，三家公司在设计重整计划时采取了留置清偿的方法，即“对担保债权人可以在担保财产处置所得价款或担保财产评估价值范围内可以优先受偿的部分予以留债清偿”。留债期限被设置为5年。清偿方式为，自法院批准重整计划之日起每满一年为一个支付周期，前两个支付周期内还息缓本，每个周期的届满日支付当期利息。后三个支付周期每3个月支付余款本金的1/12，同时付清截至当期支付日的利息余额，每3个月最后一日支付。也即前两年缓本付息，后三年按每3个月支付余款本金的1/12。

但是重整计划中规定的执行期限与监督期限均为12个月，这一期限明显短于留债期限。并且根据重整计划中确定的重整计划执行完毕的标准，“按照重整计划规定对有财产担保债权已经作出明确清偿安排，由哈轴集团公司与债权人签署有关协议对债权债务关系予以确认，有关协议生效后，即视为执行完毕”，即当重整计划获得法院批准时，留债清偿部分视为执行完毕。在重整计划的执行和监督期间，留债债权人尚无法获得清偿，执行完毕后，重整程序结束后，债务人才“正式进入留债清偿期间”，按照重整计划清偿债务。

---

① 参见白得健：《中小商业银行不良资产处置方式与效果研究——以辽宁YH预重整为例》，辽宁大学2021年硕士学位论文。

② 四川省高级人民法院民事判决书，（2018）川民初119号。

（一）重整计划中留债清偿的法律风险

1. 留债清偿期限长于重整计划执行、监督期限，如何监督债务人清偿债务的问题

《企业破产法》第90条第1款规定：“自人民法院裁定批准重整计划之日起，在重整计划规定的监督期内，由管理人监督重整计划的执行。”《全国法院民商事审判工作会议纪要》第113条第1款规定：“重整计划执行期间和监督期间原则上应当一致。”但是涉及留债清偿的相关问题时，留债清偿中留债期限应当如何规定，法律上并无规定。留债清偿存在留债期限与重整计划执行期限、监督期限一致的情况，在三个期限相同的情况下，不存在监督债务人债务履行的问题。需要讨论和存在风险的是留债清偿期限长于重整计划执行、监督期限的情况。在这种情况下，重整计划执行完毕后留债清偿期限尚未结束，本案中留债期限为5年，为期12个月的执行、监督期限结束后，尚未开始还本。但此时重整计划已经执行完毕，管理人的监督责任也已经履行完毕，此时必然出现监管缺位的情况。

2. 债权人的担保权利问题

本案中的重整计划约定了留债清偿时担保保留的措施，“有特定财产担保的债权，在特定担保物的评估价值或实际处置变现所得范围内，保留债权债务关系”。重整计划中，哈轴公司的财产抵押、质押等担保关系，在留债期间明示予以保留。但是债务人在重整计划中对债权人做出留债清偿安排后，若未明示担保保留，债权人在原债权项下享有的担保权利，是否当然及于重整后的留债？

3. 留债清偿无法履行时，债权人利益保护无法律明文规定的救济途径

本案约定的留债期限为5年，但是实践中约定的留债期限从2年到10年不等，存在多种期限形式。在留债期间，企业的经营状况受到诸多因素例如经济环境、国家政策等的影响，其发展预期并不确定，债权人债务能否获得清偿存在风险。在此期间，假若企业经营不善，再次资不抵债进入破产程序，留债清偿协议无法得到继续履行，债权人的救济途径在《企业破产法》上尚属空白，债权人的利益保护存在漏洞。

（二）留债清偿风险应对方法

1. 增信措施

留债清偿在满足一定条件下，如本案中哈轴集团与债权人签署有关协议对债权债务关系予以确认，有关协议生效后即视为执行完毕，是为了解决留债期间长于重整计划执行期，导致管理人监督期间过长而做的变通设计，经法院裁定批准重整计划后，留债债务人的自认应当产生该层面上的法律效果。依照《企业破产法》第92条第3款关于“债权人对债务人的保证人和其他连带债务人所享有的权利，不受重整计划的影响”，以及最高人民法院《关于适用〈中华人民共和国民法典〉有关担保制度的解释》第23条第3款“债权人在债务人破产程序中未获全部清偿，请求担保人继续承担担保责任的，人民法院应予支持”的规定，留债清偿只是债务偿还履行方式的变化，不影响担保权利的实现。中国银行泸州分行与四川化工控股（集团）有限责任公司保证合同纠纷案中，法院认为“四川化工控股公司关于主合同债权债务法律关系的主要内容已发生变更，保证人的保证责任内容应随之变更的上诉主张，缺乏法律依据，不能成立，本院不予支持”①。

目前多数重整计划中并未就留债清偿增加授信，对于担保债权的留债一般都是保留原有抵、质押状态。大多仅是对保留原有担保关系作出宣示性明确。如上述中国银行泸州分行与四川化工控股（集团）有限责任公司保证合同纠纷案中，重整计划明确写明：留债部分所对应的原有担保条件保持不变，并且本重整计划的表决、裁定批准生效及后续执行均不影响债权人向根据原担保合同的约定向原担保人四川化工控股公司行使追索权（向保证人进行追索），追索中获得的清偿视为对留债部分本金的提前清偿。只有淮矿物流案较为特殊，在此案重整计划中约定了增信措施，（2014）淮破字第00001－6号中留债部分约定“全部留债金额自本重整计划草案经人民法院批准之日起8年内还清……淮南矿业（集团）有限责任公司（以下简称淮矿集团）提供连带责任保证担保”，淮矿集团对淮矿现代物流有限责任公司留债期间的债

---

① 四川省高级人民法院民事判决书，（2018）川民初119号。

务增加了保证。

2. 留债期间监督债务人的措施

当留债期间长于重整计划执行和监督期间时，留债清偿将部分债务的清偿行为和实质重整计划的执行置于整个重整程序之外。实践中，重整计划的执行期间和监督期间届满，管理人解散后，留债期间必然会出现监督缺位的情形，如果没有成形有效的监督措施，债权人的利益无法得到有效保护，导致债权人承担的风险增加，无法满足债权人对债务调整的合理预期。因此，为了监督债务人，督促债务人履行债务，可以在留债清偿相关协议中设计监督条款。监督条款涉及的当事双方应是留债债务的债权人和债务人。双方可以就重整程序终结后在公司经营中债权人应当享有的权利和债务人应当承担的义务作出约定。相关的约定应当围绕公司的日常经营及治理展开。因为债权人需要足够的信息来评估与确保自己的债权可以得到有效清偿，双方可以设计相关的信息披露条款，在债权人获得足额清偿、债务人履行全部义务之前，应约定债务人企业的信息披露义务，其主动披露的内容应包括债务人企业的经营信息、财产变动信息尤其是重大财产变动信息、公司治理结构变动信息、公司股东和实际控制人的变动信息等，并且赋予债权人一定的进入现场检查的权利。当然此时债权人也负有对相关信息的保密义务。

3. 约定救济措施

关于留债期间长于重整计划执行和监督期间导致的监管滞后或缺位，债权人可要求债务人在重整计划、留债协议里明确债务人缺乏偿债能力或逃避留债债务履行义务的救济措施。双方可以约定债务人不能偿债或不愿、逃避偿债的救济条款，在债权人发现债务人公司出现可能导致债务人偿债能力严重下降或债务人故意隐瞒转移财产等行为逃避留债债务清偿义务等的情况时，债权人有权要求债务人一次性清偿债务或缩短留债债务履行期限，也可以在重整协议中约定增信措施，比如约定由重整投资人对留债债务进行担保，这样在债务人不履行债务时便可要求重整投资人履行担保责任。

法条索引

《全国法院破产审判工作会议纪要》

32. 关联企业实质合并破产的审慎适用。人民法院在审理企业破产案件时，应当尊重企业法人人格的独立性，以对关联企业成员的破产原因进行单独判断并适用单个破产程序为基本原则。当关联企业成员之间存在法人人格高度混同、区分各关联企业成员财产的成本过高、严重损害债权人公平清偿利益时，可例外适用关联企业实质合并破产方式进行审理。

33. 实质合并申请的审查。人民法院收到实质合并申请后，应当及时通知相关利害关系人并组织听证，听证时间不计入审查时间。人民法院在审查实质合并申请过程中，可以综合考虑关联企业之间资产的混同程序及其持续时间、各企业之间的利益关系、债权人整体清偿利益、增加企业重整的可能性等因素，在收到申请之日起三十日内作出是否实质合并审理的裁定。

36. 实质合并审理的法律后果。人民法院裁定采用实质合并方式审理破产案件的，各关联企业成员之间的债权债务归于消灭，各成员的财产作为合并后统一的破产财产，由各成员的债权人在同一程序中按照法定顺序公平受偿。采用实质合并方式进行重整的，重整计划草案中应当制定统一的债权分类、债权调整和债权受偿方案。

37. 实质合并审理后的企业成员存续。适用实质合并规则进行破产清算的，破产程序终结后各关联企业成员均应予以注销。适用实质合并规则进行和解或重整的，各关联企业原则上应当合并为一个企业。根据和解协议或重整计划，确有需要保持个别企业独立的，应当依照企业分立的有关规则单独处理。

《全国法院民商事审判工作会议纪要》

113. 【重整计划监督期间的管理人报酬及诉讼管辖】要依法确保重整计划的执行和有效监督。重整计划的执行期间和监督期间原则上应当一致。二者不一致的，人民法院在确定和调整重整程序中的管理人报酬方案时，应当根据重整期间和重整计划监督期间管理人工作量的不同予以区别对待。其中，重整期间的管理人报酬应当根据管理人对重整发挥的实际作用等因素予以确定和支付；重整计划监督期间管理人报酬的支付比例和支付时间，应当根据管理人监督职责的履行情况，与债权人按照重整计划实际受偿比例和受偿时间相匹配。

《企业破产法》

第九十条 自人民法院裁定批准重整计划之日起，在重整计划规定的监督期内，由管理人监督重整计划的执行。

在监督期内，债务人应当向管理人报告重整计划执行情况和债务人财务状况。

第九十二条 经人民法院裁定批准的重整计划，对债务人和全体债权人均有约束力。

债权人未依照本法规定申报债权的，在重整计划执行期间不得行使权利；在重整计划执行完毕后，可以按照重整计划规定的同类债权的清偿条件行使权利。

债权人对债务人的保证人和其他连带债务人所享有的权利，不受重整计划的影响。

最高人民法院《关于适用〈中华人民共和国民法典〉有关担保制度的解释》

第二十三条 人民法院受理债务人破产案件，债权人在破产程序中申报债权后又向人民法院提起诉讼，请求担保人承担担保责任的，人民法院依法予以支持。

担保人清偿债权人的全部债权后，可以代替债权人在破产程序中受偿；在债权人的债权未获全部清偿前，担保人不得代替债权人在破产程序中受偿，但是有权就债权人通过破产分配和实现担保债权等方式获得清偿总额中超出债权的部分，在其承担担保责任的范围内请求债权人返还。

债权人在债务人破产程序中未获全部清偿，请求担保人继续承担担保责任的，人民法院应予支持；担保人承担担保责任后，向和解协议或者重整计划执行完毕后的债务人追偿的，人民法院不予支持。

19. 重整中职工债权清偿及出资人权益调整问题

——滨州中捷新能源科技有限公司重整案[①]

职工债权的保护是《企业破产法》的立法目的之一，全面保障职工债权，就应全面了解现行职工债权的清偿规定包括职工债权的清偿时间和顺序以及职工债权清偿的创新实践等。出资人权益调整也是破产重整计划的常用方案，实践中常遇及查封冻结股权等的情况。本书通过对部分省市处理办法的梳理，对实践中的处理方法予以总结。

关键词：职工债权　出资人权益调整

一、重整情况介绍[②]

（一）公司概况[③]

滨州中捷新能源科技有限公司（以下简称中捷公司）成立于2010年4月22日，在滨州市博兴县市场监督管理局登记注册。法定代表人2018年由王某辰变更为王某志。公司注册资本6780万元人民币，实收资本6780万元人民币。股东王某杰出资金额4904万元，占注册资本的72.33%；股东王某志出资金额1876万元，占注册资本的27.67%。经营范围原为LED照明系统推广应用及辅助材料、太阳能独立发电系统、太阳能电池组件及辅助材料生产

① 案例来源：全国企业破产案件信息网（https：//pccz. court. gov. cn/pcajxxw/index/xxwsy）。

② 参见滨州中捷新能源科技有限公司重整计划草案，载全国企业破产重整案件信息网2020年10月12日，https：//pccz. court. gov. cn/pcajxxw/pcgg/ggxq? id =813346C249C8221028649D99291C9588。

③ 载天眼查，https：//www. tianyancha. com/company/79640282。

经营；路桥护栏、市政照明工程施工；纸浆、镀锌板、彩涂板、复合板、不锈钢、铝材、钢材的销售；石油设备及配件经营；备案范围内的进出口业务。于 2017 年发生变动，增加经营太阳能电池板、太阳能电池片、委托加工及销售。

（二）重整原因

因定作权纠纷无力支付相关公司定作款及与多个公司的民间借贷纠纷，中捷公司自 2015 年以来一直处于停产状态。2018 年 12 月 4 日，浙江精工能源科技集团有限公司以不能清偿到期债务为由向滨州市中级人民法院提出对中捷公司进行破产清算的申请。

（三）破产重整动因

（1）重整计划将有利于债务人财产保值。

根据评估机构出具的清算价值评估报告、市场价值评估报告，截至评估基准日 2020 年 9 月 14 日，在破产清算前提下，公司的存货、固定资产及无形资产的清算价值为 16, 979, 998. 38 元；在持续经营前提下，公司的存货、固定资产及无形资产的市场价值为 24, 290, 889. 29 元。部分资产进行了动产抵押，该部分抵押财产的清算价值为 2, 184, 593 元，市场价值为 3, 640, 988 元。

（2）重整计划将有利于保障普通债权人的清偿比例。

按照《企业破产法》规定的破产清算清偿顺序，在不考虑债权类资产的情况下，在优先清偿有财产担保的债权并支付破产费用、职工债权、税务债权后，中捷公司普通债权的获偿比例为 3. 81% 。在实际的破产程序中，由于资产变现在处置中的贬值、变现过程中的各种税费、司法程序的时间成本等情况，破产清算的实际清偿比例极有可能远低于上述估计。重整计划规定普通债权金额在 10 万元以下（包括本数）的部分按照 50% 比例进行清偿；超过 10 万元的部分按照 4. 16% 的比例进行清偿。在此清偿方法之下，普通债权获偿比例约为 4. 67% 。

（3）中捷公司具有生产能力。

中捷公司组件车间现有生产线十条，自动线四条，半自动线六条，年生产能力达到 200MW，只需配备员工 200 人，就可立即开工恢复生产，并且现在市场订单非常充足，具有很好的经营条件。

（四）重整过程

1. 重整时间线

滨州市中级人民法院于2019年2月18日作出（2018）鲁16破申14号民事裁定书，裁定受理申请人对中捷公司的破产清算申请，并于2019年2月25日作出（2019）鲁16破1号决定书，指定山东黄河律师事务所担任管理人。

2019年5月17日，第一次债权人会议前，中捷公司大股东王某杰提出了重整的请求，并引荐了重整投资人。

管理人根据中捷公司的实际情况，先后与大股东王某杰引荐的安徽某新能源工程集团有限公司、北京某物业有限公司、穆某书进行了接洽，就中捷公司的重整进行了沟通、谈判，在最大限度地维护债权人利益的基础上，2020年6月8日管理人与穆某书达成了《重整框架协议》。

经债务人和王某杰共同向滨州市中级人民法院提出重整申请，2020年9月11日，滨州中院召开了听证会，听取了债权人代表、职工代表、出资人代表等利害关系人的意见。

2020年9月14日法院裁定对中捷公司进行破产重整。

2. 重整计划

中捷公司的重整计划草案主要包含以下三个部分：

（1）出资人权益调整。

中捷公司生产经营和财务状况均已陷入困境，现有资产不足以清偿全部债务，基于债权优先于股权的原则，公司整体资产变现并清偿各类债务后已无剩余财产向出资人分配，出资人丧失全部出资人权益。公司目前已处于严重资不抵债状态，所有者权益为负，为挽救公司，避免其破产清算，出资人和债务人需共同作出努力，分担实现公司重生的成本。本着公平调整各方权益的原则，公司全部出资人权益均调整为零，将所持有的全部股权无偿让渡给投资人。

（2）债权清偿方案。

对已申报并经确认的债权：

有财产担保的债权。有财产担保的债权人就担保财产在担保财产变现价值范围内优先受偿（相应财产变现价值 = 相应财产的市场评估价值 × 折现率；折现率按照重整投资人投资总额与债务人资产市场评估价值的比例予以确定，即 82.3%），剩余无法就担保财产获得优先受偿的部分，列入普通债权。

职工债权。对已经调查公示和确认的职工债权不予调整，按照确认的该类债权数额清偿，清偿率为 100%。自法院裁定批准重整计划之日起 3 个月内清偿完毕。

税务债权。税务债权总额为 1,862,693.23 元。不予调整，全额清偿，清偿率 100%。自法院裁定批准重整计划之日起 24 个月内清偿完毕。

普通债权。中捷公司普通债权共计 31 户债权人合计 279,129,226.55 元。其中：财产担保债权中超过特定财产评估价值转为普通债权受偿的债权金额为 9,630,923 元。对经法院裁定确认的普通债权金额在 10 万元以下（包括本数）的部分按照 50% 比例进行清偿，在重整计划通过后 3 个月内现金清偿；超过 10 万元的部分按照 4.16% 的比例进行清偿，在重整计划通过后 12 个月内以现金清偿 50%，24 个月内清偿剩余 50%。应收账款及其他应收款类资产剥离给管理人，根据清收情况，在扣除清收费用后向普通债权人补充分配。

未申报的债权：不预留分配财产。

3. 未来经营方案

新投资人精通企业管理规划并且熟悉光伏板的制造，与相关公司有着多年的合作与投资。新任投资人针对中捷公司破产原因之一——缺乏流动资金，将提供 2000 万元流动资金用于中捷公司资金流动周转，扩大企业生产规模，并将依据重整方案聘请职业经理人组成专业公司治理团队，改进和完善流程、指标、定额、统计信息等基础管理，促进中捷公司精细化管理、增强市场竞争力。在未来生产稳定后，将更新中捷公司设备、推进技术改造，提高市场份额。针对目前状况，根据中捷公司实际情况，投资人准备先以代工方式恢复经营，待条件成熟再转为自营。

二、案例启示与律师建议

（一）出资人权益调整的方式及法律风险

出资人权益调整是指按照重整计划条款进行的对全体原出资人权益进行普遍的强制调整。本案中，公司全部出资人权益均调整为零，将其所持有的全部股权无偿让渡给投资人。通过无偿让与的方式将股权让渡给投资人，以达成出资人权益调整的目的。

1. 实践中出资人权益调整的方式

《企业破产法》对出资人权益调整的有关程序内容等事项未作具体的规定，只是简单规定对涉及出资人权益的事项可以进行调整。在实践中，主要有三种方式实现出资人的权益调整。第一种方式是股东股权转让，即公司的股东将所持有的股权转让给公司股东之外的其他人，该受让人从而取得股东身份。在破产重整程序中的股权转让不需要经过股东大会表决决定，只要出资人表决通过重整计划即视为股权转让。第二种方式是通过增资扩股即公司发行新股的方式增加公司的运营资本。不过，该种方式需要经过公司原股东的同意。第三种方式是将债权转化为股权。债权人通过将其对公司享有的债权转化为其对公司的出资，进而成为公司的出资人。

实践中，出资人权益因各种原因被质押或被冻结已成为市场活动中的常见现象，主要分为以下几类：

第一种情形，股权被质押。股权的质权人在重整计划被批准后主张行使质权的，通常主张适用《民法典》第 443 条第 2 款有关“……股权出质后，不得转让，但是出质人与质权人协商同意的除外”之规定对抗重整计划对于股权的让渡。

第二种情形，股权被司法冻结。被冻结的股权也存在相似的问题。冻结债务人所持有的股份是法院在保全、执行债务人财产工作中的常用方式之一。债权人在股东无其他财产可以执行的情况下可以向人民法院申请冻结股东持有的股份。若希望解除冻结，可供使用的方式除履行全部义务外，还包括股权持有人、所有权人或第三人提供有效担保，还应有人民法院的裁定，受理破产案件的法院批准重整计划的裁定能否优于冻结股份决定的裁定，进而产生有关权益变动的效果，法律上尚未明确。

2. 被质押、冻结股权的处理办法

（1）被质押股权的处理办法。

根据四川省高级人民法院的规定，重整计划草案涉及出资人权益调整事项的，应当设出资人组对该事项进行表决。当债务人企业资不抵债时，所有者权益为负，出资人的权益价值为零，对出资人权益的调整由出资人行使表决权，股权价值调整为零，不影响出资人本应向股权负担相关权利人承担的债务偿还责任以及其导致质权人设立股权质押的目的落空所遭受损害的赔偿责任；当债务人企业资产大于负债，但又缺乏及时清偿能力的，出资人权益仍具有账面价值，出资人权益调整方案应同时兼顾股权质押权人的权益，股权质押权人对方案有异议的，受理破产重整的人民法院可以组织召开听证会听取各方利害关系人的意见，尽量通过协商解决，若协商不成，重整计划草案中的出资人权益调整方案应确保出资人权益调整后股权质押权人的利益不低于调整前其就股权质押权可以获得的利益。①

但是深圳市中级人民法院的规定略有不同，在涉及股权质押的情况下，深圳市的规定倾向于优先保障重整计划的通过和实施，并且进一步明确重整计划的效力及于全体出资人，出资人的股权质押人在资不抵债的情况下需配合解除质押，以保障重整计划的执行。② 其规定并未区分出资人权益是否具有账面价值不同情况之下的处理方法。

在中原再担保集团股份有限公司、河南方欣米业集团股份有限公司管理

---

① 四川省高级人民法院《关于印发〈关于审理破产案件若干问题的解答〉的通知》（川高法〔2019〕90 号）。

② 《深圳市中级人民法院审理企业重整案件的工作指引（试行）》第 103 条规定："审查出资人权益调整事项时，股权质押权人以出资人权益调整损害其担保权为由提出异议的，不影响重整计划草案的批准。"第 109 条规定："重整计划对债务人、全体债权人有约束力。重整计划涉及出资人权益调整的事项，对债务人的全体出资人均有约束力。债务人资不抵债，重整计划所调整的股权已设定质押的，质押权人应当配合办理解除股权质押手续。"第 110 条规定："重整计划所调整的股权未被质押与冻结，但出资人拒不配合办理股权转让手续的，合议庭可以根据债务人的申请向有关单位发出协助执行通知书。"

人责任纠纷的民事申请再审审查民事裁定书[①]中，最高人民法院的裁判意见认为，当公司处于严重资不抵债状态时，股权无实际价值，股权质押权已无实现的价值基础。在相关企业处于严重资不抵债状态的情况下，质权人无法在本案中主张其相关权利。此时，破产重整出资人权益调整无须经质押权人同意。

综合以上三方观点，在重整方案涉及被质押的股权时，应当考虑出资人权益即股权是否仍有实际价值，若存在实际价值则应在重整计划草案中的出资人权益调整方案中确保出资人权益调整后股权质押权人的利益。但是无论出资人权益是否还具有实际价值，质权人都无权阻碍重整协议的通过，实践中多采用强制调整的方法，不以质权人的同意为必要条件。

（2）被冻结股权的处理办法。

最高人民法院张勇健、杜军法官认为重整程序优先于普通执行程序，股权调减性质上不属于意定转让而更类似于法定转让，重整计划经人民法院批准后即具备生效法律文书之性质，人民法院及其他相关行政机关应充分保障该计划中股权调减事项的执行，股权冻结措施应当解除。[②]

实践中，部分法院通过受理破产重整的人民法院协助执行变更冻结股权登记的方式解决。广东省高级人民法院规定，对股权采取查封措施的人民法院或登记机关不予执行的，管理人可以向人民法院申请协助执行。[③] 广州市中级人民法院与广州市市场监督管理局规定，破产重整企业因出资人权益调整需要变更股东事项，但企业原股东持有的企业股权被质押或查封的，管理人可持案件受理裁定书、批准重整计划裁定书、指定管理人（清算组）决定书、协助执行通知书等材料到相应的市场监管部门办理股权变更登记。[④] 深

① 最高人民法院民事裁定书，（2021）最高法民申 6429 号。

② 参见张勇健、杜军：《破产重整程序中股权调减与股权负担协调问题刍议》，载《法律适用》2012 年第 11 期。

③ 广东省最高级人民法院《关于审理企业破产案件若干问题的指引》（粤高法发〔2019〕6 号）第 98 条第 2 款。

④ 广州市中级人民法院、广州市市场监督管理局《关于推进破产企业退出市场工作的实施意见》（穗中法〔2020〕88 号）第 10 条第 2 款。

圳市的规定与广州市的规定相近。[①] 江苏省规定，破产法院可以采取出具协助执行通知书的方式，通知市场监管部门协助解除查封、涤除质押，并办理股权变更登记。查封解除或者质押涤除后，审理破产案件的法院应当及时将有关情况告知质押权人和原采取保全措施的法院。[②]

结合上述法院办案规定，当重整计划涉及被冻结的股权时，实践中，通过法院出具协查通知书的形式与相关部门协调解决。

（二）如何保护职工债权利益的相关问题

在破产程序中如何处理职工债权，是破产程序中的重点问题。

1. 职工身份的认定

审核职工债权首先需要对劳动者是否具有职工身份进行确认，一般在判断劳动者是否是企业职工时，主要通过双方是否存在纵向上的管理与被管理的关系、企业是否支付相应的劳动报酬、企业是否为劳动者提供必要的劳动条件三个条件来判定双方是否存在劳动关系。

一般来说，企业与劳动者之间存在劳动合同、企业向劳动者支付工资、企业为劳动者缴纳社保和公积金，就可以认定双方存在劳动关系。在未签订劳动合同的情况下，要考察企业是否为劳动者支付工资、社会保险和公积金，若企业为劳动者支付工资、缴纳社会保险和住房公积金，可以认定双方存在劳动关系。未签订劳动合同、未支付工资但是却为劳动者支付社会保险或公积金的，需要向债务人或劳动者了解具体情况，只缴纳社保或公积金的具体原因是什么，再根据向债务人或劳动者核查的结果，综合判断企业和劳动者之间的关系。因为实践中常见企业与部分人群仅存在社保或公积金代缴的关系，所以不能取得证明债务人与劳动者之间真实关系的证据时，不宜直接认定双方存在劳动关系。若管理人将劳动者与企业之间的关系核定错误，劳动者可以通过要求管理人复核或向法院起诉的方式来维护权益。

劳动和社会保障部（已撤销）《关于确立劳动关系有关事项的通知》第1条规定了虽然用人单位招用劳动者未订立书面劳动合同，但劳动关系依然

---

① 深圳市中级人民法院、深圳市市场监督管理局《关于企业注销有关问题的会商纪要》第7条。

② 江苏省高级人民法院、江苏省市场监督管理局《关于做好破产企业登记事项办理优化营商环境的实施意见》第5条。

成立的几种特殊情形：第一，用人单位和劳动者符合法律、法规规定的主体资格；第二，用人单位依法制定的各项劳动规章制度适用于劳动者，劳动者受用人单位的劳动管理，从事用人单位安排的有报酬的劳动；第三，劳动者提供的劳动是用人单位业务的组成部分。该通知第2条规定："用人单位未与劳动者签订劳动合同，认定双方存在劳动关系时可参照下列凭证：（一）工资支付凭证或记录（职工工资发放花名册）、缴纳各项社会保险费的记录；（二）用人单位向劳动者发放的'工作证'、'服务证'等能够证明身份的证件；（三）劳动者填写的用人单位招工招聘'登记表'、'报名表'等招用记录；（四）考勤记录；（五）其他劳动者的证言等。其中，（一）、（三）、（四）项的有关凭证由用人单位负举证责任。"

依据上述规定，管理人在认定职工身份的过程中，应注意收集企业的内部管理规定、劳动者与企业管理关系的证据、用人单位业务与劳动者工作之间的联系、工资支付凭证、为劳动者的缴费记录、考勤、招人记录等证据。

2. 职工债权的清偿顺序

在清算程序中，职工债权是在《企业破产法》中被列为第一顺位的债权。其第113条规定："破产财产在优先清偿破产费用和共益债务后，依照下列顺序清偿：（一）破产人所欠职工的工资和医疗、伤残补助、抚恤费用，所欠的应当划入职工个人账户的基本养老保险、基本医疗保险费用，以及法律、行政法规规定应当支付给职工的补偿金；（二）破产人欠缴的除前项规定以外的社会保险费用和破产人所欠税款；（三）普通破产债权。破产财产不足以清偿同一顺序的清偿要求的，按照比例分配。破产企业的董事、监事和高级管理人员的工资按照该企业职工的平均工资计算。"

根据《企业破产法》的相关规定，职工债权的清偿在破产费用和共益债务之后，社会保险费用、税款和普通债权之前。但是存在劳动者向法院申请提前清偿的情况，在综合考虑不损害其他债权人利益的基础上，出于对劳动者权益的保障，存在提前清偿的情况。[①]

① 参见南京市高淳区人民法院：《高淳法院特事特办　提前清偿职工债权》，载南京市高淳区人民法院网，http：//www. njgcfy. gov. cn/njxxweb_publishing/www/gcfy/xwzx_2_mb_a2021021041306. html。

法条索引

《企业破产法》

第八十二条 下列各类债权的债权人参加讨论重整计划草案的债权人会议，依照下列债权分类，分组对重整计划草案进行表决：

（一）对债务人的特定财产享有担保权的债权；

（二）债务人所欠职工的工资和医疗、伤残补助、抚恤费用，所欠的应当划入职工个人账户的基本养老保险、基本医疗保险费用，以及法律、行政法规规定应当支付给职工的补偿金；

（三）债务人所欠税款；

（四）普通债权。

人民法院在必要时可以决定在普通债权组中设小额债权组对重整计划草案进行表决。

《民法典》

第四百四十三条 以基金份额、股权出质的，质权自办理出质登记时设立。

基金份额、股权出质后，不得转让，但是出质人与质权人协商同意的除外。出质人转让基金份额、股权所得的价款，应当向质权人提前清偿债务或者提存。

劳动和社会保障部（已撤销）《关于确立劳动关系有关事项的通知》

一、用人单位招用劳动者未订立书面劳动合同，但同时具备下列情形的，劳动关系成立。

（一）用人单位和劳动者符合法律、法规规定的主体资格；

（二）用人单位依法制定的各项劳动规章制度适用于劳动者，劳动者受用人单位的劳动管理，从事用人单位安排的有报酬的劳动；

（三）劳动者提供的劳动是用人单位业务的组成部分。

二、用人单位未与劳动者签订劳动合同，认定双方存在劳动关系时可参照下列凭证：

（一）工资支付凭证或记录（职工工资发放花名册）、缴纳各项社会保险费的记录；

（二）用人单位向劳动者发放的“工作证”、“服务证”等能够证明身份的证件；

（三）劳动者填写的用人单位招工招聘“登记表”、“报名表”等招用记录；

（四）考勤记录；

（五）其他劳动者的证言等。其中，（一）、（三）、（四）项的有关凭证由用人单位负举证责任。

四川省高级人民法院《关于审理破产案件若干问题的解答》

六、破产重整、和解与清算

4. 重整计划草案涉及出资人权益调整事项且该出资权益附有股权质押权，应当如何调整出资人及股权负担相关权利人的权益？

答：重整计划草案涉及出资人权益调整事项的，应当设出资人组对该事项进行表决。当债务人企业资不抵债时，所有者权益为负，出资人的权益价值为零，对出资人权益的调整由出资人行使表决权，股权价值调整为零，不影响出资人本应向股权负担相关权利人承担的债务偿还责任以及其导致质权人设立股权质押的目的落空所遭受损失的损害赔偿责任；当债务人企业资产大于负债，但又缺乏及时清偿能力的，出资人权益仍具有账面价值，出资人权益调整方案应同时兼顾股权质押权人的权益，股权质押权人对方案有异议的，受理破产重整的人民法院可以组织召开听证会听取各方利害关系人的意见，尽量通过协商解决，若协商不成，重整计划草案中的出资人权益调整方案应确保出资人权益调整后股权质押权人的利益，不低于调整前其就股权质押权可以获得的利益。

《深圳市中级人民法院审理企业重整案件的工作指引（试行）》

第一百零九条 重整计划对债务人、全体债权人有约束力。重整计划涉及出资人权益调整的事项，对债务人的全体出资人均有约束力。债务人资不抵债，重整计划所调整的股权已设定质押的，质押权人应当配合办理解除股权质押手续。

第一百一十条 重整计划所调整的股权未被质押与冻结，但出资人拒不配合办理股权转让手续的，合议庭可以根据债务人的申请向有关单位发出协助执行通知书。

广东省高级人民法院《关于审理企业破产案件若干问题的指引》

第九十八条 【债务人股权的处置】涉及调整债务人股权的，管理人或债务人在重整计划草案制定时应当与股东、对股权采取保全措施的权利人、对股权享有担保物权的权利人进行协商处置。协商不一致的，管理人或债务人应当在重整计划草案中提出股权处理意见。

人民法院批准重整计划时，应当结合债务人资产价值、负债情况、重整计划中债务人受偿比例、调整后原股东保留权益大小等进行审查。经审查批准的，应当按照重整计划的规定执行。对股权采取查封措施的人民法院或登记机关不予执行的，管理人可以向人民法院申请协助执行。

广州市中级人民法院、广州市市场监督管理局《关于推进破产企业退出市场工作的实施意见》

10.【清算企业股权被质押或司法查封的】清算企业股东持有的企业股权被质押或查封的，不影响清算企业注销手续的办理，由管理人（清算组）持受理裁定书、终结裁定书、指定管理人（清算组）决定书等材料向市场监管部门申请。企业注销后，管理人（清算人）应及时通知相关权利人。

破产重整企业因出资人权益调整需要变更股东事项，但企业原股东持有的企业股权被质押或查封的，管理人可持案件受理裁定书、批准重整计划裁定书、指定管理人（清算组）决定书、协助执行通知书等材料到相应的市场监管部门办理股权变更登记。

深圳市中级人民法院、深圳市市场监督管理局《关于企业注销有关问题的会商纪要》

七、规范破产重整企业变更股东登记

破产重整企业因出资人权益调整需要变更股东事项，但企业原股东持有的企业股权被质押或查封的，由人民法院出具协助执行通知书，管理人可持案件受理裁定书、批准重整计划裁定书、指定管理人（清算组）决定书以及人民法院出具的协助执行通知书等材料到商事登记机关办理股权变更登记。

20. 重整应如何处理“以房抵债”问题

——张家港市大成纺机有限公司、江苏大成房地产开发有限公司重整案①

“以房抵债”的问题就在于其含义的模糊性。实践中的“以房抵债”存在多种方式：其一，债务人、债权人双方以约定的商品房为担保，以该房屋售卖所得房款偿还债权人债务，即以房款抵债。其二，债务人将双方约定的商品房直接过户给债权人以偿还债务。“以房抵债”可能蕴含多种法律风险，本书列举了“以房抵债”合同效力的审查要点。

关键词：以房抵债　法律风险合同审查

一、重整情况介绍②

（一）公司概况③

张家港市大成纺机有限公司（以下简称大成纺机公司）于1996年注册成立，注册地位于鹿苑镇西区，注册资金1877.825万元，实收资本人民币1780万元，经营范围包括纺织机械及配件、纺织原料、纺织品、化工原料购销，纺织机械制造及维修，毛纺、纺织品制造、加工，机电物资信息咨询服务，旧货调剂，自营和代理各类商品及技术的进出口业务，下设分公司经营

① 案例来源：全国企业破产重整案件信息网（https：//pccz. court. gov. cn/pcajxxw/index/xxwsy）。

② 参见大成案第二次债权人大会会议资料，载全国企业破产重整案件信息网2020年7月23日，https：//pccz. court. gov. cn/pcajxxw/pcgg/ggxq？ id＝7E8072B98827FC4E9678B1D7BB1270E7。

③ 参见载天眼查，https：//www. tianyancha. com/company/2327057629，2022年6月1日最后访问。

市场设施租赁、市场管理服务。主营业务为纺织机械研发及销售。公司存续期间，2015 年新增股东江苏创巍商业投资管理公司，股东为陈某（47.3953%）、吴某（47.3953%）、江苏创崴商业投资管理有限公司（5.2095%）。

江苏大成房地产开发有限公司（以下简称大成房产公司）注册成立于 2010 年 3 月 15 日，注册地位于塘桥镇鹿苑滩里村（大成纺机公司内），大成房产公司初始注册资本 2000 万元，其中大成纺机公司出资 1560 万元、陈某出资 220 万元、吴某出资 220 万元。后经多次变更，注册资本 15,800 万元，实收资本人民币 15,800 万元，其中大成纺机公司出资 15,168 万元、陈某出资 316 万元、吴某出资 316 万元。有一家公司和两个自然人股东。经营范围包括房地产开发、销售。房产公司成立后唯一开发项目是位于张家港市区的大成广场。

（二）重整原因

大成房产公司和大成纺机公司近年大量融资投入大成广场项目开发，因资金、人才储备不足，项目施工管理混乱，融资成本过高，部分投资失败，兼有国家金融和房地产调控政策影响，导致资金链断裂。大成房产公司账面资产指楼盘未售出部分，已分别设定抵押和网签给债权人，均已被司法查封。至申请日，尚有未执行生效判决 3 件（标的 1070 万元）、诉讼案件 2 件（标的 1.93 亿余元）。[①] 2016 年 12 月 22 日，大成纺机公司、大成房产公司资金链断裂，且存在相互担保、资产被查封，债务纠纷集中爆发、有净资产但无法变现、不能清偿到期债务等情形，二公司向江苏省张家港市人民法院提出重整申请。

张家港市人民法院认为两家公司投资和实际控制人相同、债务互保。公司人格存在混同表现。且二公司合并后账面虽有净资产，但资金链断裂、资产无法变现、不能清偿到期债务呈持续状态，符合重整条件。[②] 纺织行业市场普遍不景气，自大成纺机公司成立以来，纺织行业市场景气指数。[③]

---

① 江苏省张家港市人民法院民事裁定书，（2017）苏 0582 破 1 号。

② 江苏省张家港市人民法院民事裁定书，（2017）苏 0582 破 1 号。

③ 参见《国务院发展研究中心行业景气监测课题组监测数据》，载国务院发展研究中心行业景气监测平台，http：//drcicms. drcnet. com. cn/KeyStatistics. aspx，2022 年 6 月 1 日最后访问。

纺织行业市场景气指数基本低于五年历史平均值，其确实处于低谷期，没有投资人对大成纺机公司重整感兴趣；由于张家港整体商业房产过剩，这一点在2017年张家港市第十二届政协一次会议提案第53号及张家港市人民政府办公室对此的回复①中得以证实，提案中提到商业地产去库存压力大，张家港市人民政府办公室也提到商业项目库存大、去化难，要严格控制商业地产规模。大成房产公司整体体量不大，并且涉及小业主等方面的原因，投资人投资意愿不足，所以在重整期间并未取得投资公司对大成房产公司的投资。

（三）破产重整动因

大成纺机公司的产品和技术存在一定的市场价值，大成房产公司封存楼盘如能正常销售则可以偿债。根据资产评估报告，大成房产公司和大成纺机公司至受理日有形资产账面总额54,871.72万元，评估增值23,193.48万元，所有者权益16,545.75万元。同时破产重整有利于债权人利益平等保护，也可避免债务人资产的不当减损。

（四）重整过程介绍

1. 重整时间线

2016年12月22日，大成纺机公司、大成房产公司向江苏省张家港市人民法院申请重整。

2017年1月3日，张家港市人民法院裁定二公司有人格混同表现，裁定二公司进入重整程序，并自2017年1月3日起60日内向管理人申报债权。

2017年1月9日，张家港市人民法院指定天衡会计师事务所苏州勤业分所担任二公司管理人。

2020年8月18日，张家港市人民法院裁定批准重整计划，裁定终结重整程序。

2020年8月19日，张家港市人民法院发布批准重整计划草案。

2021年12月吴某退出，江苏创崴商业投资管理有限公司更名为苏州创

① 参见《张家港市第十二届政协一次会议提案第53号》，载张家港市人民政府网，https://www.zjg.gov.cn/zjg/zxta/201712/faedef043f76422599501dddb765a82b.shtml。

崴商业管理有限公司，新增股东陈某达。

2022 年 1 月 17 日，苏州创崴商业管理有限公司退出。

2. 重整计划

可供分配的财产以综合利用为宜的大面积商铺为主，快速变现难度大且会极大降低各类债权人的受偿额。大部分债权人同意以“以物抵债”等方式清偿债务。重整计划采取“现金”和“现金 + 以房抵债”两种方式清偿债务。

现金清偿，大成房产公司和大成纺机公司可分配现金全部归集至管理人银行账户，有管理人依照重整计划分配。现金清偿部分将于重整计划生效之日起 1 个月内支付 20%，剩余部分于 3 个月内支付完毕。鉴于公司现有现金不足重整计划的现金清偿额，故将通过销售以房抵债房产之外的房产获取差额部分现金，预计需销售评估价值 5000 万元的房产。债权人未按照重整计划受领一次性分配的偿债资金，或债权属于重整计划暂未确认的，应将其一次性分配的资金提存至管理人指定的银行账户，提存期限为 2 年。

以房抵债，抵债房产的过户和交付，由大成房产公司在管理人的监督下，自重整计划生效之日起 3 个月内办理完毕。债权人未依照重整计划办理抵债房产的过户，抵债房产将予以提存，提存期限为 3 年。

优先债权。根据不同债权人的不同情况区别对待，并与债权人协商达成清偿协议。基本原则为以“现金 + 以房抵债”方式清偿，现金清偿比例在 18% 左右。

税收债权。现金清偿，清偿率 100%。

工资债权。现金清偿，清偿率 100%。

普通债权。小额债权现金清偿，清偿率 100%；金额 10 万元及以上的普通债权，采用“现金 + 以房抵债”方式清偿，现金清偿比例在 5% 左右。

二、案例启示与律师建议

本案中大成房产公司，因为现金不足且可供分配的财产以综合利用为宜的大面积商铺为主，故而采取了“以房抵债”的清偿方式。根据重整计划草案，涉及以房抵债的债权人共有 43 家，在重整协议通过之前，经过管理人、公司与债权人多次沟通，已经与37家债权人就接受重整计划涉及的清偿方案订立了《重整协议》。

（一）破产重整中“以房抵债”概念存在模糊性

实践中“以房抵债”存在多种形式，如债务人、债权人双方以约定的商品房为担保，以该房屋售卖所得房款偿还债权人债务，即以房款抵债；债务人、债权人将双方约定的商品房直接过户给债权人以偿还债务。还存在部分将商品房折价投资到某公司中，再以股权销售给债权人或利用信托进行的抵债，但这里主要讨论的是传统的、直接的“以房抵债”协议。

第一种“以房抵债”方式是一般的债务偿还方式，不存在法律上的阻碍。但是第二种方式在破产程序的应用中存在需要明确的地方。第二种“以房抵债”的形式，更扩大来说就是“以物抵债”，需要明确的是“以物抵债”并非一个专业法律术语，而是市场交易于司法实践中逐渐发展出来的概念。在相关的法律实践和学术研究中“以物抵债”的法律性质及其合同效力存在一定的认识上的变化。最开始“以物抵债”被表述为“代物清偿”（实质上“以物抵债”的范围大于“代物清偿”）。所谓“代物清偿”，是指债权人受领他种给付以代原定给付，而使债之关系归于消灭的现象。[①] 大致可以分为实践性合同和诺成性合同两种说法。传统上的代物清偿采实践性合同说，认为代物清偿合同为要物契约，其成立仅当事人之合意尚有不足，须现实地为他种给付。[②] 崔建远认为代物清偿有以下构成要素：（1）需原有债的存在；（2）需以他种给付代替原给付；（3）需有当事人的合意；（4）债权人现实受领他种给付。

最高人民法院（2011）民提字第210号，武侯国土局与招商局公司、成都港招公司、海南民丰公司债权人代位权纠纷案中第一次使用了“代物清偿”的说法，涉案焦点《债务关系转移合同》中成都港招公司与招商局公司约定“以地抵债”的代物清偿方式了结双方债务，约定中招商局公司需要将

---

① 参见其木提：《代物清偿协议的效力——最高人民法院（2011）民提字第210号民事判决评释》，载《交大法学》2013年第3期。

② 参见其木提：《代物清偿协议的效力——最高人民法院（2011）民提字第210号民事判决评释》，载《交大法学》2013年第3期。

涉案土地的使用权抵偿给成都港招公司，以抵之前的债务。但涉案土地使用权至案件受理日前仍未转移。一审认为，双方代物清偿协议合法有效。二审认为，代物清偿协议未得到履行，原债权债务关系未消灭。最高人民法院认为，成都港招公司与招商局公司双方以土地作价清偿的约定构成了代物清偿法律关系。依据民法基本原理，代物清偿作为清偿债务的方法之一，是以他种给付代替原定给付的清偿，以债权人等有受领权的人现实地受领给付为生效条件，在新债务未履行前，原债务并不消灭，当新债务履行后，原债务同时消灭。① 此时最高人民法院强调了代物清偿协议的实践性，其系实践合同。

2014 年最高人民法院民一庭在《民事审判指导与参考》中的《债务清偿期届满后当事人间达成以物抵债协议但未履行物权转移手续，该协议效力如何认定》一文中表明，当事人在债务已届清偿期后约定以物抵债，该约定实为债务的清偿，且系以他物代替清偿，因代物清偿行为为实践性法律行为，在未办理物权转移手续前，清偿行为不成立。当事人在债务已届清偿期后约定以物抵债，其本质为代物清偿，从以物抵债目的出发，仅有双方合意而未实际履行物权转移的，债务并未消灭，抵债目的也未实现。坚持实践性，对债权人债务人都公平；从现实角度考虑，可以避免虚假诉讼。②

2014 年江苏省高级人民法院《关于以物抵债若干法律适用问题的审理纪要》第 1 条规定，“以物抵债”是指债务人与债权人约定以债务人或经第三人同意的第三人所有的财产折价归债权人所有，用以清偿债务的行为。人民法院应当根据当事人设定以物抵债的不同时间、约定的具体内容、履行的具体情况等情形来判断以物抵债不同的法律性质，进而正确认定其效力。该纪要还就债务是否届清偿期的以物抵债协议的效力和认定分别作出规定。

2016 年公报案例显示了最高人民法院观点的转变，最高人民法院审理的内蒙古兴华房地产有限责任公司与通州建总集团有限公司建设工程施工合同纠纷一案，（2016）最高法民终字第 484 号民事判决书中指出，以物抵债协议效力、履行等问题的认定，应以尊重当事人意思自治为基本原则。当事人

---

① 最高人民法院民事判决书，（2011）民提字第 210 号。

② 参见最高人民法院民事审判第一庭编：《民事审判指导与参考》（总第 58 辑），人民法院出版社 2014 年版，第 122－123 页。

于债务清偿期届满后达成的以物抵债协议，可能构成债的更改，即成立新债务，同时消灭旧债务；亦可能属于新债清偿，即成立新债务，与旧债务并存。基于保护债权的理念，债的更改一般需当事人有明确消灭旧债的合意，否则，当事人于债务清偿期届满后达成的以物抵债协议，性质一般应为新债清偿。本案中，“以物抵债”协议被定义为诺成合同。

2017 年 9 月 27 日，最高人民法院民事审判第二庭第四次法官会议上，对以物抵债的问题进行了专题研究和详细梳理，认为以物抵债本身并非严格的法律术语，而是将传统民法上以他种给付代替原定给付的制度类型，综合了代物清偿、债务更新、新债担保、让与担保、流质流押等形式，尤其对债务履行期届满前的以物抵债问题给予了充分的关注，更加凸显了以物抵债问题的复杂性、多样性。[①] 并认为就以物抵债协议而言，在我国法律没有规定代物清偿制度而当事人对合同成立又无特别约定的情况下，应当认为其系诺成合同，自双方意思表示一致时成立，不以债权人受领抵债物为合同成立要件。

2018 年，《最高人民法院民事审判第二庭法官会议纪要：追寻裁判背后的法理》中将“以物抵债”协议进行了类型化划分：（1）根据缔约时债务人债务是否已届履行期的不同，可将“以物抵债”协议分为债务已届履行期的以物抵债和债务未届履行期的以物抵债，其中，债务已届履行期的以物抵债包括代物清偿和折价清偿。约定以本合同的标的物折价清偿的，构成折价清偿；以本合同之外的他种给付来清偿债务的，构成代物清偿。未届履行期的以物抵债协议，债权人已经实际受领抵债物的，构成让与担保；债权人未实际受领的，构成新债担保。（2）按原债务是否因以物抵债协议的成立而消灭，可将以物抵债协议分为新债清偿、债务更新以及债的担保三类。其中，以负担新债务作为履行原债务的方式，原债务不消灭的，构成新债清偿；以他种给付代替原给付，原给付消灭的，构成债务更新；原给付继续存在，新设立的以物抵债仅作为原金钱债务担保的，构成债的担保，包括让与担保与

---

① 参见《破产债权审核中对以物抵债相关问题的认定（上）》，载个人图书馆，http://www.360doc.com/content/22/0117/14/34335215_1013650772.shtml。

新债担保两种情形。[1] 就“以物抵债”协议效力而言，履行期届满后达成的“以物抵债”协议，交付与否均应支持其效力；对于履行期届满前达成的“以物抵债”协议，已交付的，认定为让与担保，债权人不能依法取得抵债物的物权，但得就抵债物拍卖所得价款享有优先受偿权。未交付的，认定为有担保作用，债权人不能依法取得用以抵债物的物权，而应当就原借贷关系提起诉讼，并请求拍卖该物，就拍卖所得，债权人可以受偿，但没有优先受偿权，不得对抗其他债权人。

2019 年 9 月 11 日通过的最高人民法院《全国法院民商事审判工作会议纪要》第 44 条和第 45 条分别对“债务履行期届满后达成的以物抵债协议”和“债务履行期届满前达成的以物抵债协议”进行了部分规定。履行期届满后达成的“以物抵债”协议，无论其是否交付，均支持其效力；对于履行期届满前达成的“以物抵债”协议，已交付的，未明确其性质但肯定其担保功能，未交付的，债权人不能依法取得抵债务的物权，而应当就原借贷关系提起诉讼，并请求拍卖该物。就拍卖所得，债权人可以受偿，但没有优先受偿权，不得对抗其他债权人。对未交付的情况，最高人民法院不再明确指出其“具有担保功能”。在随后的《〈全国法院民商事审判工作会议纪要〉理解与适用》中最高人民法院认为，对于履行期届满后达成的“以物抵债”协议，无论其是否交付，均应支持其效力。对于履行期届满前达成的“以物抵债”协议，若债权人在协议中明示放弃其对原债权的求偿权，且债务人明示放弃其期待利益则该协议可以发生物权效果。若债权人、债务人在协议中没有明示放弃上述权利，已交付的，性质不明，可以认定为“让与担保”；未交付的，债权人不能依法取得抵债物的物权，而应当就借贷关系提起诉讼，并请求拍卖该物。就拍卖所得，债权人可以受偿，但没有优先受偿权，不得对抗其他债权人。

（二）“以房抵债”可能的法律风险

由于“以房抵债”协议的特殊性，在审查“以房抵债”协议时，首先应

---

① 参见贺小荣主编：《最高人民法院民事审判第二庭法官会议纪要：追寻裁判背后的法理》，人民法院出版社 2018 年版，第 4－5 页。

当关注的是，涉案“以房抵债”是债务履行期届满前“以房抵债”还是债务履行期届满后的“以房抵债”。其次还要考虑抵债房屋的交付情况以及“以房抵债”协议的签订时间是在破产申请受理前还是破产申请受理后，还需考虑是否存在个别清偿的问题。例如，本案中的“以房抵债”协议是在破产申请受理后形成的，债权人债权根据《企业破产法》第 46 条第 1 款的规定，未到期的债权，在破产申请受理时视为到期。所以本案为债务履行期届满后达成的以物抵债协议，并且是通过债权人会议形成的，不存在个别清偿的问题，所以相关协议有效。但是，形成在破产程序前的“以房抵债”合同，由于其含义的模糊性和单独清偿的可能性以及“以物抵债”协议签订的时点不同，给管理人的审核工作带来了很多的麻烦。

（三）管理人“以房抵债”合同效力的审查要点

以是不是履行期限届满前达成的“以房抵债”协议划分，可分为以下方面：

（1）履行期限届满前达成的“以房抵债”协议划分。

如果债权人在“以房抵债”协议中明确放弃了对原债权的权利，债务人明示放弃其期待利益则“以房抵债”协议具有物权效果，债权人可以就拍卖所得价款享有优先受偿权，但不能直接取得抵债物。

如果债权人在“以房抵债”协议中未明确放弃对原债权的权利，债务人未明示放弃其期待利益则“以房抵债”协议不具有物权效果，债权人与债务人的协议是否发生物权效果，则需要就抵债物是否交付分情况讨论。

第一，未办理房屋所有权变更登记，即抵债物未交付的情况。对于未进行变更登记的“以房抵债”合同，截至破产受理之日，债务人并未向债权人交付以物抵债合同项下房屋的，此时新债与旧债并存，债权人不能依法取得抵债物的物权，而应当就原借贷关系提起诉讼，并请求拍卖该物。债权人向债务人仅能为的请求不具备担保效果。债务人进入破产程序后，债权人只能向债务人管理人申报债权，不得对抗其他债权人，也不得根据合同要求债务人履行合同义务。

第二，办理了房屋所有权变更登记，即抵债物已经交付的情况。对于已变更不动产登记的“以房抵债”合同，其新债实质是为旧债提供了担保，应当适用让与担保的规则。此时对于履行期届满前达成的“以物抵债”协议，已交付的，具有担保效力，债权人不能依法取得抵债物的物权，但得就抵债物拍卖所得价款享有优先受偿权。

（2）期限届满后达成的“以房抵债”协议。

“以房抵债”协议根据内蒙古兴华房地产有限责任公司与通州建总集团有限公司建设工程施工合同纠纷一案，最高人民法院在以物抵债协议性质认定上是诺成合同。只要双方之间不存在恶意损害第三人合法权益等情形，且无虚假诉讼的可能，应当认定“以房抵债”协议有效。

第一，未办理房屋所有权变更登记，即抵债物未交付的情况。债权人在破产受理前根据“以房抵债”合同确定了请求债务人交付抵债物的请求权，但是债务人进入破产程序后，对于破产财产的请求权应当转化为金钱债权向债务人管理人申报。其要求给付的请求权失去了司法强制力。因此，对于该类以物抵债合同，管理人应当拒绝履行，告知债权人申报债权。

第二，办理了房屋所有权变更登记，即抵债物已交付的情况。债权人与债务人达成“以房抵债”协议并已经实际过户房屋，该行为模式符合代物清偿理论，即新债履行而旧债消灭。

以是不是在破产申请受理前以及在破产申请受理前多久达成的“以房抵债”协议划分为以下，债务履行期届满前签署“以房抵债”协议，暗含了对未到期债务提前清偿的效果，要根据破产申请受理时间判断是否存在提前清偿的情况并结合相关协议条款确定协议效力。

（1）破产申请受理前达成的“以房抵债”协议。

第一，破产申请受理一年前形成的“以房抵债”协议。

管理人在审查债权人提交的债权申报材料后可以确认基础债权关系真实、“以房抵债”系出于真实意思表示的情况下，应维护交易稳定、尊重当事人意思自治，确认“以房抵债”协议有效。

第二，破产申请受理前一年内形成的“以房抵债”协议。

管理人在审查原债权关系真实、“以房抵债”系出于真实意思表示的基础上，还应着重审查是否存在《企业破产法》第31条规定的相关情形，审查是否存在提前清偿的情况，并要结合签订“以房抵债”协议时的房屋市场价格，还要考虑进入破产程序后房屋的评估价值，认真考量是否存在“以明显不合理的价格进行交易”的情形，还要审查原债权债务关系的基础法律关系和相关证据。

第三，破产申请受理前6个月内形成的“以房抵债”协议。

管理人依据《企业破产法》第32条的规定，审查进入破产程序的房地产企业是否在不能清偿到期债务，并且资产不足以清偿全部债务或者明显缺乏清偿能力的情况下仍进行个别清偿。如果符合法律规定，则管理人行使撤销权。管理人需要着重审查，“以房抵债”协议是否签署于破产受理前6个月，且本条不以债权人是否善意为条件。

（2）破产申请受理后形成的“以房抵债”协议。

破产申请受理后，债权均视为到期，此时形成的“以房抵债”协议皆为债务履行期届满的“以物抵债”协议，此时达成的“以房抵债”协议，无论是否办理房屋过户登记手续，均支持其物权效力。但需通过债权人会议进行，以防止个别清偿。

法条索引

江苏省高级人民法院《关于以物抵债若干法律适用问题的审理纪要》

第一条 会议认为，“以物抵债”是指债务人与债权人约定以债务人或经第三人同意的第三人所有的财产折价归债权人所有，用以清偿债务的行为。人民法院应当根据当事人设定以物抵债的不同时间、约定的具体内容、履行的具体情况等情形来判断以物抵债不同的法律性质，进而正确认定其效力。

《全国法院民商事审判工作会议纪要》

44.【履行期届满后达成的以物抵债协议】当事人在债务履行期限届满后达成以物抵债协议，抵债物尚未交付债权人，债权人请求债务人交付的，人民法院要着重审查以物抵债协议是否存在恶意损害第三人合法权益等情形，避免虚假诉讼的发生。经审查，不存在以上情况，且无其他无效事由的，人民法院依法予以支持。

45.【履行期届满前达成的以物抵债协议】当事人在债务履行期届满前达成以物抵债协议，抵债物尚未交付债权人，债权人请求债务人交付的，因此种情况不同于本纪要第71条规定的让与担保，人民法院应当向其释明，其应当根据原债权债务关系提起诉讼。经释明后当事人仍拒绝变更诉讼请求的，应当驳回其诉讼请求，但不影响其根据原债权债务关系另行提起诉讼。

《企业破产法》

第三十一条 人民法院受理破产申请前一年内，涉及债务人财产的下列行为，管理人有权请求人民法院予以撤销：

（一）无偿转让财产的；

（二）以明显不合理的价格进行交易的；

（三）对没有财产担保的债务提供财产担保的；

（四）对未到期的债务提前清偿的；

（五）放弃债权的。

第三十二条 人民法院受理破产申请前六个月内，债务人有本法第二条第一款规定的情形，仍对个别债权人进行清偿的，管理人有权请求人民法院予以撤销。但是，个别清偿使债务人财产受益的除外。

第四十六条 未到期的债权，在破产申请受理时视为到期。附利息的债权自破产申请受理时起停止计息。

后　记

为有效满足破产重整实务需求，提升破产重整效益。北京金诚同达律师事务所组织编写本书——《涅槃重生——破产重整案件办理的道与术》。本书选取近五年来全国破产重整中较具典型性的实务案例，通过剖析其中的破产重整成功经验，归纳出破产重整中相关联的普遍性法律难题，从理论和实务两方面提出针对性的律师规范指引和示范启示，既为破产重整理论研究提供丰富实证素材，亦为破产重整实务操作提供规范借鉴。

本书由北京金诚同达律师事务所高级合伙人高峰律师担任主编，合肥工业大学文法学院副教授霍敬裕、北京金诚同达律师事务所高级合伙人高鹏律师担任副主编，北京金诚同达律师事务所高级合伙人史克通律师、合伙人方磊律师为本书提供支持与帮助，张明健、李闯、邵徽达、洪瑛瑛、吴鹏、尹航参与部分撰稿。

法律出版社周洁、林蕊编辑以及相关工作人员为本书出版付出了艰辛努力和辛勤劳动，著者对此表示诚挚感谢！在本书写作中，合肥铁路运输法院破产法庭及相关破产实务专家、理论学者就相关理论、实务问题提出了诸多宝贵建议，在此著者一并致以谢意。

危与机并存是企业破产重整业务开展的时代背景，也是本书撰写的核心要义。囿于破产重整案例的特殊性，中国裁判文书网等公开媒体资料难以展现重整企业“凤凰涅槃”的全过程，书中叙述难免存有疏漏之处，敬祈相关专家、学者及读者批评指正并不吝指教。